Axel Gotthard
Das Alte Reich 1495–1806

Geschichte kompakt

Herausgegeben von
Kai Brodersen, Martin Kintzinger, Uwe Puschner,
Volker Reinhardt

Herausgeber für den Bereich *Frühe Neuzeit*:
Volker Reinhardt
Berater für den Bereich *Frühe Neuzeit*:
Rainer A. Müller, Sigrid Jahns

Axel Gotthard

Das Alte Reich
1495–1806

4. Auflage

Für Anette

Die Deutsche Nationalbibliothek verzeichnet diese Publikation
in der Deutschen Nationalbibliografie;
detaillierte bibliografische Daten sind im Internet über
http://dnb.d-nb.de abrufbar.

4., durchgesehene und bibliographisch ergänzte Auflage 2009
© 2009 by WBG (Wissenschaftliche Buchgesellschaft), Darmstadt
1. Auflage 2003
Die Herausgabe des Werkes wurde durch die
Vereinsmitglieder der WBG ermöglicht.
Einbandgestaltung: schreiberVIS, Seeheim
Satz: Setzerei Gutowski, Weiterstadt
Gedruckt auf säurefreiem und alterungsbeständigem Papier
Printed in Germany

Besuchen Sie uns im Internet: www.wbg-darmstadt.de

ISBN 978-3-534-23039-6

Inhalt

Geschichte kompakt

*In der Geschichte, wie auch sonst,
dürfen Ursachen nicht postuliert werden,
man muss sie suchen.* (M. Bloch)

Das Interesse an Geschichte wächst in der Gesellschaft unserer Zeit. Historische Themen in Literatur, Ausstellungen und Filmen finden breiten Zuspruch. Immer mehr junge Menschen entschließen sich zu einem Studium der Geschichte, und auch für Erfahrene bietet die Begegnung mit der Geschichte stets vielfältige neue Anreize. Die Fülle dessen, was wir über die Vergangenheit wissen, wächst allerdings ebenfalls: Neue Entdeckungen kommen hinzu, veränderte Fragestellungen führen zu neuen Interpretationen bereits bekannter Sachverhalte. Geschichte wird heute nicht mehr nur als Ereignisfolge verstanden, Herrschaft und Politik stehen nicht mehr allein im Mittelpunkt, und die Konzentration auf eine Nationalgeschichte ist zugunsten offenerer, vergleichender Perspektiven überwunden.

Interessierte, Lehrende und Lernende fragen deshalb nach verlässlicher Information, die komplexe und komplizierte Inhalte konzentriert, übersichtlich konzipiert und gut lesbar darstellt. Die Bände der Reihe „Geschichte kompakt" bieten solche Information. Sie stellen Ereignisse und Zusammenhänge der historischen Epochen der Antike, des Mittelalters, der Neuzeit und der Globalgeschichte verständlich und auf dem Kenntnisstand der heutigen Forschung vor. Hauptthemen des universitären Studiums wie der schulischen Oberstufen und zentrale Themenfelder der Wissenschaft zur deutschen und europäischen Geschichte werden in Einzelbänden erschlossen. Beigefügte Erläuterungen, Register sowie Literatur- und Quellenangaben zum Weiterlesen ergänzen den Text. Die Lektüre eines Bandes erlaubt, sich mit dem behandelten Gegenstand umfassend vertraut zu machen. „Geschichte kompakt" ist daher ebenso für eine erste Begegnung mit dem Thema wie für eine Prüfungsvorbereitung geeignet, als Arbeitsgrundlage für Lehrende und Studierende ebenso wie als anregende Lektüre für historisch Interessierte.

Die Autorinnen und Autoren sind in Forschung und Lehre erfahrene Wissenschaftler und Wissenschaftlerinnen. Jeder Band ist, trotz der allen gemeinsamen Absicht, ein abgeschlossenes, eigenständiges Werk. Die Reihe „Geschichte kompakt" soll durch ihre Einzelbände insgesamt den heutigen Wissenstand zur deutschen und europäischen Geschichte repräsentieren. Sie ist in der thematischen Akzentuierung wie in der Anzahl der Bände nicht festgelegt und wird künftig um weitere Themen der aktuellen historischen Arbeit erweitert werden.

Kai Brodersen
Martin Kintzinger
Uwe Puschner
Volker Reinhardt

I. Hinführung: Wie funktionierte das Alte Reich?

1. Das Alte Reich, ein Unikat

Als sich Geschichtsbetrachtung zur Wissenschaft ausformte, im 19., dem nationalstaatlichen Jahrhundert, war das **Alte Reich** nicht wohl gelitten – bestenfalls ein drolliges Ungetüm, dessen wundersam verschnörkelten Aufbau und dessen Erzwingungsschwächen man gallig kommentierte, war es vielen sogar Inbegriff deutscher Schmach und nationaler Ohnmacht. Das Alte Reich hatte jene unseligen Zustände verschuldet, die die kleindeutsch-borussische Kampffront der Historiographie zu überwinden trachtete. Was man herbeischreiben und seit 1871 endlich, endlich im nationalen Taumel ganz unwissenschaftlich, weil distanzlos bejubeln wollte, war ein nach innen wie außen durchsetzungsfähiger Nationalstaat. Dessen Gefährdungen durch einen entfesselten Nationalismus, seine Übersteigerung im Totalitarismus, schließlich seine Einbindung in neue übernationale und föderale Strukturen: das gehörte nicht zum Erfahrungsschatz der Gründerväter unserer Wissenschaftsdisziplin. Die Maßstäbe ihrer Formationsphase (und mit ihnen die zur weltanschaulichen Grundausstattung des professionellen Historikers gehörende Geringschätzung des Alten Reiches) wirkten indes erstaunlich lange nach, um erst im letzten Drittel des 20. Jahrhunderts ihre Verbindlichkeit einzubüßen.

„Altes Reich"
Weil die zeitgenössische Titulatur „Heiliges Römisches Reich deutscher Nation" so lang ist, hat sich in der Forschung dieses Kürzel durchgesetzt; „alt" ist das 1806 untergegangene Reich im Kontrast zum 1871 gegründeten Kaiserreich.

Ein nach innen wie außen durchsetzungsfähiger Nationalstaat: das nun war das Alte Reich nicht. Es war strukturell nichtangriffsfähig (was heutzutage auch seinen Charme ausmachen mag) – Reichszweck waren nicht Machterweiterung und Expansion, sondern Rechtsschutz und Friedenswahrung. Rechtsschutz: das Reich hatte die Dynamik der Macht gerade einzudämmen, dafür zu sorgen, dass Untertanen vor der Willkür ihres Landesherrn geschützt wurden, kleine Reichsstände vor der Arroganz der großen, die Reichsstände überhaupt vor kaiserlichem Übermut – das Reich balancierte aus, überwachte den Status quo, war insofern tendenziell konservativ. Friedensschutz: der Reichsverband sollte verbürgen, dass in der Mitte des Kontinents Ruhe und Stabilität herrschten, dass Territorien, die auf sich allein gestellt wehrlos waren, nicht schikaniert oder gar annektiert wurden, weil es dem bösen Nachbarn so gefiel; dass das Reich nicht ähnlich geeignet war, seine Glieder gegenüber anderen politischen Systemen, vor einer zunehmend aggressiven europäischen Umgebung zu schützen, war sein größtes Defizit.

Das Reich war nach innen viel weniger durchsetzungsfähig als die gleichzeitigen werdenden Nationalstaaten ringsum; was an einem Weniger an Staatlichkeit liegt, das dieses Büchlein noch erklären muss. Wir werden beispielsweise sehen, dass das Reich fast keine eigenen Verwaltungsstäbe besaß, deshalb für die Umsetzung des zentral Beschlossenen auf Personal und guten Willen seiner Gliedterritorien, ihrer Verwaltungen angewiesen war; dass es über kein eigenes einheitliches Heer verfügte; dass keine nennenswerten regelmäßigen Reichssteuern flossen; dass das Reichsoberhaupt nicht den Glauben der Bewohner des Reichsgebiets bestimmen konnte (für die Frühe Neuzeit ein wichtiges Attribut der Staatlichkeit). Das Reich hatte keine eigentliche Hauptstadt, dafür mehrere politisch und viele kulturell wichtige Zentren; es barg so große Vielfalt, bot so viele Freiräume, dass es den europäischen Zeitgenossen als guter Raum zum Leben galt. Das Alte Reich war in seiner Zeit wohlgelitten, der gute Ruf wurde erst nach seinem Untergang ruiniert, durch üble Nachrede des nationalstaatlichen 19. Jahrhunderts.

Drei Ebenen   Der Reichsverband war ein ausgeprägt dezentrales, föderatives Gebilde. Vormoderne deutsche Geschichte spielt sich nicht im dualistischen Miteinander Obrigkeit – homogener Untertanenverband, Regierung – Volk ab (was als 'normal' anzusehen uns die nationalstaatliche Epoche vererbt hat), spielt vielmehr auf *drei Ebenen*.

Das Reich war ein Dachverband über Territorien, die indes nicht unmittelbar vom Reichsganzen, sondern von ihrer je eigenen Obrigkeit regiert wurden. Um von unten nach oben zu schauen: Der einzelne Einwohner (Ebene 3) eines Reichsterritoriums hatte den Gesetzen und Anordnungen seiner Territorialobrigkeit (Ebene 2), eines Fürsten oder eines reichsstädtischen Magistrats Folge zu leisten; diese wiederum waren den Spielregeln des Reichsverbandes unterworfen, anerkannten den Kaiser als (jedenfalls ideelles) Oberhaupt, waren den Gerichtsurteilen des Reiches unterworfen und im Prinzip auch den Beschlüssen des Reichstags. Direkter Kontakt zwischen Ebene 1 (Kaiser, Reichsorgane) und Ebene 3 (der einzelne Bewohner Mitteleuropas) kam nur selten zustande, war aber grundsätzlich möglich, beispielsweise, wenn Bauer X oder Handwerksmeister Y (Ebene 3) ihre Territorialobrigkeit (Ebene 2) vor einem Reichsgericht (Ebene 1) verklagten.

Dass dieses Büchlein in den verschnörkelten Reichsbau drei Ebenen einzieht, mag den Kenner als Simplifizierung ärgern. Tatsächlich waren nicht nur jene Hochadeligen, die als Reichsstände Reichspolitik betrieben und als Landesherren Territorien regierten, sehr unterschiedlich privilegiert und mächtig, auch die altständische Gesellschaft innerhalb jedes einzelnen Territoriums war mannigfach in sich gestuft. Das ging so weit, dass im Alltag vieler kleiner Leute weniger die Landesregierung denn der Guts- oder Grundherr als verhaltensbestimmende „Obrigkeit" erfahren wurde; dass nicht nur Kaiser und Reich weit weg waren, sondern genauso die Territorialobrigkeit, unter den damaligen Kommunikationsbedingungen auch geographisch, aber nicht minder im übertragenen Wortsinn. Andererseits waren die territorialen Eliten mancherorts, über Landtage, an der Innenpolitik des Territoriums beteiligt, so, wie eine Ebene darüber jeder Reichsstand als Reichstagsteilnehmer an der Reichspolitik mitwirken konnte. Noch einmal ganz schematisch formuliert: Die Territorialobrigkeiten (Ebene 2) waren in ihrer Eigenschaft als Reichstagsteilnehmer aktiv an der Gestaltung der Reichspolitik beteiligt; ein kleiner Teil der von der Territorialobrigkeit Regierten (Ebene 3) war, über den Landtag (in Reichsstädten:

den Stadtrat), aktiv an der Gestaltung der Landespolitik beteiligt. Je genauer man hinschaut, desto mehr Ergänzungen verlangt das skizzierte Drei-Ebenen-Modell, freilich verliert es dann auch gleich wieder seine Griffigkeit. Es vermag nicht sehr weit zu tragen, kann aber eine erste Annäherung erleichtern.

Das Reich überwölbt als Dachverband viele Territorien, Reichspolitik umrahmt viele Landespolitiken – ist Reichsgeschichte dann die Summe aller Landesgeschichten? Was ist das Anliegen einer Geschichte des Alten Reiches? Ebene 1 natürlich, aber nicht nur – auch, inwiefern Ebene 1 auf die beiden anderen Ebenen einwirkte, hat sie zu analysieren. Kaiser und Reichsorgane sind ihr Thema. Und die Reichsfürsten? Auf welcher Ebene wir ihr Tun ansiedeln müssen, hängt davon ab, in welcher ihrer Rollen sie agierten. Wenn sie als Reichsglieder handelten, sich beispielsweise zum Reichstag versammelten, trieben sie Reichspolitik – wie Kaiser und Reichsstände im spannungsvollen Miteinander Reichspolitik zu machen pflegten, das zu untersuchen ist vornehme Pflicht einer Geschichte des Alten Reiches. Wie dieselben Reichsfürsten ihre Rolle als Landesherren ausfüllten, interessiert sie nur von den reichsrechtlich vorgegebenen Rahmenbedingungen her. Was der einzelne Landesherr daraus machte, das darzulegen gehört nicht in eine Reichs-, gehört in eine der vielen Landesgeschichten.

Der dreistufige Aufbau des Reichsverbandes konsterniert heutige Studenten nicht mehr; die im Werden begriffene Europäische Gemeinschaft ist in der Grundanlage vergleichbar (natürlich kommt sie, tempora mutantur, ohne Kaiser aus …). Dass die Grenzen des Reiches nicht zuverlässig anzugeben sind: mit dieser Zumutung hingegen wagen den Lernenden viele Handbücher erst gar nicht zu behelligen. Es ist deshalb nicht weniger wahr. Auch von dieser Seite her zeigt sich, dass der Dachverband Reich auf dem Weg vom mittelalterlichen Personenverbands- zum modernen institutionalisierten Flächenstaat nicht so weit vorangeschritten war wie die werdenden Nationalstaaten ringsum. Eine wichtige Etappe auf dem Weg zum durchbürokratisierten Anstaltsstaat war die Herausbildung linear darstellbarer Außengrenzen anstelle von breiten Grenzsäumen mit Überlappungen und Bereichen verdünnter Herrschaftspräsenz – durch Grenzbereinigungen gewissermaßen, erst sie schufen ein präzise zu umreißendes „Staatsgebiet"; auch wenn letzte Unklarheiten erst im 18., gar 19. Jahrhundert ausgeräumt worden sind, kann man doch den europäischen Staaten wie auch den Reichsterritorien des 16. Jahrhunderts im Prinzip lineare Umgrenzungen bescheinigen. Das Reich hingegen hatte die ganze Neuzeit hindurch neben Kerngebieten Zonen mit verdünnter Reichspräsenz und auch Randbereiche, die sich am politischen Leben des Reichssystems gar nicht beteiligt haben.

Eindeutig ist der Befund im Norden (Meeresküste) und im Südosten, wo verschiedene habsburgische Erbländer wie Österreich unter der Enns, Steiermark, Krain, Tirol und das Hochstift Trient die Grenze des Reiches markierten. Im Nordosten lässt sich die Grenze auch klar angeben, doch fällt auf, dass das einstige Deutschordensgebiet, wiewohl deutsch geprägt (und ungeachtet der Tatsache, dass der Reichstag von 1530 Livland zum „mitglied" des Reiches deklariert hat), tatsächlich nicht zum Reichsverband

Die Reichsgrenzen

3

gehört hat. Im Osten pflegen heutige Kartografen Böhmen regelmäßig dem Reich zuzuschlagen; doch gehörte es nach Ansicht seiner Bewohner keinesfalls dazu und nach Ansicht der politischen Partner auch eher nicht, obwohl es der kaiserlichen Lehnshoheit unterstand und obwohl der Böhmenkönig das Reichsoberhaupt mitwählte. Keine unstrittigen Reichsgrenzen lassen sich im Westen und Südwesten angeben. Die habsburgischen Niederlande (also in etwa das heute von Holländern und Belgiern bewohnte Gebiet) wurden 1548 durch den Burgundischen Vertrag gezielt zu einer Zone verdünnter Reichspräsenz gemacht, beispielsweise aus der Gerichtshoheit des Reiches entlassen – doch bedeutete das keine vollständige Herauslösung aus dem politischen System. Indes sahen sich die separatistischen nördlichen Provinzen (ungefähr die heutigen Niederlande) seit 1648 aller rechtlichen Bindungen ans Reich enthoben, und niemand widersprach lautstark; tatsächlich hatten sie sich schon in der zweiten Hälfte des 16. Jahrhunderts sukzessive dem Reichsverband entwunden, aus seinem politischen Leben verabschiedet. Von einem Nachbarn, nämlich Frankreich, sukzessive aus dem Reichsverband herausgelöst wurden im selben Zeitraum die Hochstifte Metz, Toul und Verdun; auch nicht auf einen Schlag ging im 18. Jahrhundert Lothringen verloren, dazwischen liegen die vorübergehenden und dauernden Opfer der ludovizianischen „Reunionspolitik". Und die Eidgenossen? Gehörten de jure bis 1648 zum Reichsverband, nahmen aber schon seit 1499 fast überhaupt nicht mehr an seinem politischen Leben teil – frühneuzeitliche Schweizer Geschichte ist etwas Eigenes, frühneuzeitliche österreichische Teil der Reichsgeschichte. Das südlich der Eidgenossenschaft angrenzende Savoyen gehörte bis 1801 zum Reich, jedenfalls de jure, besonders engagiert an der Reichspolitik beteiligt hat sich diese Exklave nicht. Trotzdem schlagen Geschichtsatlanten – Grenzziehungen von Kartographen erfordern eindeutige Entscheidungen – Savoyen in der Regel dem Reich zu, das mag angehen. Tun sie es mit dem gleichen Recht mit anderen Gebieten südlich des Alpenhauptkamms? Das Großherzogtum Toskana, Herzogtümer wie Mailand, Mantua, Modena, Parma oder Mirandola, Republiken wie Genua oder Lucca: sie haben sich weder als *teutsch* empfunden noch Rechte und Pflichten eines Reichsglieds wahrgenommen. Wohl aber beanspruchte der Kaiser die Lehnshoheit über sie.

Lehnsverband und politisches System

Offenbar hilft die Unterscheidung zwischen dem Lehnsverband und dem politischen System weiter. Geschichtsatlanten zählen bisweilen auch manche derjenigen Gebiete zum Reich, die zwar dem Kaiser verpflichtet, weil von ihm lehnsabhängig waren, die sich aber nicht das Recht herausnahmen, aktiv Reichspolitik zu gestalten, und sich nicht der Pflicht unterwarfen, die entsprechenden Lasten zu tragen. Sie gehörten nicht zum politischen System – als Element dieses Systems qualifizierte sich, wer Reichstage beschickte und Reichssteuern entrichtete, das sind die geeignetsten Indikatoren. Ob sich ein Territorium Beschlüssen der Reichsgerichte beugte, ist ebenfalls aufschlussreich, aber kein so zuverlässiges Indiz. Schon seit 1512 stand sodann fest, welche Territorien in die Kreisverfassung einbezogen waren (deshalb später beispielsweise in der Reichsexekutive und beim Landfriedensschutz mitwirken würden) oder aber nicht.

Reichstagsbeschickung, Entrichtung von Reichssteuern, Akzeptanz der Urteile der Reichsgerichte, Mitarbeit in den Kreisen: dieses Kriterienraster könnte man an jedes Reichsterritorium anlegen und dann bilanzieren, wie fest es ins politische System integriert war oder ob es gar nicht dazugehört hat. Stark schematisiert, ergäbe sich erstens ein fester Kern von Territorien, die in der ganzen Frühen Neuzeit das politische System des Reiches gebildet haben (mit einem gewissen, an Intensität und Stetigkeit des politischen Engagements ablesbaren Integrationsgefälle vom Süden und Südwesten hinab nach dem Norden und Nordosten); zweitens entzogen sich einige Gebiete zuerst dem politischen System und dann dem Lehnsverband (Niederlande, Schweiz); drittens gab es lehnsabhängige, aber politisch ganz selbständige Gebiete; über die Zugehörigkeit Böhmens und Savoyens zum politischen System mag man sich viertens noch streiten.

Das Nebeneinander zwischen weiterem und engerem Reichsverständnis konnte sogar bisweilen spannungsvoll sein – etwa, wenn die Reichsstände den Kaiser aufforderten, sich um Landfrieden und äußere Sicherheit des politischen Systems Reich zu kümmern, anstatt seine Kräfte an die Behauptung der Lehnshoheit auf der Apenninhalbinsel zu vergeuden. Wenn nicht ausdrücklich anders vermerkt, meint dieses Büchlein, vom „Reich" sprechend, das politische System – ein den Zeitgenossen geläufiges Reichsverständnis, aber nicht ihr einziges.

Der Lehnsverband reichte räumlich weiter als das politische System, aber er hat es mit umfasst – man wird Reichspolitik nicht verstehen, wenn man das Reich nicht auch als Lehnsverband und aristokratischen Personenverband nimmt, wenn man neben dem Reichsrecht Lehnsabhängigkeiten und informelle Spielregeln vernachlässigt. So wäre beispielsweise der Kaiser politisch gar nicht durchsetzungsfähig gewesen, wenn er nicht auch oberster Lehnsherr gewesen wäre und Patron einer sich besonders anhänglich um ihn scharenden Klientel. Zu ihr gehörten einerseits hauptsächlich katholische Reichsglieder, andererseits vor allem kleinere, mindermächtige – und die Regenten der sowohl katholischen als auch mindermächtigen geistlichen Territorien ohnehin. Die vielen kleineren Fürsten und Grafen waren des Rückhalts an der Wiener Zentrale besonders bedürftig, hätten alleine keine Sprechrollen auf der Bühne des Theatrum Europaeum ergattern können, ihre Territorien waren für sich, ohne Rückhalt an Kaiser und Reich, nicht 'staatsfähig'. Sie brauchten das schützende Dach des Reichsverbands besonders dringend, brauchten ein handlungsfähiges Reich unter einem starken Kaiser. Von den kleinen Residenzstädten (nicht den Kapitalen der notfalls auch ohne Kaiser und Reich lebensfähigen Großterritorien) gingen die Kohäsionskräfte aus, die den Reichsverband jahrhundertelang beisammenhielten. Die Masse der Kleinen und ganz Kleinen – das war der Kitt, der das Reich zusammenhielt.

Nicht nur wegen der angedeuteten Grenzziehungsprobleme war das Reich kein Nationalstaat. Selbst der Lehnsverband umfasste nicht alle europäischen Regionen, in denen deutsch gesprochen wurde, er reichte andererseits natürlich weit über das Gebiet *tiutscher zunge* hinaus. Man sprach im Reich beispielsweise italienisch, rätoromanisch oder ladinisch, redete (wenn wir Böhmen und seine Nebenländer dazuzählen) tschechisch und slowenisch, auch polnisch; sogar Sorbisch und Wendisch kamen vor, man

Kein Nationalstaat

unterhielt sich dänisch oder niederländisch, parlierte französisch. Deutsche Dynastien erwarben ausländische Kronen (und residierten, beispielsweise, in London), umgekehrt regierten ausländische Kronen (die schwedische zum Beispiel) auch Reichsterritorien. Gewiss wölbte sich das Dach des Reiches vor allem über Gebiete *teutscher nation*, aber die Nationalität war offenkundig kein zentrales Konstruktionsprinzip des Reiches. Die politisch, ökonomisch und lange Zeit auch kulturell maßgebliche Elite, der Adel, war international ausgebildet (Kavalierstour) und in internationale Heiratskreise einbezogen.

Das Reich – ein „Staat"? Kein Nationalstaat also, das Reich – war es überhaupt ein „Staat"? Passt das Wort auf die *teutschen* Verhältnisse? Da wir Heutigen bei diesem Ausdruck unweigerlich den modernen institutionalisierten Flächenstaat assoziieren, sollten wir auf den Terminus im Zusammenhang mit der Reichsgeschichte verzichten. Die heutzutage geläufigen Konnotationen des Begriffs auszumerzen dürfte schwerer fallen als dieser Verzicht.

Zu einem „Staat" gehören für den modernen Menschen ein klar abgrenzbares Staatsvolk, ein nicht minder präzise definiertes Staatsgebiet sowie eine effektive und überall auf diesem Gebiet durchsetzungsfähige Staatsgewalt. Schon die ersten beiden Kriterien führen beim Reichsverband in komplizierte Probleme, aber selbst wenn wir ihn auf das politische System verkürzen: die 'Reichsgewalt' war viel weniger effektiv und durchsetzungsfähig als die Zentralen ringsum, in den werdenden Nationalstaaten. In der Mitte Europas vollzog sich die typische Entwicklung frühmoderner Staatlichkeit gewissermaßen eine Ebene tiefer als anderswo, im regionalen Rahmen nämlich, in den einzelnen Reichsterritorien. Das Reich als Ganzes ließ manche Bereiche staatlichen Handelns verwaist, es gab ja keine nennenswerte 'Reichsverwaltung', keine 'Reichspolizei' – der Reichsverband war bei der konkreten Umsetzung seiner Rahmengesetzgebung, für die Exekution (lat. exsecutio = Ausführung, Vollstreckung) der in Reiches Namen gefällten Gerichtsurteile auf die Mitwirkung der einzelnen Glieder, der Reichsterritorien angewiesen.

Das Reich war kein „Staat", es überwölbte Territorien, die viele Merkmale der damals üblichen Staatlichkeit ausgebildet, sozusagen an sich gezogen hatten. Das Reich sorgte als Dachverband für ein Minimum an Interessenkoordination, schützte die ganz Kleinen vor der Respektlosigkeit derjenigen Großen, die notfalls auch alleine, ohne Kaiser und Reich, auf der Bühne des Theatrum Europaeum hätten bestehen können (was man den Grafen von Wied-Runkel oder der Reichsstadt Schweinfurt schwerlich zubilligen wird). Das Reich setzte einen Rahmen, den die Einzelterritorien bei der Verfolgung ihrer legitimen eigenen „Staatsräson" nicht überschreiten durften. So durften sie, beispielsweise, sehr wohl Landesgesetze verabschieden; aber keine, die den Reichsgesetzen widersprachen. Die Reichsstände konnten nicht einfach schalten und walten, wie sie wollten – waren insofern nach dem Verständnis der Zeit nicht „souverän".

Wie sich das Wort „Staat" nicht zum Reich fügen will, passt ein Schlüsselbegriff der neuzeitlichen Staatslehre nicht auf die *teutschen* Verhältnisse: die „Souveränität". Dieser seit Jean Bodin für den politologischen Diskurs zumal Westeuropas zentrale Begriff bezeichnet die höchste, unabgeleitete

– also nicht delegierte und nicht rückholbare – Herrschaftsgewalt, die an einer Stelle (bei einem Gremium oder, was Bodin favorisierte, in einer Person) verortbar sein müsse. Besagten Punkt (Bodin tippte eher hilflos auf den Reichstag) gibt es im Reichsverband tatsächlich nicht. Der nämlich war eine gestufte Ordnung von 'Teilsouveränitäten', manche Befugnisse lagen beim Dachverband, viele bei den einzelnen Gliedern; ähnlich, wie wir das (der Hinweis sei noch einmal erlaubt) auch bei der Europäischen Union beobachten können. Der Kaiser konnte nicht souverän mit den Reichsständen umspringen, wie ihm beliebte; diese wiederum regierten ihre Territorien auch nicht souverän, da sie sich in den Reichsrahmen einpassen, Vorgaben der Reichsorgane zu beachten hatten.

Kein Punkt, in dem alle Fäden zusammenlaufen (sprich: kein „Souverän") – schlimmer noch, für den, der sich der Reichsgeschichte zum ersten Mal nähert: der Reichsverband sperrt sich, ein „irregulare aliquod corpus et monstro simile" (wie Samuel von Pufendorf einmal klagte: ein unregelmäßiges, einem Monstrum ähnliches Gebilde), gegen alle damals wie heute gewohnten Klassifizierungsversuche der Staatslehre. Er passt in keine Schublade! „Wenn sich demnach jemand nach der Regierungsform in Deutschland erkundigen sollte, so muss man ihm antworten: Deutschland wird auf deutsch regiert" – so der dänische Schriftsteller und Historiker Ludvig Holberg 1745 in seinem „Bedenken über gewisse europäische Nationen". Die Regierungsgewalt lag nicht nur bei der Zentrale und nicht nur bei den Reichsgliedern; sie war nicht vollständig in der Hand einer Person (Kaiser), im Besitz einer kleinen Gruppe (Kurfürsten) oder der Gesamtheit aller Mitglieder des Personenverbands (Reichstag). Deshalb passt weder das Etikett „Staatenbund" (wiewohl das alte Schulbücher, zumal des Kaiserreichs, behaupten) noch die Rubrik „Bundesstaat" (zu der schon Zeitgenossen tendierten – Besold im 17., Pütter im 18. Jahrhundert); deshalb war das Reich weder eine Monarchie (wie Reinkingk postulierte) noch eine Oligarchie (jene „Herrschaft Weniger", die beispielsweise Leibniz an die Wand malte) noch eine Aristokratie. Das Reich war auf eine beim ersten Hinsehen komplizierte, auf den zweiten Blick faszinierende Weise von allem etwas. Ein Gutteil der Reichsgeschichte ist eingespannt in den Widerstreit zwischen zentralistischer und föderalistischer Auffassung vom Wesen des Reiches, ohne dass es dem Wiener Behördenapparat je gelungen wäre, regionalen Eigenwillen zu brechen, regionale Eigenbrötelei abzuschleifen, oder das Reich je in einen Staatenbund zerfallen wäre. Das Reich wies monarchische Züge auf, gewiss bildeten „Kaiser und Reich" auch und vor allem einen aristokratischen Personenverband, ferner waren der Verfassung des Reiches schwankende, aber zu Zeiten sehr ausgeprägte oligarchische Gehalte eigen (die Kurfürsten). Vom „status mixtus" sprachen schon viele Zeitgenossen zu Recht, von der „res publica mixta" – die Verfassung des Reiches war gemischt.

„Die Verfassung des Reiches": ein letztes mögliches Missverständnis soll hier gleich ausgeräumt anstatt latent bis zur letzten Seite mitgeschleppt werden. Das Reich besaß nicht das eine Regelbuch, seine Spielregeln waren an allen möglichen Stellen niedergeschrieben und sehr unterschiedlich alt. Ein wichtiges, die Zeitgenossen sagten: ein „Grundgesetz" (lex fun-

Eine „gemischte" Verfassung

damentalis) stammte aus dem Mittelalter – die Goldene Bulle von 1356. Lange Zeit ganz unstrittig, danach zeitgenössische Mehrheitsmeinung war, dass die Wahlkapitulationen (siehe S. 10) Grundgesetze des Reiches darstellten. Auch die Reichsabschiede gaben das Regelwerk vor, einige besonders wichtige Passagen wie der so genannte Augsburger Religionsfriede von 1555 ebenfalls im Rang eines Grundgesetzes. Natürlich war der Ewige Landfriede von 1495 Bestandteil der Reichsverfassung und der Westfälische Friede von 1648 war es – wie manches andere, es soll hier nicht alles aufgezählt, gleichsam schon angekündigt werden, dieses Büchlein wird noch von vielen wichtigen Reichsgesetzen erzählen. Zum Regelwerk des Reichssystems gehörten aber auch bilaterale Verträge, Privilegien, gehörte das womöglich nur mündlich tradierte „Herkommen". „Die Reichsverfassung" – das war kein kohärenter Text aus einem bestimmten Jahr mit einer benennbaren Anzahl an Paragraphen! Schon deshalb war sie auch nicht statisch, sie entwickelte sich – manchmal mit unschwer erkennbarer großer Dynamik (Zeit der „Reichsreform"), manchmal (wie alles in allem über die letzten 120 Jahre hinweg) scheinbar langsam; im Fluss jedenfalls war sie immer.

Eine Verfassung, die Spielräume belässt

Eine Vielzahl unterschiedlich alter Spielregeln – gab es da nicht zwangsläufig Überschneidungen und Lücken, auch veritable Widersprüche? Gewiss, aber nach zeitgenössischem Empfinden nicht zum Schaden des Reiches. Die Verfassung des Alten Reiches war nicht fest gefügt, sondern locker gefugt, sie ließ Spielräume für tektonische Verschiebungen. Große Toleranzen also statt Präzisionsarbeit – aber genau das war das Erfolgsgeheimnis. Daher beim modernen Betrachter der Eindruck mangelnder Effizienz, von Reibungsverlusten, da greift nicht jedes Rädchen nahtlos ins andere, es ächzt und stöhnt in allen Scharnieren, aber die Maschine läuft jahrhundertelang. Sogar manche Grundgesetze des Reiches waren bemerkenswert offen formuliert, Kompromiss wurde oft nicht auf halbem Wege zwischen zwei Maximalforderungen festgezurrt, äußerte sich vielmehr in dehnbaren Formeln, in Termini, die verschiedene Interessengruppen auf verschiedene Weise füllen konnten – nur beim Augsburger Religionsfrieden würde sich dieses Verfahren, wie noch zu zeigen ist, nicht auszahlen. Der Rahmen – das Recht – war starr, die nicht verbauten, die bewusst freigegebenen Auslegungsmöglichkeiten schrieben den Wandel mit ein. Jener notorische Auslegungsstreit, der Reichsgeschichte zur Rechtsgeschichte macht, mag heute bei der ersten Annäherung ans Reichssystem abstoßen, aber die Solllücken, die gleich mit eingebauten Interpretationsspielräume machten die Reichsverfassung in ihrer Zeit so unwiderstehlich, also langlebig.

*

Gerade wegen ihrer „unerschöpflichen Fülle ineinander verschachtelter, altüberkommener Rechtstitel" (Adolf Laufs), wegen des imposanten und einschüchternden Geflechts von Grundrechten, schriftlich formulierten und ungeschriebenen Spielregeln, von Privilegien und der Observanz („das war schon immer so") entspringenden Besitzständen, von „löblichen Gewohnheiten und Freyheiten" sperrt sich die Reichsverfassung hartnäckig gegen jede griffige, übersichtliche Zusammenfassung, sie ist ihrem Wesen

nach systematisierungsresistent. In einer Zeit, in der Bildung zur strom-
linienförmigen Ausbildung verkommt, in der die Politik den Studenten vor-
gaukelt, Bildung lasse sich aus soundsovielen „Modulen" zusammenset-
zen, läuft ein für Kenner und Liebhaber gerade seiner Vertracktheit wegen
faszinierendes Thema wie die Reichsgeschichte Gefahr, (wieder) an den
Rand zu geraten. Lassen sich die elementaren Spielregeln des Reichsverbands, die Grundstrukturen der Reichsgeschichte im raschen Zugriff ver-
mitteln? Das ist noch nicht ausgemacht, doch sollte man nicht schon über
die Frage die Nase rümpfen, sie muss vielmehr mutig ausgelotet werden.
Ein Versuch über die Reichsverfassung kann entweder Studenten erfreuen
oder Kollegen befriedigen, entweder pädagogisch wertvoll sein oder gegen
fachliche Kritik der Reichsexperten gefeit – wohlfeile Kompromisse sind da
nicht zu haben. Der Autor dieses Büchleins ist der Ansicht, dass für seine
Kollegen schon viele gute Bücher geschrieben worden sind, es ist denen
nichts hinzuzufügen.

Dieses Studienbuch soll kein Text über Texte sein. Weil es weniger für
angehende Juristen denn für künftige Historiker geschrieben wurde, analysiert es das Funktionieren des politischen Systems, nicht etwa lediglich die
schriftlich fixierten Spielregeln. Es beleuchtet nicht nur die Verfassungsnor-
men, sondern vor allem die Verfassungswirklichkeit.

2. Wichtige Elemente des Reichssystems

a) Der Kaiser

Das Reichsoberhaupt wurde auf Lebenszeit gewählt, und zwar von den
Kurfürsten. Es galt das Mehrheitsprinzip, doch suchten die Wähler wo
immer möglich Einhelligkeit. Dem Papst wurde die Wahlentscheidung nur
noch zur Kenntnisnahme mitgeteilt, einer päpstlichen Krönung bedurfte
das neuzeitliche Kaisertum nicht mehr; der mittelalterliche Dreischritt
(Wahl in Frankfurt, Königskrönung in Aachen, Kaiserkrönung in Rom)
schrumpfte auf nur einen maßgeblichen Akt ein, die Wahl in Frankfurt, der
die immerhin noch pompös inszenierte Krönung angehängt wurde. Die
Kurfürsten konnten **„vacante Imperio"** wählen, also den Tod des amtieren- | Die Wahl
den Kaisers abwarten, von den 16 zwischen 1519 und 1792 vorgenomme-
nen Wahlen ereigneten sich freilich sieben schon **„vivente Imperatore"**.
Durch zeitige Königswahlen vermied man Interregna, und kaiserlose Zeiten galten den frühneuzeitlichen Kurfürsten als unkalkulierbare Gefahren,
potenzielle Reichskrisen – sehenden Auges und fröhlichen Herzens auf ein
Interregnum zuzusteuern, wäre ihnen nicht in den Sinn gekommen.
Manchmal drängten die Kurfürsten deshalb sogar mehr als der Kaiser auf
eine zügige Regelung der Nachfolgefrage, beispielsweise unter dem sie-
chen Rudolf – seit 1580, also seit dem vierten Regierungsjahr eines Kaisers, der dem Reich 36 Jahre lang vorgestanden hat, sind kurfürstliche
Überlegungen nachweisbar, die um eine rasche Königswahl kreisen, doch
blockte Rudolf ab. Das ist aber untypisch, in der Regel waren Kaiser an zü-

gigen Königswahlen interessiert – weil sie eine geregelte Fortführung ihres Lebenswerks wünschten und weil sie *vivente Imperatore* Einfluss auf die Wahl nehmen, ihren Wunschkandidaten lancieren konnten.

E | Wahlen *vivente Imperatore*

Während der Kaiser noch lebt, wird bereits sein Nachfolger bestimmt; die Kurfürsten wählen einen „Römischen König", der nicht auch schon Römischer Kaiser ist. Wenn frühneuzeitliche Akten vom „Kaiser" sprechen, meinen sie das Reichsoberhaupt, der „König" war ihnen der künftige Kaiser – nicht mehr und nicht weniger. Nicht mehr: Der König konnte aus seiner Wahl keine eigenen Regierungsrechte ableiten, solange der amtierende Kaiser noch lebte. Nicht weniger: In dem Augenblick, in dem der amtierende Kaiser starb, wurde der König neues Reichsoberhaupt, ohne dass es dafür noch eines zusätzlichen Ernennungsaktes bedurft hätte.

E | Wahlen *vacante Imperio*

Erst nach dem Tod des Reichsoberhaupts wird der Nachfolger gewählt – es tritt also eine kaiserlose Zeit ein, ein „Interregnum"; die provisorische Reichsverwaltung übernehmen solange die Kurfürsten von der Pfalz und von Sachsen, die „Reichsvikare".

Warum kam es dann doch manchmal zu einem Interregnum? Es waren jedes Mal wieder andere, besondere Umstände verantwortlich, doch spielte auch eine konstant gültige politische Kalkulation hinein: War dem amtierenden Kaiser einmal sein Wunschnachfolger gewählt, hatten die Kurfürsten ein wichtiges Faustpfand ihres Einflusses auf die Politik der Wiener Hofburg aus der Hand gegeben; schon deshalb galt es, nicht allzu hurtig und beflissen kaiserlichen Wahlwünschen nachzukommen. Umgekehrt waren die Kaiser des kurfürstlichen Wahlrechts wegen tendenziell auf eine defensive Reichspolitik verwiesen, auf die Respektierung der **teutschen libertät**, der Reichsgesetze wie der ungeschriebenen Spielregeln des Reichssystems – denn ein allzu wuchtiger Regierungsstil gefährdete die Wahlchancen des erwünschten Nachfolgers. Schon weil das Kaisertum nicht erblich war, hatten die Kaiser nie die Chance, das Reich zu einem straff zentralisierten Untertanenverband zu machen.

Wahlkapitulationen   Am Wahltag präsentierten die Kurfürsten ihrem Kandidaten die „Wahlkapitulation": eine Liste von Forderungen, die zu erfüllen er durch seine Unterschrift versprechen musste. Die Kurfürsten verpackten darin auch standespolitische Anliegen, strichen ihre eigene Schlüsselstelle im Reichssystem heraus; vor allem aber agierten sie als Sprecher aller Reichsstände, sie suchten durch eine Vielzahl ganz konkreter Regelungen einer selbstherrlichen Regierungspraxis vorzubeugen. Für alle nur denkbaren Regierungshandlungen wurde deshalb der jeweils notwendige Grad an Abstimmung im Reichsverband festgelegt – wann muss der Kaiser die Kurfürsten konsultieren, wann sich gar des Konsenses aller Reichsstände versichern? Die Wahlkapitulation eines jeweiligen Kaisers listet also seine Befugnisse, vor allem aber deren Grenzen auf, sie ist sein Kompetenzkatalog. Seit 1519 zum ersten Mal eine Wahlkapitulation zusammengestellt worden ist, wurden diese Texte von Mal zu Mal umfangreicher – weil man mit jedem Kaiser auch schlechte Erfahrungen gemacht hat, deshalb einer Wiederholung vorbauen wollte. Richtig gelesen, sind die jeweiligen Novellen deshalb eine Abrechnung mit dem Regierungsstil des letzten (oder, bei einer Wahl *vivente Imperatore*, des noch amtierenden) Kaisers.

teutsche libertät

Eine im politischen Diskurs des Reiches überaus häufig verwendete Formel, die nicht die moderne, in individueller Selbstverwirklichung gipfelnde „Freiheit" für jeden Bewohner Mitteleuropas (Ebene 3) meint, sondern politische Spielräume für die Reichsstände. Selbst Obrigkeiten, Regenten über ihre Territorien, sahen sich nicht als „Untertanen" des Kaisers oder der Reichsbehörden. „Wahrung der teutschen libertät", diese Parole zielte auf ein Reich, das zwar gewisse Schutz- und Koordinierungsaufgaben erfüllte, dabei aber seine Glieder so wenig wie nur irgend möglich vereinnahmte und gängelte.

Der Kaiser war Oberhaupt des „Heiligen Römischen Reiches deutscher Nation". Die Adjektive „römisch" und „heilig" erinnern noch in der Neuzeit daran, dass sich dieses Reich als Fortführung des antiken *Imperium Romanum* verstand und als Leitmacht des christlichen Abendlandes. Doch war Karl V. der letzte Kaiser, für den diese ehrwürdige Tradition auch im politischen Alltag viel bedeutet hat, Regierungsprogramm war. Alle seine Nachfolger sahen sich vor allem als gewählte Spitze des Reichsverbands, als oberste politische Autorität in Mitteleuropa. Im Zeitalter der werdenden Nationalstaaten verflüchtigte sich die Idee des christlichen Abendlandes ohnehin, wohl wehten Reste bisweilen noch im Osten, über der Türkenfront. „Der Türke", das frühneuzeitliche Feindbild schlechthin, ist übrigens der Hauptgrund dafür, dass die Kurfürsten, wiewohl im Besitz der „freyen wahl", im 16. und 17. Jahrhundert immer Habsburger zu Kaisern gemacht haben (danach, im 18., war mit Karl VII. auch einmal ein Wittelsbacher Reichsoberhaupt): deren Erbländer grenzten an die Türkenfront. Machte man einen Habsburger zum Reichsoberhaupt, sorgte dieses schon aus Eigeninteresse dafür, dass sich das Osmanische Reich nicht nach Westen in den Reichsverband hineinschob. Umgekehrt ließen sich die Reichsstände eher zum Engagement hinreißen, wenn die entsprechenden Hilfsappelle vom Kaiser kamen.

Habsburg war *propugnaculum contra Turcam*, Bollwerk gegen das Osmanische Reich – dieses Kalkül beherrscht die Wahlakten des 16. und 17. Jahrhunderts. Die Dynastie gebot über ausreichend „land und leut" – Kaiser bezogen kein Gehalt, konnten sich nicht an einem 'Reichsgut' schadlos halten, das Amt verzehrte mehr Ressourcen, als es eintrug. Und „land und leut" lagen an der rechten Stelle, an der Türkenfront. So fiel die „freye wahl" immer wieder auf einen Habsburger. Nachdem einmal soundsoviele Habsburger nacheinander Kaiser gewesen waren, begann zudem die Tradition zum Argument für diese Dynastie zu werden, es „schuf die Kontinuität der Wahl auch eine Kontinuität der Herrschaft und Amtsführung" (Maximilian Lanzinner). Außer Rudolf (1576–1612), der Prag wählte, pflegten Habsburgs Kaiser in Wien zu residieren, weshalb auch Reichshofrat und Reichskanzlei dort angesiedelt waren.

Warum immer wieder ein Habsburger?

Römischer Kaiser – Kompetenzen wie ein Caesar oder ein Nero hatte er nicht! Der Mann, den dieser hochtrabende Titel schmückte, konnte vielmehr nur im Zusammenwirken mit den Reichsständen politisch wirksam werden. Es waren also nicht nur viele Hoheitsrechte vom Gesamtsystem auf die Glieder (Ebene 2) abgewandert, selbst auf Ebene 1, im Rahmen der

Reichspolitik, konnte der Kaiser keinesfalls selbstherrlich agieren. Die Reichspublizistik des 18. Jahrhunderts sortierte seine Befugnisse gerne in drei Gruppen auseinander. Erstens gab es demzufolge *iura comitialia*, **Komitialrechte** – hier musste der Reichstag zustimmen. Fast alle wesentlichen Regierungshandlungen fallen darunter: Reichssteuern, Reichsgesetze, die *essentials* aus dem Bereich der äußeren Beziehungen (wie Kriegserklärungen und Friedensschlüsse). Zweitens die *iura caesarea reservata limita*: Hier musste der Kaiser die Zustimmung der Kurfürsten einholen, so beispielsweise, wenn er einen Reichstag einberufen wollte. Drittens gab es *iura caesarea reservata*, **Reservatrechte** – hier konnte der Kaiser alleine schalten und walten. Nur, was war überhaupt noch Reservatrecht? Befugnisse wie die, uneheliche Kinder zu legitimieren oder akademische Grade zu verleihen, unterstrichen zwar, dass der Kaiser eine Autorität für jeden einzelnen Reichsbewohner war, dass jeden der kaiserliche Arm prinzipiell erreichen konnte, sie brachten Ebene 1 und Ebene 3 des Reichssystems miteinander in Kontakt. Für die große Politik wichtig waren aber nur wenige Reservatrechte: die Ernennung der Reichshofräte; das Recht, dem Reichstag eine Liste der abzuarbeitenden Tagesordnungspunkte vorzulegen; oder das Recht, Standeserhöhungen vorzunehmen, so beispielsweise neue Reichsfürsten zu kreieren (was aber nur in Ausnahmefällen auf die Zusammensetzung des Reichstags durchschlug).

E   **Komitialrechte**
Der Kaiser kann nur im Zusammenwirken mit dem Reichstag agieren.
Reservatrechte
Rechte, die der Kaiser allein wahrnehmen kann.

Natürlich waren die drei Schubladen nicht über drei neuzeitliche Jahrhunderte hinweg gleich gefüllt. Die Reichsacht zu verhängen (einen Delinquenten „vogelfrei", rechtlos zu machen), war ursprünglich kaiserliches Reservatrecht, wurde aber dann von Wahlkapitulationen kurfürstlicher Zustimmungspflicht, schließlich sogar der des Reichstags unterworfen, wanderte also zu den Komitialrechten. Dass die Wahlkapitulation von 1636 ein kurfürstliches Steuerbewilligungsrecht vorsah, alarmierte die Fürstlichen als Indiz dafür, dass das Reich im Wettlauf zwischen monarchischer und oligarchischer Deformation zentralisiert werde, und so blieb diese Einsortierung des Steuerbewilligungsrechts Episode.

Für den tatsächlichen Einfluss des Kaisers auf die Reichspolitik wohl mindestens so wichtig wie das nicht besonders imposante Grüppchen der Reservatrechte war seine Lehnshoheit. Der Kaiser war und blieb oberster Lehnsherr des Reiches. Das ließ sich auch fürs politische System nutzbar machen. Dieses kannte eigentlich nur Rechte und Pflichten, keine „Gefolgschaft". Das Lehnswesen aber hielt den Lehnsmann zur „Treue" an, und für viele Kaiser hieß das auch: „Gehorsam" im reichspolitischen Alltag. Ihn reklamierten sie, als oberster Lehnsherr, und die Drohung, im Fall von Felonie (Bruch der vasallitischen Treue) das als Lehen ausgegebene Reichsterritorium einzuziehen, war ein treffliches Druckmittel – nur selten realisiert, aber als Drohkulisse im Hintergrund dauerhaft politisch wirksam.

Da die Kaiser fast immer Habsburger waren, agierten sie in einer brisanten Doppelrolle: als Regenten über einen riesengroßen Erbbesitz und als

*Doppelrolle:
Kaiser – Landesherr*

12

gewählte Reichsoberhäupter. Sie hatten fürs Wohl des Reiches zu sorgen, aber auch für das ihrer Erbländer und sogar für das der Dynastie (die im 16. und 17. Jahrhundert auch in Spanien regierte). Das eröffnete reichspolitische Chancen und konnte von Reichspolitik ablenken. Die Attraktion der habsburgischen Residenzen für den Adel des Reiches (fränkische, sogar rheinische Familien zog Wien an, für Schwaben war lange Zeit Innsbruck wichtig) schuf Einflusskanäle und Steuerungsmöglichkeiten, die eine nur die Rechtsnormen analysierende Verfassungsgeschichte gar nicht erfassen kann. Hatten die Reichsstände im 16. und 17. Jahrhundert öfters die Sorge, der Kaiser könne seine Hausmachtressourcen dafür missbrauchen, seinem Willen in der Reichspolitik unangemessen Geltung zu verschaffen und die *teutsche libertät* einzuschränken, wurde dem 18. Jahrhundert zunehmend zum Problem, dass Habsburgs Kaiser der Rolle des Reichsoberhaupts im Ensemble ihrer Herrscherpflichten einen immer geringeren Rang zuerkannten, weil ihnen ihr südosteuropäischer Erbbesitz mehr am Herzen lag als das mitteleuropäische Wahlamt. Das ist ein wichtiger Grund dafür, dass die wechselhafte Konjunkturkurve des Kaisertums, die sich nach einem ersten Tiefpunkt in den Vierziger- bis Sechzigerjahren des 17. Jahrhunderts wieder in erstaunliche Höhen aufgeschwungen hatte, im 18. Jahrhundert dauerhaft und irreversibel absank.

Der Kaiser, eher Koordinator und Schiedsrichter denn Herrscher, hatte allein kaum politische Kompetenzen und war doch ein gewichtiger Faktor im Reichssystem, aus diesen gar nicht immanenten Gründen: weil er – als Habsburger – über einen stattlichen Erbbesitz gebot und als oberster Lehnsherr. Schon das bezeichnet ein Spannungsverhältnis. Hinzu kam, dass sich die neuzeitlichen Kaiser unterschiedlich genügsam mit den reichsrechtlich vorgegebenen Beschränkungen ihrer Kompetenzen abfanden. Zwei Kaiser erlagen gar der Versuchung, Waffenerfolge in weitreichenden politischen Terraingewinn umzusetzen, das Reichssystem zentralistisch zu verbiegen: Karl V. und Ferdinand II. – weiter unten wird noch davon die Rede sein. Diese Vorstöße sind unterschiedlich rasch, aber gründlich gescheitert. Das Reich ließ sich nicht auf dem Verordnungsweg regieren.

b) Die Kurfürsten

Die Kurfürsten firmieren in frühneuzeitlichen Akten häufig als **„Säulen des Reiches"**. Diese Säulen oder „grundvesten" des Reichsbaus waren im 16. Jahrhundert: die Erzbischöfe von Mainz, Köln und Trier; der Pfalzgraf bei Rhein (pfälzische Wittelsbacher), der Herzog von Sachsen (Wettiner), der Markgraf von Brandenburg (Hohenzollern); sowie der König von Böhmen (Habsburger), der aber lediglich als Königswähler agierte, sich an den anderen reichspolitischen Aktivitäten des Kurkollegs nicht beteiligte – nicht im Kurfürstenrat des Reichstags votierte, nicht bei Kollegialtagen mitberiet, nicht im Kurverein war. Es gab also drei geistliche und vier weltliche Kurfürsten. Die Zahl der letzteren erhöhte sich im 17. Jahrhundert auf sechs.

Der Westfälische Friede sah nämlich eine achte Kur für jene pfälzischen Wittelsbacher vor, denen sie das Reichsoberhaupt im Dreißigjährigen Krieg genommen hatte, um den mit ihm verbündeten Bayernherzog Maximilian damit zu belohnen; und im Jahr 1692 versuchte der Kaiser eine neunte Kur für den Herzog von Braunschweig-Lüneburg (Kurhannover) zu kreieren. Der Reichstag hat das erst 1708 bestätigt, quasi im Gegenzug (die Welfen waren evangelisch) wurde der katholische Böhmenkönig zum Kurkolleg „readmittiert"; er beteiligte sich seither an allen kollegialen Aktivitäten.

Sieben Kurfürsten also im 16. Jahrhundert, neun am Ende des 17.; im 18. Jahrhundert verringerte sich die Zahl wieder auf acht, weil 1777 die Münchner Kurlinie ausstarb. Ganz kurzlebig waren einige in den allerletzten Jahren des Reiches, im Kontext der Umwälzungen der Napoleon-Zeit geschaffene Kuren: die von Salzburg (dann Würzburg), Baden, Württemberg und Hessen-Kassel.

E | **Säulen des Reiches**
So apostrophieren die frühneuzeitlichen Akten die reichsständische Führungselite, die Kurfürsten. Als „innerste räte" des Reichsoberhaupts und „vorderiste glieder" des Reichsverbands besetzten sie die Scharnierstelle („cardo Imperii") zwischen Kaiser und Reich.

Faustpfänder der kurfürstlichen Präeminenz

Warum waren die Kurfürsten Säulen des Reichsgebäudes? Wie sich ihre viel beschworene „Präeminenz", ihr Vorrang im hierarchisch gestuften Verband der Reichsstände (lat. *praeeminere* = hervorragen, überragen) in verschiedenen politischen und zeremoniellen Vorteilen im Reichssystem konkretisierte, so hat sie auch verschiedene Wurzeln. Die Goldene Bulle von 1356 verbürgte den Kurfürsten, neben anderen Vorrechten, ihr exklusives Königswahlrecht. Auch wenn sich zumal in den beiden letzten Dritteln des 17. Jahrhunderts manche Reichsfürsten daran reiben würden: das Reichsoberhaupt zu wählen, war und blieb nun definitiv Sache lediglich der Kurfürsten. Und so formulierten auch lediglich sie die Wahlkapitulationen (darüber echauffierten sich in der zweiten Hälfte der Frühen Neuzeit ebenfalls andere Reichsstände, indes vergeblich).

Der Kaiser musste auf die Kurfürsten schon deshalb besonders Rücksicht nehmen, weil er mit einer massiv an ihren Vorstellungen vorbeigehenden Reichspolitik die Wahl des gewünschten Nachfolgers, den Verbleib der Kaiserwürde bei der Dynastie aufs Spiel gesetzt hätte. Nicht nur deshalb freilich suchten die meisten Kaiser des 16. und 17. Jahrhunderts einen engen und recht stetigen Kontakt zu den Kurhöfen. Wegen der Vielzahl von Reichsterritorien und unter den damaligen Kommunikationsbedingungen war es ganz unmöglich, die Reichspolitik je und je mit allen Reichsgliedern abzustimmen; erst, dass der Reichstag, die Vollversammlung der Reichsstände, im späten 17. Jahrhundert permanent wurde, änderte die Rahmenbedingungen kaiserlicher Politik. Das Reichsoberhaupt nahm, so es den Anschein einer selbstherrlichen Regierungsweise meiden wollte, Rücksprache mit der reichsständischen Führungselite, dem Kurkolleg. Kaiser, die Feedback suchten (also Ferdinand I. oder Maximilian II. mehr als Karl V. oder Rudolf II.), suchten es an den Kurhöfen beziehungsweise an Kurfürstentagen.

Zumal der **Kurverein** den Kurfürsten besonderes Engagement in der

Reichspolitik, besondere Verantwortung fürs Reichsganze auferlegt hat. Kurfürsten *mussten* sich nicht auf den Kurverein vereidigen lassen, die meisten taten es indes, unterwarfen sich also freiwillig einer Reihe von in der Vereinssatzung festgelegten Regeln. Diese dienten einerseits standespolitischer Interessenwahrung, so hielt die Satzung alle Mitglieder an, bei der Verteidigung der kurfürstlichen Präeminenz zusammenzustehen, an reichsständischen Tagungen „als ein wesen unnd samblungk", also geschlossen aufzutreten. Als standespolitische Kampforganisation sollte der Kurverein gewährleisten, dass die Kurfürsten ihre reichsrechtlich verankerten Vorteile in einen tatsächlich überragenden Einfluss auf die Reichspolitik umsetzten. Andererseits trieft seine Satzung aber auch vor reichspatriotischer Rhetorik, sie erklärt die Mitglieder zu Hütern des Reichswohls. Im Kurverein verpflichteten sich die Kurfürsten selbst darauf, im Rollenensemble eines frühneuzeitlichen Reichsstands der Rolle des Reichspolitikers (neben der des Landesherrn oder beispielsweise des Erzbischofs) eine gewisse Priorität einzuräumen. Das kam dem Wunsch der Hofburg, einen Resonanzboden für die kaiserliche Reichspolitik zu bekommen, entgegen.

Kurverein
Freiwilliger Zusammenschluss der Kurfürsten; Kurvereine kannte schon das späte Mittelalter, 1558 hat man sich zum letzten Mal auf eine neue Satzung geeinigt, die dann bis 1806 in Geltung blieb.

Die Akten titulieren die Kurfürsten deshalb tausendfach als „innerste räte" des Reichsoberhaupts. Sie kennen aber auch eine andere ganz geläufige Formulierung: die Kurfürsten seien die „vorderisten glieder" unter den Reichsständen – ihre herausgehobenen Repräsentanten, Sprecher der Reichsspitze gegenüber. Was in der Wahlkapitulation kondensiert war, prägte auch sonst den Gang der Reichspolitik: dass die „vorderisten" die Interessen auch aller anderen „glieder" des Reiches vertraten, wenn sie dem Kaiser als dessen „innerste räte" Wegweisung gaben, dass sie dabei Reiches Stimme führten. Lange Zeit haben das die nachgeordneten Reichsstände keinesfalls als kurfürstliche Anmaßung empfunden. Das Kurkolleg war *cardo Imperii*, Scharnier zwischen dem Reichsverband und seiner Spitze.

Der oligarchische Gehalt der Mischverfassung des Reiches war mithin beträchtlich (auch wenn tatsächlich nie jene *oligarchia* drohte, die noch im späten 17. Jahrhundert Gottfried Wilhelm Leibniz – der als Publizist wieder und wieder zum Kampf gegen die angeblichen „Oligarchicos" blies – an die Wand malte). Aber dieser Gehalt war doch auch deutlichen Schwankungen unterworfen. Wie die kaiserliche Konjunkturkurve, zeigt auch die der kurfürstlichen Präeminenz erhebliche Pendelausschläge. Bis in die 1630er-Jahre hinein war der Regierungsstil des jeweils amtierenden Reichsoberhaupts die entscheidende Bestimmungsgröße für kurfürstliches Handeln: Die Säulen des Reiches bekamen Verantwortung fürs Reichsganze von Kaisern, die Rückmeldung aus dem Reich suchten, geradezu aufgenötigt, oder aber sie mussten ihren Anteil am Reichsregiment Kaisern, die einen weniger kommunikativen Führungsstil pflegten, abtrotzen – wie während der langen reichstagslosen Zeit im Dreißigjährigen Krieg, als sich die Kurfürsten fürs mundtot gemachte Reich zwei selbstherrlich regierenden Reichsoberhäuptern entgegenstemmten und, beispielsweise, die Ent-

Die Konjunkturkurve der kurfürstlichen Präeminenz

lassung des kaiserlichen Heerführers Wallenstein sowie eine Reduzierung der kaiserlichen Heeresstärke erzwangen (vgl. Kapitel V). Manche Fürstlichen witterten damals freilich einen unseligen Wettlauf zwischen oligarchischer und monarchischer Deformation des Reichssystems, und als sich die Kurfürsten 1636 auch noch die Bewilligung einer Reichssteuer anmaßten, somit am Kollegialtag die Kernkompetenz des Reichstags substituierten, beschlossen sie, fortan energisch dagegenzuhalten.

Hatte sich die Leitfunktion der reichsständischen Elite bislang in Kooperation und Konkurrenz zur Reichsspitze entfaltet, wurde nun, seit den 1630er-Jahren, die 'untere' Frontlinie die brisantere, weil dort die großen altfürstlichen Häuser ihre Bataillone aufstellten. Wie ein selbstherrlich agierender Kaiser, so sei auch der ständisch exklusive Führungsanspruch des Kurkollegs der *teutschen libertät* unbekömmlich, hieß es dort fortan. Der kurfürstlichen Präeminenz wurde die fürstliche „Parification" propagandistisch entgegengestellt (und dem Kurverein ein Fürstenverein). Das Ringen dauerte ein halbes Jahrhundert lang, drückte der Reichspolitik dieses Zeitraums seinen Stempel auf, bis die traditionellen Bollwerke der kurfürstlichen Präeminenz Mitte der 1680er-Jahre planiert waren – was sich beispielsweise daran zeigt, dass die Kurfürsten trotz intensiver Debatten darüber keine Aktualisierung ihrer Kurvereinssatzung, noch nicht einmal mehr die Veranstaltung von nichtwählenden, also reichs- oder standespolitisch motivierten Kurfürstentagen wagten. Der standespolitische Kampf war entschieden, Nachhutgefechte hat noch das ganze 18. Jahrhundert gesehen.

c) Andere Reichsglieder

Neben den sieben bis neun Kurfürsten gab es Hunderte weiterer Reichsstände – knapp vierhundert am Beginn der Frühen Neuzeit, knapp dreihundert an ihrem Ende. Das Reichsdach wölbte sich über große Quader und viele kleine, es gab einige Schütterzonen (vor allem im Schwäbischen und Fränkischen), wo die Herrschaftsverhältnisse besonders kleinräumig und verwinkelt waren. Bezog sich die **Reichsstandschaft** bei Reichsstädten auf die Kommune als Ganzes (ausgeübt hat sie der Rat), waren Reichsstände ansonsten Einzelpersonen: Personen, die über eine unterschiedlich reichhaltige Fülle von Rechten verfügten, die die Vorfahren über Jahrhunderte hinweg eingesammelt hatten; Personen, die über unterschiedlich große Territorien regierten, die ganz unterschiedlich hießen – da gab es nicht nur Fürstentümer, sondern auch Herzogtümer und Grafschaften, aber auch Land- und Markgrafschaften, gab es Wild- und Rheingrafen, Pfalzgrafen und Reichsburggrafen …

> **Reichsstandschaft**
> Die Reichsstandschaft kam Personen oder Korporationen zu, die keinem Landesherrn untertan waren, ferner selbst Steuern ans Reich entrichteten und deshalb an der Schwelle zur Neuzeit ihr Teilnahmerecht am Reichstag durchgesetzt hatten. „Reichsstände" waren also diejenigen „Reichsunmittelbaren", die Sitz und Stimme am Reichstag besaßen.

Man kann die bunte Fülle vom Blickpunkt des frühneuzeitlichen Reichsrechts aus trotzdem auf einige Grundkategorien reduzieren. Sinnvoll ist, in Anlehnung an die Organisation des Reichstags, folgende Einteilung: geistliche und weltliche Kurfürsten; geistliche und weltliche Reichsfürsten; Reichsgrafen und Reichsprälaten; Reichsstädte.

Der Reichsfürstenstand hatte sich schon im hohen Mittelalter ausgebildet, vor allem die Belehnung nur und unmittelbar durch den König (lehnrechtliche Reichsunmittelbarkeit), aber auch Standeserhebungen und Gewohnheitsrecht konnten damals Reichsfürsten machen. Von den Reichsfürsten regierten einige Territorien, die die der geistlichen Kurfürsten und des Kurpfälzers an Umfang und Ressourcen überragten; dass das Rechtssystem des Reiches diese tatsächliche Machtfülle nicht honorierte, provozierte seit dem zweiten Drittel des 17. Jahrhunderts die Forderung nach einer „parification" des Fürstenstandes mit dem der Kurfürsten, also nach der politischen und zeremoniellen Gleichbehandlung. Viele kleinere Reichsfürsten hatten aber andere Sorgen, als sich an der Präeminenz der reichsständischen Führungselite zu reiben. Das gilt erst recht für die Reichsgrafen. Dass sie nicht Fürstenrang genossen, liegt an lehnrechtlichen Entwicklungen des Mittelalters, auf den Grafenbänken des neuzeitlichen Reichstags saßen die Nachkommen der Grafen und freien Herren der spätmittelalterlichen Lehnspyramide (vierter Heerschild). In der Frühen Neuzeit regierten sie ihre Untertanen nicht weniger effektiv oder modern als viele Reichsfürsten. Es handelt sich bei den neuzeitlichen Reichsgrafen um den Reichsfürsten in fast allem vergleichbare Landesherren, nur dass sie eben am Reichstag ein weniger gewichtiges Stimmrecht besaßen und dass sich unter den Grafschaften keine sehr großen Territorien befanden. Übrigens waren diese Personen alle adeligen Geblüts – was nicht den Umkehrschluss zulässt, dass Adelige im Regelfall reichsständisch oder auch nur **reichsunmittelbar** gewesen wären; die meisten Adeligen im Reichsverband waren nicht Landesherren (Ebene 2), sondern besonders privilegierte Untertanen eines solchen (Ebene 3).

Reichsfürsten – Reichsgrafen

Reichsunmittelbar (reichsfrei, reichsimmediat)
Reichsunmittelbar war im Alten Reich jede natürliche oder juristische Person, die keinem Landesherrn unterstand. Wer von einem Landesherrn regiert wurde (also „landsässig" war), unterstand dem Kaiser damit nur „mittelbar"; zwischen den Reichsunmittelbaren und das Reichsoberhaupt hingegen schob sich keine („mediatisierende") Zwischeninstanz.

E

Wer mit dem Alten Reich noch nicht sehr vertraut ist, hat zumeist mit drei Sachverhalten seine Schwierigkeiten – sie sollen deshalb im Folgenden nacheinander erklärt werden: Was eigentlich sind *geistliche* Reichsstände? Was Reichs*städte*? Und was Reichs*ritter*?

Im Alten Reich konnten geistliche Würdenträger auch Landesherren sein, insbesondere waren es die Bischöfe. Ihre Herrschaft erstreckte sich damals über zwei unterschiedlich weit gespannte Kreise. Der größere, das war die Diözese – hier war der Bischof geistliches Oberhaupt, vergleichbar einem modernen Bischof in einer modernen Diözese. Anders als dieser regierte aber ein Bischof des Alten Reiches einen Teil des Diözesangebiets, das Hochstift (bei Erzbischöfen: das Erzstift), auch als Landesherr: erließ

Geistliche Reichsstände

Verordnungen, zog Steuern ein, kurz, war Territorialobrigkeit wie ein weltlicher Reichsfürst auch. Wir sprechen deshalb verdeutlichend von „Fürstbischöfen". Vererbte sich das Amt eines weltlichen Landesherrn in der Dynastie, wurden die zölibatär lebenden Fürstbischöfe vom Domkapitel auf Lebenszeit gewählt. Geistliche Territorien waren Wahlfürstentümer. Neben den Fürstbischöfen gehörten zur Reichskirche, zur *Germania Sacra*, auch die so genannten Reichsprälaten, Vorsteher von Klöstern und klosterähnlichen frommen Einrichtungen, die reichsunmittelbar geblieben waren, sich also dem Zugriff der umliegenden größeren Territorien hatten entziehen können und nun geistliche 'Miniterritorien' bildeten (manchmal waren es lediglich einige Gebäude). Ihre Vorsteher – das Wort Landesherr erweckt bei so wenig Land falsche Vorstellungen – hatten Sitz und Stimme am Reichstag.

Reichsstädte *(Marginalie: Reichsstädte)* waren Stadtgemeinden, die sich weitgehend selbst regierten (natürlich die Regeln des Reichsverbandes zu respektieren hatten), die Landeshoheit übte der Stadtrat aus. Im Gegensatz zu diesen „selbstherrlichen" unterstand die viel größere Zahl der „stadtherrlichen" Städte der Landeshoheit eines nicht zur Gemeinde gehörenden Stadtherrn (eines Fürsten beispielsweise oder eines Grafen – desjenigen Reichsstands eben, in dessen Territorium die Land- oder Residenzstadt lag). Die neuzeitliche Gruppe der Reichsstädte hat zwei mittelalterliche Wurzeln: einmal Bischofsstädte, die sich in den Wirren des Investiturstreits ihrem geistlichen Stadtherrn entwunden haben – die dann so genannten „Freien Städte"; zum anderen königliche bzw. kaiserliche Stadtgründungen, die angesichts der Schwäche der Zentralgewalt im späten Mittelalter zunehmend als „des Reichs Städte" angesehen wurden. Als sich an der Schwelle zur Neuzeit der Reichstag ausformte, bildeten diese beiden Gruppen zusammen eine Kurie.

E |
Reichsstädte
Stadtgemeinden, die reichsunmittelbar waren und die Reichsstandschaft besaßen.
Reichsritter
Adelige Herrschaftsträger, die reichsunmittelbar waren, aber im Gegensatz zu Fürsten und Grafen nicht die Reichsstandschaft besaßen.

Reichsstädte konnten klein und verschlafen sein oder aber nach damaligen Maßstäben stattliche Metropolen mit einem nicht unbeträchtlichen, ebenfalls vom Stadtrat regierten Territorium ringsum; Straßburg und Nürnberg unterhielten reichsstädtische Universitäten. Am Beginn der Neuzeit florierten manche Reichsstädte ökonomisch, was auch beträchtlichen kulturellen Glanz ermöglichte, doch verarmten sie dann sukzessive, auch aus politischen Gründen (Druck der umgebenden größeren Territorien). Den ökonomischen Bedeutungsverlust flankierten Oligarchisierungsprozesse und häufige interne Unruhen. Auch die Zahl der Reichsstädte nahm ab; als das Reich zugrunde ging, gab es noch ein halbes Hundert.

Reichsritter *(Marginalie: Reichsritter)* waren nicht am Reichstag votierende Reichsunmittelbare: so weit die juristische Definition. Historisch gesehen, erwuchsen die Reichsritter dem ritterschaftlichen oder niederen Adel des späten Mittelalters, einem Stand, der einstige Reichsministerialen, auch abgesunkene Edelfreie umfasst und in den Heerschildordnungen unter den Fürsten und Grafen platziert hat. In Schwaben, in Franken und am Rhein gelang es vielen dieser Adeligen, sich dem Zugriff jener größeren Landesherren, der Fürsten zumal, die die Lehnsabhängigkeit der Ritter gerne in Landsässigkeit verwandelt hätten (und anderswo verwandelt haben), zu entziehen, sie behaupteten eigene 'Zwergterritorien'. Da diese für den Aufbau fortschrittlicher administrativer Strukturen zu klein und vielfach den Zudringlichkeiten der umgebenden größeren Territorien ausgesetzt waren, schlossen sich die reichsunmittelbar gebliebenen Ritter noch im 16. Jahrhundert mit Unterstützung der damaligen Kaiser (die die Chance zum Aufbau einer besonders kaiserhörigen Klientel erkannten) zu einer Organisation zusammen, zur „Reichsritterschaft". Die Korporation umfasste etwa 350 Familien, diese dürften ungefähr 1600 oder 1700 Kleinstterritorien vorgestanden haben.

Es gab drei Ritterkreise, wichtigste Organisationseinheit waren jedoch die 15 Ritterkantone. Den Kanton leitete ein kollegiales Direktorium oder ein Hauptmann, ihm zugeordnet war ein bescheidener Regierungsapparat, eine Kanzlei. Zwar übte der einzelne Reichsritter in seinem Gebiet Herrschaftsrechte aus – aber kann man ihm wie einem Fürsten oder Reichsgrafen die Landeshoheit attestieren? Sie war im Grunde zwischen ihm und der Korporation geteilt. Der einzelne Ritter bestimmte beispielsweise den Glauben seines Ländchens, hielt Gericht; hingegen durfte er keine neuen eigenen Steuern einführen, es oblag ihm lediglich, herkömmliche Abgaben der Untertanen einzuziehen und Kantonalsteuern umzulegen: die Steuerhoheit lag beim Kanton.

d) Reichstage, Reichsdeputationstage

Der Reichstag war die Vollversammlung der Reichsstände. Er brachte also die regionalen Herrschaftsträger zusammen, nicht etwa gewählte Vertreter der einzelnen Reichsbewohner – es gab keine wie auch immer gearteten Wahlen zum Reichstag.

Der Reichstag war das zentrale politische Forum des Reiches. Der Kaiser musste sich von ihm alle wichtigen Regierungshandlungen absegnen lassen, weshalb sich der Reichstag auch mit allen wichtigen Politiksegmenten befasste – von Währungsproblemen bis hin zu solchen der inneren Ruhe und Rechtswahrung, von Handel und Wandel bis hin zu Krieg und Frieden. Brauchte der Kaiser, insbesondere zur Sicherung der Reichsgrenzen, einmal die finanzielle Unterstützung der Reichsstände, musste er die seiner Ansicht nach notwendige Geldsumme, übrigens mit wohl überlegter Begründung und genauer Zweckangabe, am Reichstag beantragen, der sie dann lediglich ad hoc, für dieses eine Mal, und nicht immer in der gewünschten Höhe bewilligte. Beantragt wie bewilligt wurden übrigens jedes Mal soundsoviele „Römermonate". Diese irritierende Bezeichnung hat ihre eigene Geschichte: Im Jahr 1521 plante Kaiser Karl V. einen Romzug zum Zwecke der Kaiserkrönung, die damals angefertigte „Reichsmatrikel" hielt

Themen und Kompetenzen

19

fest, mit wie großen Truppenkontingenten sich jeder dort aufgelistete Reichsstand zu beteiligen hatte. Der anvisierte Romzug fand gar nicht statt, doch der Name der Rechnungseinheit für Reichshilfen blieb. Hatte ein Reichstag fünf Römermonate bewilligt, hieß das konkret: Jeder Reichsstand musste das Geld abliefern, mit dem man die hinter seinem Namen in der Matrikel genannte Anzahl von Soldaten fünf Monate lang besolden konnte. Natürlich waren dort für große Reichsstände höhere Truppenzahlen festgehalten als für ganz kleine (bei vielen Inkonsequenzen).

Die Arbeitsweise des Reichstags

Bevor der jeweilige Reichstag seine Beratungen aufnahm, wurde vom Kaiser oder seinem Vertreter die kaiserliche „Proposition" verlesen, sie gab den Beratungsstoff vor. Man beriet über jeden Tagesordnungspunkt getrennt in den drei Kurien (Kurfürsten-, Fürsten-, Städterat), und zwar, ohne dass der Kaiser dabei gewesen wäre. Der Direktor der jeweiligen Kurie ließ zu diesem Zweck „umfragen" – man darf sich keine freie Debatte, keine Diskussion im modernen Sinne darunter vorstellen, in immer derselben feststehenden Reihenfolge gaben nacheinander alle Mitglieder der betreffenden Kurie ihr „Votum" ab; spätestens dem zwanzigsten oder dreißigsten Votanten blieb natürlich nur noch übrig, sich cum grano salis einem der vielen Vorredner anzuschließen, weil nichts Neues mehr zu sagen war. Ergab sich nach dieser „Umfrage" kein eindeutiges Meinungsbild, wurde in derselben Weise ein weiteres Mal oder auch noch mehrere Male von allen „votiert". Hatte sich in der ersten wie in der zweiten Kurie jeweils ein konsens- oder wenigstens eindeutig mehrheitsfähiges Meinungsbild herauskristallisiert, trafen sich beide (oder auch nur ihre Direktoren) zur „Re- und Correlation": Man tauschte auf 'neutralem' Boden, in einem eigens dafür vorgesehenen Saal, die Beratungsergebnisse aus. Wurden gravierende Differenzen zwischen der kurfürstlichen „Relation" und der „Correlation" des Fürstenrats deutlich, musste man darüber wieder kurienweise beraten, das Ganze konnte sich mehrere Male wiederholen, bis die Positionen homogenisiert waren. Erst dann zog man pro forma noch die dritte, die Städtekurie bei, sie war in der Reichstagspraxis von minderem Gewicht. Hatten die Reichsstände zu einem bestimmten Tagesordnungspunkt eine gemeinsame Position gefunden, formulierte der Kurfürst von Mainz ein *consultum Imperii* („**Reichsgutachten**"), kaiserliche Ratifikation machte daraus ein *conclusum Imperii* (einen „**Reichsschluss**") – modern gesprochen: ein Reichsgesetz. Bevor sich der Reichstag wieder zerstreute, formulierte der Kurmainzer einen langen Text, der alle *conclusa* dieses Reichstags aneinander reihte: den „**Reichsabschied**".

E | **Reichsgutachten, Reichsschluss, Reichsabschied**
Die Resultate der Reichstagsberatungen über einen bestimmten Tagesordnungspunkt fasste der Kurfürst von Mainz in einem *Reichsgutachten* zusammen – einer Gesetzesvorlage, die durch kaiserliche Ratifikation zum *Reichsschluss* wurde. Dieser hatte Gesetzeskraft. Am Ende eines Reichstags wurden alle von ihm zustande gebrachten Reichsschlüsse zu einem langen Text aneinander gereiht: dem *Reichsabschied* dieses Reichstags.

Am Anfang und am Schluss war also der Kaiser im Spiel: Er berief ein (so die Kurfürsten einverstanden waren), formulierte die Tagesordnung – modern ausgedrückt, lag die Gesetzesinitiative weitgehend bei ihm. Und er

musste am Ende zustimmen; ob wir Reichsabschiede nun als Verträge nehmen, die der Kaiser als Vertragspartner signierte, ob wir sie besser als von
ihm ratifizierte Gesetze bezeichnen sollten, darüber zu streiten ist müßig,
wichtig nur das: Ohne kaiserliche Zustimmung konnten die Reichsstände
das Reichsrecht nicht ändern oder ergänzen. Aber natürlich konnte es das
Reichsoberhaupt allein erst recht nicht – vor 1648 gelegentlich geäußerte
Ansichten, wonach es ihm nach byzantinischem Kaiserrecht oder als Souverän im Sinne der Bodin'schen Staatslehre doch zustehe, zeugen von ver-
fassungstheoretischem Extremismus, der wenig Gespür für die Funktions-
bedingungen des Reichssystems verrät und im „Reichsherkommen" nicht
verankert war.

Kaiser und Reichsgesetze

Die Gesetzesinitiative lag weitgehend beim Kaiser, und Gesetzesvorlagen bedurften seiner Ratifikation; hingegen waren Beratung, Formulierung, Publikation
und Exekution in ständischer Hand. Die Wahlkapitulationen betonten, dass einmal verabschiedete Reichsgesetze auch das Reichsoberhaupt banden.

Kaiserliche Initiativrechte, kaiserliche Ratifikation – aber beraten haben
die Reichsstände über die einzelnen Tagesordnungspunkte unter sich, und
Reichstagsdirektor war nicht etwa der Kaiser, war die 'Nummer zwei' des
Reiches, der Reichserzkanzler. Diese Würde bekleidete, wie eben schon
deutlich wurde, der Kurfürst von Mainz. Er hatte gewissermaßen die Geschäftsführung inne, eine Fülle von Vorrechten gewährleistete erheblichen
Einfluss aufs Reichstagsgeschehen. Mit der Formulierung des Reichsabschieds wurde bereits eines dieser Vorrechte erwähnt, exemplarisch sei
ein weiteres genannt: Durchs Nadelöhr der Mainzer Kanzlei mussten alle
Schriften an den gerade versammelten Reichstag, ob Briefe europäischer
Regenten oder „Supplikationen" (Bittschriften) von Reichsständen, und nur,
was der Mainzer den Kanzlisten der anderen Reichsstände „diktieren" ließ,
gewann amtlichen Charakter, hat für den Reichstag förmlich existiert; somit
hatte der Mainzer trotz des kaiserlichen Propositionsrechts auch erheblichen Einfluss darauf, was am Reichstag überhaupt besprochen wurde.

Der Reichserzkanzler war ein Kurfürst, und so profitierte die erste, die **Drei Kurien**
kurfürstliche Kurie natürlich auch von seinen Vorrechten. Viele Details der
(auf Herkommen beruhenden, nicht schriftlich fixierten) Geschäftsordnung
strichen die Vorrangstellung der „Säulen des Reiches" auch am Reichstag
heraus: Die kleinste Kurie, mit sechs bis neun Mitgliedern, war die mit Abstand wichtigste, übrigens gerade wegen ihrer geringen Größe auch hand-
lungsfähigste. Dass Reichsgutachten aus der Re- und Correlation zwischen
Kurien mit extrem unterschiedlicher Mitgliederstärke erwuchsen, lief faktisch auf ein Wägen der Stimmen zu Gunsten jedes einzelnen Kurfürsten
hinaus.

In der ersten Kurie Kurfürsten oder ihre Gesandten, in der dritten Vertreter der reichsstädtischen Magistrate – alle anderen votierten im Fürstenrat.
Die zweite Kurie war mithin die mitgliederreichste und inhomogenste. „Vi-
rilstimmen" (modern gesprochen: „one man, one vote") führten nur die
Reichsfürsten. Jene Mehrheit der Reichsprälaten, die nicht gefürstet war,
und die vielen Reichsgrafen waren hingegen lediglich an einigen wenigen
„Kuriatstimmen" (Gruppenstimmen pro Sitzbank, 'Sammelstimmen') betei-

ligt. Rund hundert Reichsgrafen mussten sich vier Kuriatstimmen teilen, über vierzig Prälaten zwei; man votierte auf vier Grafenbänken (Wetterau, Schwaben, Franken, Westfalen) und zwei Prälatenbänken (Schwaben, Rheinland).

Ein Dauerproblem der deutschen Verfassungsgeschichte war die Verbindlichkeit der Reichsabschiede. Der Reichstag hatte sich kaum als zentrales Gremium der Entscheidungsfindung etabliert, eine gewisse Autorität gewonnen, als die Katholiken in der Reformationszeit ihre Majorität für konfessionspolitische Zwecke instrumentalisierten, wogegen die evangelischen Reichsstände immer wieder **Protestationen** einlegten – berühmt wurde die von 1529. Die „Protestanten" bestritten damals (und seitdem immer wieder), dass man die Majorität in Glaubens- und Gewissensfragen ausspielen dürfe, lehnten es auf diesem Gebiet ab, sich Mehrheitsentscheidungen zu beugen. Das drohte den Reichstag zu entwerten, denn was war in der Reformationszeit, erst recht aber im Konfessionellen Zeitalter nicht alles Glaubensfrage! Schließlich bezweifelten manche Protestanten sogar die Verbindlichkeit von mehrheitlich beschlossenen Reichssteuern; diese nämlich sollten nur die evangelische Seite „ausmatten", während sie der Kaiser seinen katholischen Parteigängern ohnehin unter der Hand erlasse. Wenn die Verbindlichkeit der Beschlüsse des zentralen politischen Forums derart in Frage stand, drohte das das Reichssystem zu blockieren.

E
Protestationen
Mit (förmlichen, schriftlich eingereichten) *protestationes* zogen einzelne Reichstagteilnehmer oder reichsständische Gruppen, die mit einem soeben mehrheitlich gefassten Beschluss nicht einverstanden waren, immer wieder dessen Gültigkeit für sie selbst in Zweifel. Besonders brisant war es, wenn zahlreiche, gar fast alle evangelischen Reichsstände aus Glaubensgründen *protestirten*.

Der Westfälische Friede von 1648 zog die Konsequenzen daraus, ließ in Glaubensfragen nur gütliche Vereinbarung (*amicabilis compositio*) zwischen den Konfessionen zu. Seit 1648 konnte der Reichstag also auf zwei verschiedene Weisen beratschlagen – in den herkömmlichen, hierarchisch definierten Kurien oder in den konfessionell definierten *Corpora* (vgl. unten S. 93). Normalfall blieb die Beratung in den traditionellen Kurien: Allein das Wissen, dass die evangelische Seite auf eine *itio in partes*, das Auseinandertreten des Reichstags nach Konfessionen, pochen konnte, wirkte disziplinierend, vereitelte eine Instrumentalisierung der Majorität für konfessionspolitische Zwecke.

Der Reichstag hatte keine Periodizität, auch die Frequenz war sehr wechselhaft, Phasen mit fast jährlichen Reichstagen folgten solche mit ein bis zwei Reichstagen pro Dekade. Nach einem vollkommen gescheiterten (1608) und einem sehr krisenhaften (1613) Reichstag fand ausgerechnet in den Wirren des Dreißigjährigen Krieges gut eine Generation lang keiner mehr statt (bis 1640), was eine lebhafte politologische Debatte über mögliche Surrogate auslöste; praktisch haben vor allem Kurfürstentage den Entscheidungsnotstand abzuarbeiten versucht.

Der Reichstag wird permanent

Hatten sich die Reichsstände bislang in ganz unregelmäßigen Abständen immer einmal wieder für einige Monate in einer Reichsstadt zum Reichstag versammelt, insgesamt rund fünfzig Mal, sollte der 1663 nach Regensburg einberufene gar nicht mehr enden. Über zentrale verfassungspolitische Fragen (sie hingen vor allem mit der mittlerweile umstrittenen Präeminenz der Kurfürsten im Reichssystem zusammen, es ging also ums Gewicht der oligarchischen Züge in der Mischverfassung des Reiches) war keine Einigung zu erzielen, man rang Jahr für Jahr darum und begann sich schließlich damit abzufinden, dass der Reichstag „immer während" geworden war. Das veränderte natürlich sein Gesicht. Waren die Territorialherren seither jedenfalls bei ihnen wichtig dünkenden Tagesordnungspunkten persönlich am Reichstag erschienen, wurde dieser nun zum Gesandtenkongress – die Reichsfürsten hatten ja anderes zu tun, als jahraus, jahrein in den Regensburger Beratungssälen zu sitzen, mussten sich beispielsweise zu Hause um Land und Leute kümmern. Auch der Kaiser ließ sich nun durchgehend durch seinen „Prinzipalkommissar" vertreten; kaiserliche „Kommissionsdekrete" gaben fortan den Verhandlungsstoff vor, approbierten Reichsgutachten. Da der Reichstag nicht mehr auseinander ging, gab es keine Reichsabschiede mehr, nur noch Reichsschlüsse.

Der Reichstag machte die Struktur des neuzeitlichen Reichssystems, seine Binnengliederung, die Prestigeverteilung sinnfällig. Er führte alle Regionen und reichsständischen Gruppen (von den „Säulen des Reiches" bis hinab zu Vertretern der Reichsstädte) zusammen, und er bildete ständische *libertät* wie ständische Ungleichheit ab, ja, brachte beides wieder und wieder zur Aufführung, wobei jeder Akteur, da mitspielend, die überkommene Rollenverteilung neu bekräftigte. Wenn wir annehmen, dass der Reichstag die *teutsche libertät* gleichzeitig verbürgte und darstellte, garantierte wie demonstrierte, bekommen all die sattsam bekannten, gewöhnlich gallig kommentierten Erzwingungsschwächen und Vollzugsdefizite, die viel beklagten *protestationes* und *lamentationes* ihren guten Sinn, und das Gleiche gilt für die altertümlich anmutende Konkurrenz des **„quod omnes tangit"** zum moderneren Mehrheitsprinzip. So weit die ständische *libertät*; die ständische Ungleichheit aber war schon in Form der Kuriengliederung tragendes Konstruktionsprinzip des Reichstags. Messen wir nicht anachronistisch an modernen Vorstellungen von Repräsentation, passt alles: die Kurfürsten bewohnen die schönste Stube, aber nicht allein das ganze Haus, dessen stützende Säulen zu sein sie vorgeben; die Städte im Kämmerchen, die Allerkleinsten (Reichsritter) haben gar kein Wohnrecht.

Die Zeichenhaftigkeit des Reichstagsverfahrens

> **Quod omnes tangit**
> *Quod omnes tangit, ab omnibus approbari debet* – diese an sich altrömische Formel will zum Ausdruck bringen, dass einem Beschluss all diejenigen (sc. Reichsstände) zustimmen müssen, die von seinen Folgen betroffen sind. Die mit modernen parlamentarischen Vorstellungen unvereinbare Formel spielte, häufiger unausgesprochen als explizit, eine große Rolle für die Reichstagsarbeit.

Nur weil der Reichstag die Struktur des Reichssystems abbildungstreuer als alle denkbaren Alternativen widerspiegelte, konnte er jahrhundertelang das zentrale politische Forum sein und bleiben. So darf die Leistungsfähigkeit des Reichstags nicht nur an seinem legislativen Output gemessen werden (daran mag man herummäkeln), er integrierte (als Forum des Gedankenaustauschs, informelles Beziehungsgeflecht) und differenzierte, war gerade wegen seiner heute altertümlich anmutenden Zeichenhaftigkeit nach damaligen Maßstäben durchaus effektiv.

Der Reichs-deputationstag

Gewissermaßen ein verkleinertes Abbild des Reichstags war wiederum der Reichsdeputationstag. Wie die Vollversammlung der Reichsstände, repräsentierte auch diese Schrumpfform alle Regionen und reichsständischen Gruppen, denn sie wurde von Reichsständen aller zehn Kreise und aus allen drei Reichstagskurien beschickt; weil hier indes eben gerade *nicht* jeder einzelne Reichsstand mitstimmen durfte, mussten wirklich zentrale Entscheidungen dem Reichstag vorbehalten bleiben. Der Deputationstag bestand zunächst aus 16, dann lange Zeit aus 20, zuletzt aus 28 Mitgliedern. In kleinem Kreise sollten immer wieder einmal zwischen zwei Reichstagen bestimmte, von der letzten Vollversammlung des Reiches vorgegebene und recht genau umrissene Probleme erörtert, manchmal auch entschieden werden. Dass der Reichstag nach 1663 permanent wurde, machte Deputationstage obsolet. Doch konnte der Reichstag aus bestimmten Anlässen „außerordentliche Reichsdeputationen" bilden; eine solche hat den berühmten Reichsdeputationshauptschluss von 1803 erarbeitet.

e) Kurfürstentage

Wählende Kurfürstentage kreierten nicht nur das nächste Reichsoberhaupt, sie berieten auch gerade virulente Probleme der Reichspolitik. Und die Kurfürsten trafen sich bis 1640 immer wieder zu nichtwählenden Kurfürstentagen. Formal zerfiel diese Versammlungsform in zwei Unterkategorien: Kurfürstentage nach Art der Goldenen Bulle, auf kaiserliche Anregung und mit kaiserlicher Beteiligung (der Kaiser versammelt seine „innersten räte" um sich); und 'Kurvereinstage', bei denen kaiserliche Emissäre lediglich Zaungäste oder auch gar nicht erwünscht waren. Kaiser mit einem kommunikativen Führungsstil schätzten Kurfürstentage als Resonanzboden für ihre Politik, begrüßten es, wenn die Säulen des Reiches Stellung bezogen und Wegweisung gaben – weshalb allein zwischen 1558 und 1576 (Ferdinand I., Maximilian II.) sieben Kurfürstentage stattgefunden haben; ihre Frequenz konnte aber auch deutlich geringer sein. Die Themenpalette der Kurfürstentage entspricht der von Reichstagen, doch scheuten die Kurfürsten Beschlüsse, die alle Reichsstände viel Geld kosten konnten – da griff das Prinzip des *quod omnes tangit*.

Kurfürstentag und Reichstag

Während des Dreißigjährigen Krieges wurden Kurfürstentage dennoch zum behelfsmäßigen Ersatz für den lahm gelegten Reichstag. Die Kriegszeit sah mehrere glanzvolle, europaweit beschickte kurfürstliche Konvente, die versuchten, den Entscheidungsnotstand im Reich abzuarbeiten (vgl. Kapitel V). Anregung des Restitutionsedikts (1627), die Entlassung Wallensteins (1630): das sind nur zwei Beispiele für Weichenstellungen, die Kurfürstentage getroffen haben. Subjektiv vertraten die Kurfürsten dabei reichsständische Interessen, nicht standespolitische, führten sie Reiches Stimme.

Dass sie dem Kaiser 1636 die Einziehung einer Reichssteuer „bewilliget" haben, so die zentrale Funktion des Reichstags substituierten, wurde freilich an vielen Fürstenhöfen als Anmaßung, als Überdehnung der kurfürstlichen Leitfunktion im Reich interpretiert. Die Säulen des Reiches trafen sich noch einmal, 1640, zu einem nichtwählenden Kurfürstentag, mussten sich dort aber selbst eingestehen, dass eine „cräfftigere" Versammlung Not tat, und wurden auch von verschiedenen Fürstlichen in diesem Sinne bestürmt: also Erweiterung zum Reichstag. Danach hat nie wieder ein nichtwählender, reichspolitisch motivierter Kurfürstentag stattgefunden. Debatten darüber hat es schon noch gegeben, sehr intensive zuletzt in den 1680er-Jahren. Doch sahen die Kurfürsten schließlich ein, dass der mittlerweile permanent gewordene Reichstag ständisch exklusiven Kurfürstentagen mit reichspolitischer Tagesordnung keinen Raum mehr belieb; man hat die Kraftprobe am Ende nicht gewagt.

Der Fürstenstand hätte es auch nicht hingenommen, mit einem „fürsten tag" gekontert. Die Kompetenzen des Kurfürstentags waren bis in die 1630er-Jahre hinein kaum je thematisiert, gar problematisiert worden – die Kurfürsten gaben eben dem Reichsoberhaupt Ratschläge, und dieses war gut beraten, wenn es darauf Rücksicht nahm. Die Verbindlichkeit dieser Wegweisungen für 'das Reich' hatte man im Bereich des Ungeklärten, des am besten nicht zu Klärenden belassen, in einer Grauzone, für die keine Nische mehr ausgespart war, wenn die Fürstenpartei eine erhellende Diskussion über die Gesetzgebungskompetenz im Reichssystem einforderte, jene selbst an einer Stelle lokalisierte, nämlich nur und ausschließlich am Reichstag. Exklusiv kurfürstliche Wahlkapitulationen, aber auch Kurfürstentage wurden dann zu Verstößen gegen das legislative Monopol des Reichstags; eines nun ja stets präsenten, ansprechbaren Reichstags, und dass dort jetzt dauerhaft das 'ganze Reich' beisammensaß, verlieh etwaigen Kurfürstentagen vollends den Charakter einer standespolitischen Demonstration. Ging die Ära der aktiven Mitgestaltung der Reichspolitik durch Kurfürstentage 1640 zu Ende, hat es wählende Kurfürstentage natürlich weiterhin gegeben.

f) Die Kreisverfassung

Die nahe liegende Idee, Reichsterritorien regionenweise zu gruppieren, um so Aufgaben angehen zu können, zu deren Bewältigung dem Reich eigene Verwaltungseinrichtungen, dem einzelnen Territorium Macht und Mittel fehlten, wurde schon seit dem ausgehenden 14. Jahrhundert diskutiert. Aber erst die an der Schwelle zur Neuzeit besonders dynamische Reichsreformbewegung (vgl. Kapitel II) brachte die Realisierung: Es wurden 1500 sechs, 1512 weitere vier **Reichskreise** eingerichtet. Das Reich im engeren Sinne (also nicht die Eidgenossenschaft oder Reichsitalien; auch Böhmen nicht, nicht Böhmens Nebenländer) war nun zirkulär erfasst. Die Reichsritterschaft würde man nicht in die Kreisverfassung einbauen.

E | Die **zehn Reichskreise** waren (in etwa nach ihrer Bedeutung gereiht):
- der Schwäbische
- der Fränkische
- der Oberrheinische
- der Niederrheinisch-Westfälische
- der Niedersächsische
- der Kurrheinische
- der Bayerische
- der Obersächsische
- der Österreichische
- der Burgundische

Schutz des „Landfriedens"

Sukzessive übernahmen die Kreise wichtige Aufgaben für den Reichsverband, insbesondere als Exekutivorgane. Sie sorgten beispielsweise für die Verkündung und notfalls die Vollstreckung der Reichsgesetze, gewährleisteten die Vollstreckung der Urteile der höchsten Reichsgerichte. Vor allem aber kümmerten sie sich um die öffentliche Ruhe und Sicherheit (in damaliger Terminologie: den Landfriedensschutz). Im Jahr 1555 sollte man detaillierte Regelungen dafür ausarbeiten (vgl. Kapitel III.3). Da der Landfriede auch von Kriegen in dem Reich benachbarten Ländern gefährdet werden konnte, wuchs den Kreisen die Aufgabe der Grenzsicherung zu. Nicht nur gegen regionale Landfriedensstörer, auch wenn in der betreffenden Region die Außengrenze des Reiches gefährdet schien, stellten die Kreisstände dem Kreisobristen (siehe S. 27) ad hoc, für diesen Notfall, Truppen zur Verfügung. Mehrere Reichsschlüsse der Jahre 1681 und 1682 – sie werden manchmal missverständlich zur so genannten „Reichskriegsverfassung" zusammengezogen – besiegelten die konstitutive Bedeutung der Kreise fürs Reichsmilitärwesen, legten fest, dass jeder Kreis im Fall eines Reichskrieges mit einem bestimmten Quantum zum Reichsheer beitragen musste. Dieses bestand also aus Kontingenten der zehn Kreise (die wiederum aus Kontingenten zusammengestellt wurden, die die einzelnen Kreisstände aufboten).

Dass mit einem derart kompliziert zusammengesetzten und langsam aufzubringenden Ad-hoc-Heer keine Angriffskriege geführt werden konnten, muss nicht erläutert werden, es hat die Reichsstände auch nicht gestört – das Reich war ein Rechtsschutzbund, Expansion seinem Wesen fremd. Bedenklicher war, dass die nur rudimentär entwickelte Reichskriegsverfassung auch den Schutz bedrohter Grenzregionen des Reichs nur unzulänglich gewährleisten konnte. Indes ließen die geringe Bereitschaft der Reichsstände, sich vom Reichsganzen vereinnahmen zu lassen und fürs Reichsganze zu engagieren, sowie die Scheu, der Reichszentrale missbrauchbare Machtmittel an die Hand zu geben, den Aufbau eines effektiven Reichsmilitärwesens nicht zu: Hier zeigt sich die *teutsche libertät* von einer modernen Augen befremdlichen Seite.

Selbstverwaltungskörper

Die Reichskreise nahmen nicht nur fürs Reichsganze, gewissermaßen 'von oben' beauftragt, wichtige Aufgaben wahr; daneben waren sie regionale Selbstverwaltungskörper und Selbsthilfeeinrichtungen, sie griffen Sorgen und Nöte auf, die einzelne Kreisstände, gewissermaßen 'von unten', an sie herantrugen: Verkehrsinfrastruktur, Marktordnungen, gemeinsames Vorgehen gegen Räuberbanden … Darin waren sie allerdings ganz unterschiedlich rege: Wo die Anliegen vieler mindermächtiger (also allein häufig genug ohnmächtiger!) Kreisstände zu koordinieren waren, bestand mehr Interesse an den Kreisaktivitäten als in Zirkeln, die sich aus wenigen großen Territorien zusammensetzten oder von einem einzigen übermächtigen Kreisstand dominiert wurden. Am vitalsten war wohl der Schwäbische Kreis, gefolgt vom Fränkischen; auch der Oberrheinische, zeitweise der Niederrheinisch-Westfälische, der Bayerische und der Niedersächsische Kreis entwickelten so etwas wie ein eigenständiges Kreisleben. Das gilt kaum für die beiden von den Kurfürsten beherrschten Kreise (der Kurrheinische immerhin war währungs- und wirtschaftspolitisch recht aktiv); die beiden Habsburgerlande umzirkelnden schließlich, der Burgundische und der Österreichische, existierten fast nur auf dem Papier.

Dem sukzessiven Anwachsen des Aufgabenbereichs im 16. Jahrhundert korrespondierte die Ausformung fester Organisationsstrukturen. Unregelmäßig kamen alle Reichsstände eines bestimmten Kreises zum Kreistag zusammen; er war Beratungsforum und Entscheidungsgremium für diesen Kreis (so wie der Reichstag fürs Reich, doch bedurften Kreistagsschlüsse keiner kaiserlichen Ratifikation). Zu den Kompetenzen des Kreistags gehörte die Wahl des schon erwähnten Kreisobristen, des Führers der (je und je im Bedarfsfall zusammengestellten) Kreistruppen – er war für die Friedenswahrung nach innen und außen zuständig. Hingegen wurde das Amt des Kreisausschreibenden früh durch Herkommen erblich. Mal übte es ein Fürst alleine aus, in anderen Kreisen gab es zwei Kreisausschreibende, einen geistlichen und einen weltlichen Fürsten. Die Kreisausschreibenden beriefen die Kreistage ein und führten die Korrespondenz mit den anderen Kreisen, es wuchs ihnen gewissermaßen die Geschäftsführung zu – wozu beispielsweise gehörte, dass sie die Reichsgesetze zur Publikation vor Ort an die einzelnen Kreisterritorien weiterversandten. Es gab eine Reihe nachgeordneter Kreiseinrichtungen, so eine Kreiskanzlei, die Kreiskasse, das Kreisarchiv.

Die Kreise waren wichtige Binnengliederungen des weiträumigen Alten Reiches, waren unverzichtbares Surrogat einer ansonsten nicht institutionalisierten, an keinem zentralen Punkt verorteten Reichsexekutive; war der Kaiser an Legislative und Jurisdiktion beteiligt, etwa über die Ratifikation der Reichsgutachten oder über den kaiserlichen Reichshofrat, funktionierte die Exekutive prinzipiell ohne ihn. Die Kreise kontrollierten und gewährleisteten, dass in den Reichsorganen gefällte Entscheidungen auch in die Tat umgesetzt wurden.

Im späten 17. und frühen 18. Jahrhundert wurden die Reichskreise sogar Mitspieler auf der Bühne des Theatrum Europaeum – in der Blütezeit der so genannten Kreisassoziationen. Immer wieder schlossen sich verschiedene Kreise zusammen, um gemeinsam und mit über viele Monate, gar über Jahre hinweg unterhaltenen Truppen die Sicherheit einer gefährdeten Reichsregion zu gewährleisten. Insgesamt haben damals militärische Anstrengungen der von außen bedrohten zirkulären Teilräume des Reiches mehr zur Verteidigung der Reichsgrenzen beigetragen als von allen Reichsständen beschickte „Reichsheere". Und die Kreisassoziationen wurden ob ihres militärischen Potenzials, was ein mittlerer Reichsstand oder ein einzelner Kreis niemals werden konnte: auf europäischer Ebene als Bündnis-

Kreisassoziationen

partner attraktiv. Vor allem während des Spanischen Erbfolgekriegs sah es zeitweise so aus, als könnten derartige Assoziationen im Konzert der Großen mitspielen, als würden aus Verwaltungseinheiten des Reiches politische Akteure. Es blieb diese 'europäische Phase' des Reichskreiswesens dann aber doch Episode.

g) Reichskammergericht und Reichshofrat

Dem föderativen Aufbau des Reichsverbands entsprach auch die Gerichtsverfassung. Der einzelne Bauer oder Handwerksmeister (Ebene 3), der sich geschädigt sah, hatte sich mit Klagen zunächst einmal an die Gerichte seines Territoriums (Ebene 2) zu wenden. War der territoriale Instanzenzug ausgeschöpft, konnte der Kläger vor eines der beiden höchsten Reichsgerichte ziehen (Ebene 1); dieses sprach dann in Zivilsachen das letztinstanzliche Urteil und konnte Strafurteile der territorialen Gerichte für nichtig erklären. Allerdings besaßen manche Reichsstände Appellationsprivilegien (*privilegia de non appellando*), es durften dann schon in ihrem Territorium verhandelte Prozesse bis zu einem bestimmten Streitwert oder gar überhaupt nicht vor die Reichsgerichte gebracht werden. Die Untertanen, häufig genug sogar einfache Bauern, ihre Dorfgemeinden fanden trotzdem einen Weg zur Reichsjustiz. So konnte das Appellationsprivileg nicht verhindern, dass man vor den Reichsgerichten die Nichtigkeit eines angeblich grob rechtswidrigen Urteils („Nullitätsklage") betrieb, und die Reichsgerichte waren erstinstanzlich bei Rechtsverweigerung oder Rechtsverzögerung zuständig. „Das ergangene Urteil ist ganz unhaltbar, himmelschreiendes Unrecht" oder „Ich bekomme nicht mein gutes Recht, man verweigert mir eine andere erste Instanz für mein Problem" – diese Parolen verhalfen auch am Appellationsprivileg des Landesherrn vorbei nach Wien oder Wetzlar.

Die beiden obersten Berufungsgerichte im Reich waren nicht nur bei Rechtsverweigerung erstinstanzlich zuständig. Es gab andere sachliche (Schutz der elementaren Reichsinteressen) oder aber personelle Gründe, die Prozesse ohne Vorinstanzen sogleich dorthin brachten. Um das personelle Kriterium zuerst zu erläutern: Die höchsten Reichsgerichte waren für Klagen gegen Reichsunmittelbare zuständig, die ja an 'ihren' Territorialgerichten Angeklagter und Richter in einem gewesen wären – sei es, dass sich zwei Reichsunmittelbare untereinander zerstritten (meistens bediente man sich dann freilich einer „Austrag" genannten adeligen Schiedsgerichtsbarkeit und erst bei ihrem Scheitern der ordentlichen Reichsgerichte), sei es, dass ein Untertan den Landesherrn verklagte, weil der gegen seine wohlerworbenen Rechte oder auch gegen Reichsgesetze verstoße. Sachliche Zuständigkeiten: Das Reichskammergericht war an der Schwelle zur Neuzeit der Sicherung des Landfriedens wegen eingerichtet worden, es ahndete Landfriedensbrüche und vergleichbar gravierende Gefährdungen der Ruhe und Sicherheit im Reichsverband erstinstanzlich. Das gilt in ähnlicher Weise für den Reichshofrat, doch gab es auch Streitmaterien, die lediglich dorthin gebracht werden konnten. So war ausschließlich er für Reichslehnssachen (auch solche „Reichsitaliens") zuständig und für Angelegenheiten, die mit kaiserlichen Reservatrechten zusammenhingen – weil es sich um das kaiserliche unter den beiden höchsten Reichsgerichten handelte.

Die Reichshofräte wurden allein vom Kaiser ernannt, es handelte sich um Männer seines Vertrauens, die ihn auch in reichspolitischen Angelegenheiten berieten – der Reichshofrat war Gericht, Beraterkreis und Regierungsbehörde in einem. Sogar wenn dieses kaiserliche Gremium als Gericht tätig war, trieb es doch zugleich Reichspolitik. Denn indem er sich in innerterritoriale Konflikte mischte, profilierte sich der Kaiser als Schiedsrichter und oberster Friedenswahrer des Gesamtsystems. Das funktionierte nur, wenn er der Versuchung widerstand, aus adeliger Standessolidarität heraus die Territorialobrigkeit zu begünstigen. Natürlich sympathisierte sein Gericht, der Reichshofrat, erst recht nicht mit Deklassierten und Außenseitern – indem die Reichsgerichte die etablierten Spielregeln als geltendes Recht verteidigten, wirkten sie tendenziell konservativ. Am ehesten profitierten die korporativen Kräfte, Landstände oder Domkapitel; im Zeitalter des Absolutismus wirkte sich die konservierende, austarierende Tendenz des Reichshofrats geradezu als Ständeschutzpolitik aus. In Reichsstädten sah er darauf, bürgerliche Empörung zu kanalisieren, den ökonomischen Sachverstand der Bürgerschaft einer Stabilisierung und behutsamen Modernisierung dieser zunehmend krisenhaften Gemeinwesen nutzbar zu machen, ohne die vielerorts herrschenden kleinen Ratsoligarchien zu entmachten.

Das kaiserliche Gericht

Hatten die Reichsstände auf den Reichshofrat keinerlei Einfluss, war umgekehrt der Einfluss des Kaisers aufs Reichskammergericht nicht besonders groß. Wohl stellte er den Kammerrichter und die beiden, zeitweise auch vier Präsidenten, doch waren diese lediglich Verhandlungsleiter. Die Urteile fällten die Beisitzer („Assessoren"), und jene wurden überwiegend von den Reichsständen präsentiert, teilweise über die Reichskreise. Auch tagte das Reichskammergericht nicht in der Kaiserresidenz, sondern Hunderte von Kilometern davon entfernt, nach anfänglich häufigen Umzügen lange Zeit in Speyer, seit 1690 in Wetzlar. Und die Reichsstände finanzierten 'ihr' Reichsgericht mit dem „Kammerzieler", der einzigen ständigen, regelmäßig fließenden Reichssteuer.

Das Gericht der Reichsstände

Die beiden obersten Reichsgerichte waren sehr unterschiedlich zusammengesetzt, hatten aber ähnliche Zuständigkeiten – so dass man in der Praxis häufig frei wählen konnte, vor welchen Gerichtshof man zog. Was gab den Ausschlag? Der Reichshofrat arbeitete zügiger; er beauftragte häufig den Konfliktparteien benachbarte Reichsstände damit, durch eine „Kommission" die strittigen Verhältnisse vor Ort erkunden und vorläufig klären zu lassen; hinter dem Vollzug des Urteils stand das Reichsoberhaupt mit seiner ganzen Autorität. Andererseits überlegten es sich evangelische Kläger manchmal genau, ob sie wirklich vor das kaiserliche Gericht ziehen sollten, dessen konfessionspolitische Instrumentalisierung im Zeitalter der Glaubenskriege blieb im Gedächtnis; konfessionelle wie geographische

Gesichtspunkte führten dazu, dass süddeutsche Kläger meistens den Reichshofrat anriefen, norddeutsche auch das Kammergericht in Betracht zogen. Dessen Prozesse waren langwierig, auch, weil notorische Säumigkeit bei der Entrichtung des Kammerzielers dazu führte, dass sich viel zu wenige Beisitzer (keinesfalls die 16 oder gar zeitweise 50 theoretisch vorgesehenen) an den Aktenbergen abmühten. Trotzdem war auch das Kammergericht nicht einfach nur skurril, sondern eine wichtige Klammer für den Reichsverband, gerade den kaiserfernen Norden band es ein, und häufig genug war der Prozess als solcher, ohne das am Sanktnimmerleinstag zu erwartende Endurteil, heilsam, weil sich beispielsweise rebellische Untertanen und verklagter Landesherr schon um Kosten zu sparen wieder zusammenrauften. Die obersten Reichsgerichte wirkten eminent systemstabilisierend: gaben Kaiser, Reichsständen und Untertanen das Gefühl, einer lebendigen Rechtsgemeinschaft anzugehören; entschärften Konflikte durch ihre Verrechtlichung; merzten systemgefährdende Exzesse aus, seien es nun krass absolutistische („despotische") Experimente eines kleinen Duodezfürsten, sei es gewalttätige Widersetzlichkeit der Untertanen.

II. Das Reich um 1500

1493–1519   König, seit 1508 Kaiser Maximilian I.
1484–1504   Kurfürst Berthold von Mainz
1495   Ewiger Landfriede

Die Jahre um 1500 waren die Formationsphase für alle wichtigen Reichsorgane außer dem Kaisertum – also für Reichstag, Reichskreise, Reichsgerichte. Offenkundig hob damals auch verfassungsgeschichtlich Neuzeit an!
Man apostrophierte diese Schlüsseljahre bis vor kurzem durchgehend als
die Zeit der „Reichsreform"; doch weil die Reichsverfassung selbst dann,
wenn wir sie auf die Rechtsnormen verkürzen, vom 15. Jahrhundert bis in
die 1680er-Jahre hinein immer wieder erheblichen Wandlungen unterworfen war, hat man den Terminus zuletzt auch fast zum Catch-all-Begriff ge-
dehnt. Dass die Jahre um 1500 besonders dynamisch waren, ist aber unbe-
streitbar.
   Diskutiert hat man über den Zustand des Reiches das ganze 15. Jahrhundert hindurch – weil es damals, salopp ausgedrückt, schlecht in Form war.
Das lag vor allem an kaum präsenten, schwachen Kaisern; mit Friedrich III.
(1440–1493) regierte der (als Reichsoberhaupt, nicht als Hausmachtpoliti-
ker) allerschwächste über ein halbes Jahrhundert lang. Oder besser gesagt:
Er regierte eben kaum. Weil die Reichsverfassung bis ins ausgehende
15. Jahrhundert hinein einen außerordentlich offenen Charakter besaß, die
Regeln des politischen Zusammenspiels kaum fixiert waren, hing fast alles
von der Persönlichkeit des amtierenden Reichsoberhaupts ab. Es gab gar
keine autonomen, von seinem Hof getrennten Institutionen „des Reiches",
nicht Verfassungsorgane und Verwaltungsstrukturen gewährleisteten die
Steuerbarkeit des Reichsverbandes, sondern Mobilität (zu regieren, war
noch ein ambulantes Gewerbe) und Präsenz sowie derart immer wieder revitalisierte persönliche Anhänglichkeiten. Die Kaiser des 15. Jahrhunderts
aber ließen sich jahre-, ja sogar jahrzehntelang (Friedrich) nicht in den
Kerngebieten des Reiches blicken, sie beschäftigten sich fast ausschließlich
mit ihren Erbländern.
   Der Widerspruch zwischen dem sakralen Charisma, dem universalen
Machtanspruch des Reichsoberhaupts und seiner Unfähigkeit, die Reichsintegrität nach außen zu schützen sowie das Reich im Inneren zu befrieden, wurde zu eklatant, schon von den Zeitgenossen als grotesk empfunden. Dieses Unbehagen löste eine breite Reichsverfassungsbewegung aus,
die eine lebhafte politische Publizistik begleitete. Sie forderte, das defor-
mierte Reich einer „Re-Formation" zuzuführen, es wieder in Ordnung zu
bringen. *Reformatio* meinte in dieser voraufklärerischen, **altrechtlich** den-
kenden Zeit die Wiederherstellung einst heiler, dann deformierter Zustände, doch weil die damaligen Akteure unwillkürlich eigene Wunschvorstel-
lungen in die Vergangenheit projizierten, mündete die Reformdebatte
schließlich doch in Innovationen. Der Diskurs hat sich im Verlauf des
15. Jahrhunderts stark modernisiert, weil die in den Territorien wichtig wer-

denden, juristisch geschulten „gelehrten Räte" zu Wortführern wurden und diese, anstatt in chiliastisch eingefärbten Utopien zu schwelgen, von einer umfassenden (das Kommen des Antichrist hinauszögernden) Besserung der Sitten, der Kirche, der ganzen Welt zu träumen, nun einen nüchternen, auf Machbarkeit und auf institutionelle Fragen fokussierten Zug hineinbrachten. Zur zündendsten Parole der Reformbefürworter wurde die Forderung nach einem wirksamen „Landfrieden" – ein ganz reales Bedürfnis der Zeit; nicht zuletzt wegen des fehlenden kaiserlichen Engagements in der Reichspolitik erschütterten das Reich notorisch **Fehden.**

E | **„Altrechtlich"**
So dachten alle Menschen vor jenem „aufgeklärten" 18. Jahrhundert, das der Moderne den Glauben an die Zukunft vererbt hat. Der vormoderne Mensch sah ringsum nur Niedergang, alles zerfiel dem nahen Weltende zu; weil früher alles viel besser war, hatte Neuigkeit keinen Reklamewert, auch respektheischende Rechtstitel mussten altehrwürdig sein.

E | **Fehde**
Der Begriff bezeichnet ein Verhältnis der Feindschaft des Geschädigten zum Schädiger oder Verbrecher, das Rachehandlungen erlaubt: gewaltsame Selbsthilfe als Rechtseinrichtung. Nicht die Gemeinschaft, der Geschädigte und seine Sippe sühnen also die Freveltat. Bei der Ritterfehde musste, ehe man Rache übte, bestimmten Formalien Genüge getan sein; sprichwörtlich wurde das „Hinwerfen des Fehdehandschuhs".

Verdichtung des Reichsverbandes

Diskutiert wurde also schon lange, tatsächlich reformiert aber erst unter Maximilian I. – nicht etwa, weil dieser so aufgeschlossen auf die ständischen Reformforderungen reagiert und kaiserliche Regierungsrechte leichten Herzens zu ständischen gemacht hätte, sondern weil da endlich wieder ein energischer, reichspolitisch einigermaßen engagierter Kaiser war, einer, unter dem überhaupt gehandelt wurde. So energisch, wie er Reichspolitik trieb, achtete er auf die Aufrechterhaltung seiner kaiserlichen Prärogativen, und so kamen die Reformen der Jahre um 1500 im erbitterten Ringen zwischen Maximilian und dem Führer der ständischen Oppositionsbewegung, dem Mainzer Kurfürsten Berthold von Henneberg zu Stande. Dass sich der Erzkanzler, die 'Nummer zwei' des Reiches, zum hartnäckigen Protagonisten der Reformbewegung machte, sodass der Kaiser im Grunde gar nicht mehr ausweichen konnte, war vielleicht genauso wichtig wie die Tatsache, dass die Reichsspitze nicht mehr faktisch verwaist war – im Höhepunkt der Reichsreform um 1500 gipfelt auch das Duell zweier charismatischer Führungspersönlichkeiten. Weniger personalisierend, kann man die konflikthafte Entstehungsgeschichte der Reichsreform als Indiz für die mittlerweile doch erreichte Verdichtung des Reichsverbandes nehmen: Was früher fast beziehungslos nebeneinander Platz gehabt hatte, rieb sich nun aneinander; daraus resultierten zunächst Konflikte, dann Spielregeln für ein ersprießliches Miteinander. Das Reich bekam ein viel präziseres Regelsystem und ein institutionelles Gerüst. Der Kampf mündete nicht in Konsens, aber in Kompromiss: keine Entmachtung des Kaisers, keine einseitige Ermächtigung der Stände, im nun einigermaßen festgezurrten, institutionell verankerten Zusammenspiel *zwischen* Kaiser und Ständen lag die Zukunft.

Zu den wichtigsten Neuerungen der Jahre um 1500 gehört der Ewige Landfriede des Reichstags von Worms (1495). Er sprach das definitive, unbefristete Verbot der Fehde aus. Das zielte konkret auf jene im Territorialisierungsprozess zurückgebliebenen kleineren Adeligen, deren Fehdefreudigkeit (manche ahndeten sogar als 'Fehdeunternehmer' die vermeintlichen Schädigungen anderer gewaltsam, machten als „Raubritter" die Gegend unsicher) die Absicht der Fürsten und Reichsstädte konterkarierte, ihre Territorien zu befrieden und zu konsolidieren. Der Ewige Landfriede ist über diese spezielle Stoßrichtung hinaus grundsätzlich von Bedeutung. Er machte Rechtsschutz theoretisch zur Sache der öffentlichen Hand, ihrer Gerichte – schon bestehender oder nun einzurichtender territorialer Gerichte, des neuen Kammergerichts; tatsächlich würde es allerdings noch Generationen dauern, bis das Fehdeunwesen ausgemerzt war. An die Stelle der Selbsthilfe trat der Rechtsweg. Der Ewige Landfriede beinhaltete, modern formuliert, das „Gewaltmonopol des Staates" – oder besser gesagt: das der öffentlichen Hand.

Gewaltmonopol der öffentlichen Hand

So prägnant sich der verfassungsgeschichtliche Sonderweg der *Teutschen* sonst auch vom europäischen Umfeld abhebt, der Ewige Landfriede von Worms passt doch in die europäische Entwicklung der Zeit. Europa stand damals an der Schwelle vom Zeitalter der Fehde zum Zeitalter der Kriege. Überhaupt erfuhr der Kontinent einen Schub hin zur Ausformung jenes Staatensystems, wie es im 18. Jahrhundert voll ausgebildet vor uns stehen wird. Beispielsweise war nun der Prozess der territorialen Arrondierung so weit vorangeschritten, dass wir den verschiedenen europäischen Ländern tatsächlich linear darstellbare Außengrenzen zubilligen können. Und diese werdenden Nationalstaaten setzten, wie der Reichsverband, ungefähr jetzt das Gewaltmonopol der öffentlichen Hand im Inneren durch, häufig nicht abrupt, nicht immer ohne Rückschläge; Konflikte sollten verrechtlicht werden. Gewalt anzuwenden, um Rechtsansprüche durchzusetzen, das wird nun innerstaatlich kriminalisiert, zwischenstaatlich heißt es Krieg. Fehden hatten, modern ausgedrückt, auch Privatpersonen geführt, Kriege führen Staaten. Sie führen nicht zuletzt deshalb Kriege, weil sie ihre variabel gewordene Position im europäischen Staatengefüge aufbessern, gar die Hegemonie erringen wollen. An die Stelle des mittelalterlichen *ordo*, hierarchisch Papst und Kaiser zugeordnet, an die Stelle einer von *Imperium* und *Sacerdotium* bekrönten Staatenpyramide tritt allmählich (aufschlussreich das Scheitern des letzten Vertreters eines ambitioniert-universalen Kaiserkonzepts, Karls V.!) eine horizontale Ordnung scharf konturierbarer Staaten, die ihren Binnenbereich befriedet haben und nach außen, da souverän, Krieg führen dürfen.

Noch in einer zweiten Hinsicht ist der Ewige Landfriede bezeichnend, typisch für die anhebende verfassungsgeschichtliche Neuzeit: in seiner Generalität. An einer Einschränkung und punktuellen Suspension des Fehderechts hatten sich schon das hohe und späte Mittelalter immer wieder versucht. Nun sollte das Landfriedensgebot unbeschränkt gelten, sollten Verstöße dagegen unbedingt und überall geahndet werden. Das passt zu jener Neuzeit, die das gesamte öffentliche und private Leben Rechtsnormen unterwirft – wir befinden uns an der Schwelle zum Gesetzesstaat, an die Stelle der Einzelverfügung, von Gebot und Privileg, tritt das Gesetz für alle, an die Stelle fürstlicher Konfliktschlichtung von Fall zu Fall die präventive Konfliktvermeidung durch für jedermann verbindliche Verhaltensnormen.

Landfriedensschutz setzte eine funktionierende Justizorganisation voraus. So wurde zeitgleich mit dem Ewigen Landfrieden auch die erste Kammergerichtsordnung erlassen. Das Kammergericht bekam einen festen Sitz, löste sich vom Königshof, der ständische Einfluss aufs Personal wurde festgeschrieben: Friedensschutz auf dem Wege der obersten Rechtssprechung war damit kein königliches Monopol mehr.

Scheiternde Neuansätze Die Kreisverfassung wurzelt ebenfalls in der Hochzeit der Reichsreformbewegung um 1500. Diese trieb auch Blüten, die rasch wieder verwelken sollten. So versuchte man sich zwischen 1500 und 1502 an der Idee einer ständigen ständischen Mitregierung des Reiches, an einem „Reichsregiment". Die 1500 gezirkelten sechs Reichskreise waren Rekrutierungsbezirke für dieses permanent tagende Gremium, das, so es funktioniert hätte, dem Kaiser (der immerhin den Vorsitz innehatte) faktisch die Reichsregierung entwunden hätte – bezeichnend, dass die Regimentsräte im Reichsabschied von 1500 „Reichsregenten" genannt wurden. Das Reichsregiment scheiterte; die Kreise blieben. Dass das Erste Reichsregiment episodal blieb (wie ein zweiter Versuch in den 1520er-Jahren), illustriert übrigens die Grenzen der damaligen Reformeuphorie: Sich selbst regelmäßig fürs Reichswohl engagieren wollten eben doch die wenigsten Reichsstände, außerdem sahen viele ihre *libertät* von einem mächtigen Ständegremium nicht weniger bedroht als von einem mächtigen Kaiser. *Libertät*, das war keine unmittelbar antimonarchische Kampfparole, sondern eine antizentralistische. Dass Maximilian nichts tat, um der Misere des Ersten Reichsregiments abzuhelfen, versteht sich von selbst.

Ebenfalls misslungen ist das Projekt einer allgemeinen, von allen Untertanen zu entrichtenden, regelmäßig fließenden Reichssteuer („Gemeiner Pfennig"). Sie hätte den Dachverband ein Stück weit finanziell unabhängig gemacht von den Ad-hoc-Steuerbewilligungen der Reichsstände, was für deren *libertät* nicht ungefährlich war; ja, sie eröffnete aus heutiger Warte die Chance, dass sich aus dem Dachverband Reich doch noch ein „Staat" vergleichbar England oder Frankreich hätte entwickeln können. Das war den Zeitgenossen aber offenbar nicht bewusst, denn der „Gemeine Pfennig" ist weniger an einem antizentralistischen Reflex der Reichsstände gescheitert denn an organisatorischen Unzulänglichkeiten und am mangelnden Engagement ausgerechnet des Reichsoberhaupts, Maximilians.

Die innere Schwäche des Reiches im 15. Jahrhundert hatten äußere Gefahren, die Hussitenkriege, die Türkenfurcht besonders bedrohlich erscheinen lassen – ein wichtiger Antrieb für die Reformdiskussion! Auf militärischem Gebiet reagierte man auf die Bedrohungskulisse mit der „Wandlung vom Königskrieg zum Reichskrieg" (Ernst Schubert). Matrikeln (die erste dieser Steuerlisten wurde 1422 fixiert) verpflichteten alle Reichsglieder, unabhängig von ihrer personalen Beziehung zum König, zu bestimmten, ihrer Leistungsfähigkeit entsprechenden Beiträgen. Das hatte verfassungsgeschichtliche Implikationen. So gewann das Reich einen wichtigen Indikator für Reichszugehörigkeit und Reichsgebiet: Denn die Matrikel legte unausweichlich fest – so, wie moderne Kartografen, wenn sie die Reichsgrenzen ziehen müssen, waren dort schon die Zeitgenossen zu einer klaren Entscheidung gezwungen. „Reichskrieg" und Steuermatrikeln dürften aber auch Katalysatoren bei der Entstehung des Reichstags, der Vollversammlung der Reichsstände gewesen sein: Wer zur Leistungsgemeinschaft beitrug, wollte auch mitreden, umgekehrt konnte dem, der zahlte, nicht dauerhaft die Mitsprache verweigert werden. Im späten 15. Jahrhundert formierte sich jener Reichstag, der dann bis 1806 das zentrale politische Forum des Reiches gewesen ist.

Diese Feststellung mag überraschen, berichten doch manche Verfassungsgeschichten von „mittelalterlichen Reichstagen". Das ist aber irreführend. Natürlich kannte auch das Mittelalter politisch gewichtige Versammlungen. Beispielsweise Hoftage: Der König versammelte die Kurfürsten, andere ihm genehme oder gerade in der Nähe weilende Vasallen um sich, dieses Mal jene, das nächste Mal andere; oder „Königslose Tage": Veranstaltungen der Kurfürsten unter wenig präsenten Reichsoberhäuptern (Wenzel, Friedrich III.), die auch andere Reichsglieder besuchten, so sie ein Anliegen umtrieb, mal diese, mal jene. Dieser „offene Zustand unverbindlicher Mitarbeit am Reich" (Georg Schmidt) wurde angesichts der virulenten Bedrohung des inneren wie äußeren Friedens immer unhaltbarer. Aus dem Ringen zwischen den Versammlungsformen Königlicher Hoftag und Königsloser Tag erwuchs im Laufe des 15. Jahrhunderts der Reichstag, an der Schwelle zur Neuzeit gewann er seine dann bis 1806 maßgebliche Gestalt. Es war keine eher formlose Versammlung irgendwo zwischen Beratungszirkel und Beschlussfassungsorgan mit vom Reichsoberhaupt willkürlich gewähltem Teilnehmerkreis, als Vollversammlung der Reichsstände war der Reichstag in seiner Zusammensetzung vom Belieben des Reichsoberhaupts unabhängig. Auch die anderen Grundlinien der Reichstagsordnung standen erst seither fest: dass man in drei Kurien tagte; dass der Kurerzkanzler das Direktorium innehatte, der Kaiser hingegen bei den Beratungen „vor der thüre" stand (wie Maximilian I. lamentierte); dass die Reichsstände den Kaiser nicht nur unverbindlich berieten, sondern allen wesentlichen Regierungshandlungen förmlich zustimmen mussten – was die Wahlkapitulationen seit 1519 bekräftigten; dass die Beschlüsse eines Reichstages, vom Kaiser ratifiziert, Rechtskraft besaßen (wenngleich die Verbindlichkeit auch für überstimmte und dann „protestierende" Minderheiten ein Dauerproblem blieb). Die um 1500 praktizierte – nicht schriftlich fixierte – 'Geschäftsordnung' würde sich in der Folgezeit kaum mehr verändern.

Zwar versuchte noch Maximilian I., mit politisch gefügigen Partikularversammlungen nach Art der alten Hoftage Politik zu machen, experimentierte umgekehrt sein großer Gegenspieler, der Mainzer Kurfürst Berthold, mit Königslosen Tagen. Beide Versammlungsformen waren aber nicht mehr zeitgemäß; Erstere stellte das monarchische Element in der Mischverfassung des Reiches zu sehr heraus, Letztere das oligarchische. Jener Reichstag, der die nun in den Grundzügen festgezurrte Binnenstruktur des Reichsverbandes konkurrenzlos widerspiegelte, setzte sich erstaunlich rasch als zentrales politisches Forum durch. In der Reformationsepoche, die spektakuläre, die *teutsche nation* fesselnde, ihre zentralen Anliegen thematisierende Reichstage gesehen hat, wurde diese Entwicklung vollends irreversibel. Dass sich viele Reichsabschiede mit der „guten policey" befassten – 1530 und 1548 werden sogar Reichspolizeiordnungen beschlossen werden; die dann bis zum Ende des Alten Reiches gültige von 1577 allerdings hat ein Reichsdeputationstag ausgearbeitet –, gab den selektiv rezipierenden territorialen Obrigkeiten Anregungen und normierende Vorgaben für die Landesgesetzgebung an die Hand. So beschleunigte die Reform des Dachverbands Reich auch die Modernisierung der vielen einzelnen Territorien unter diesem Dach, ihren Weg vom Gebot zum Gesetz, von Rechtswahrung zu Rechtsschöpfung, kurz: ihre Entwicklung zum „Gesetzesstaat des 16. Jahrhunderts".

III. Das Reich um 1550

1519–1556   Kaiser Karl V.
1548   Augsburger „Interim"; Scheitern des Projekts „Kaiserlicher
             Bund"
1552   Passauer Vertrag
1555   Augsburger Reichsabschied (mit „Reichsexekutionsordnung"
             und „Religionsfrieden")

1. Das Friedensproblem

a) Kette von Provisorien

Kaum hatte das Reichssystem an der Schwelle zur Neuzeit einen Verdichtungsschub erfahren, begann der Glaubensstreit desintegrierend zu wirken.
Zwar modernisierte sich das Reich in den Jahrzehnten vor 1550 weiterhin
durchaus dynamisch, es war ein rechtsschöpferisch produktiver Zeitraum –
exemplarisch sei die *Constitutio Criminalis Carolina* von 1532 genannt, als
überregionales Strafprozessrecht und Strafrechtsbuch eine europäische Pionierleistung von großer Qualität; sie blieb als Rahmengesetz für die Straf-
rechtspflege im Reich bis zu dessen Untergang 1806 in Kraft. Aber dass
sich einzelne Gläubige, dann ihre Regenten, damit schließlich ganze Regionen im „Heiligen (!) Römischen (!) Reich" von der alten, der römischen
Kirche abwandten, setzte diesen Dachverband über nun konfessionsver-
schiedenen Territorien doch einer Zerreißprobe aus.
   Blickt man von der Jahrhundertmitte auf die Reformationsepoche zurück, präsentiert sich diese, so wir vom aufgeregten Hin und Her der Tages-
ereignisse abstrahieren, zum einen als Abfolge von Rechtsstreitigkeiten.
Man rang um juristische Spielräume für eine reformationsfreundliche Politik in den Territorien. Der Ausgangspunkt, das **Wormser Edikt** von 1521,
bot *gar* keinen Spielraum. Schon die Reichstage der Jahre danach wichen
davon ab – freilich in zweideutigen Formeln, die weitere juristische Strei-
tigkeiten geradezu provozierten. So erklärte der Nürnberger Reichstag von
1523, es solle in Zukunft „nichts anders dan das heilig evangelium nach
auslegung der schrieften von der cristlichen kirchen approbirt und angenommen, gepredigt" werden. Da konnte sich nun jeder herauspicken, was
ihm gefiel – Luther und andere Reformatoren die strikte Orientierung an
der Bibel (reformatorisches Schriftprinzip!), die Altgläubigen die Approba-
tion durch die Kirche (päpstliches Lehramt, Tradition als Glaubensquelle!).
Ein Jahr später, wieder in Nürnberg, hieß es, alle sollten fortan das Wormser Edikt „so vil inen muglich" befolgen. Was tatsächlich vor Ort „muglich"
war, darüber ließ sich, natürlich, trefflich streiten! Es sind dies Vagheiten
und Zweideutigkeiten, die übertünchen sollten, dass man sich tatsächlich

nicht wirklich einig war. In zeitgenössischer Terminologie ausgedrückt, „dissimulierte" man deshalb: jonglierte man bewusst mit zwei- oder gar mehrdeutigen Begriffen, um überhaupt eine Einigungsformel zu Stande zu bekommen. Die Technik des „Dissimulierens" würde auch für den Religionsfrieden wichtig sein. Er ist insofern ein Erbe älterer Traditionen.

Provisorien   Aber nicht in jeder Hinsicht. Denn lassen wir die Reichstage der Reformationszeit Revue passieren, so wird, zweitens, deutlich, dass sie nicht den Frieden brachten, sondern immer wieder Notbehelfe, Provisorien. So schon der Speyrer Reichsabschied von 1526: Bis zu einem demnächst zu veranstaltenden Konzil sollten die Landesherren „mit ihren Untertanen also leben, regieren und sich halten, wie ein jeder solches gegen Gott und kaiserliche Majestät hoffe und vertraue zu verantworten". Das gab der evangelischen Bewegung Spielräume, aber eben nur befristet; und drei Jahre später hob ein weiterer Speyrer Reichsabschied die zitierte Bestimmung wieder auf. Das Jahr 1532 brachte dann den zu Unrecht so genannten „Nürnberger Religionsfrieden" – es war tatsächlich wieder nur ein Provisorium, ein befristetes Arrangement zwischen den Konfessionen bis zur dauerhaften Klärung der brennenden Glaubensfragen auf einem Konzil. Ähnliche Regelungen mehrfach danach: im „Frankfurter Anstand" von 1539, im Regensburger Abschied von 1541, dem Speyrer Abschied von 1544 – keinesfalls wortgleiche, aber im Kern ähnliche, durchweg befristete Regelungen; wir dürfen, nur wenig simplifizierend, konstatieren: das Nürnberger Provisorium wurde 1539, 1541, 1544 verlängert.

E | **Wormser Edikt (1521)**
Kaiserliches Edikt, das Luther für geächtet erklärt, befiehlt, ihn ans Reichsoberhaupt auszuliefern, Lektüre und Verbreitung seiner Schriften untersagt und ihre Verbrennung anordnet. Weil nicht vom Konsens aller Reichsstände getragen, hing die Durchsetzung des Edikts in besonderer Weise von Autorität und Tatkraft des dahinter stehenden Kaisers ab – der aber danach fast ein Jahrzehnt lang nicht im Reich weilte.

Wirklich befriedet wurde das Reich durch diese vorläufigen, befristeten Arrangements nicht. Die evangelischen Reichsstände vermissten immer schmerzlicher Rechtssicherheit, mehr als eine Generation lebte in ständiger Furcht vor dem baldigen Religionskrieg. Die katholische Seite wollte sich mit einer dauerhaften Glaubensspaltung im Reichsverband indes nicht abfinden, und am wenigsten der Kaiser, Karl V. (1519–1556). Der hatte die Brisanz der *causa Lutheri* nicht von Anfang an erkannt, aber zunehmend wuchsen sich die *teutschen* Religionsquerelen von der nachrangigen taktischen Variable in einem von anderen Fixpunkten aufgespannten Koordinatennetz kaiserlicher Politik zur Schlüsselfrage aus. Karl konnte eine dauerhafte Glaubensspaltung unter keinen Umständen dulden, denn sein anachronistisch überspannter Anspruch auf Führung des christlichen Abendlandes beruhte wesentlich auf der Rolle des Protektors der Einen, allein wahren Kirche. Karl verstand Luthers Anliegen nicht wirklich, er war im Grunde an der Form und nicht an Inhalten interessiert, kämpfte nicht für bestimmte Glaubenssätze, sondern für die Einheit, und also nicht gegen Ketzerei, sondern gegen das Schisma an, die Kirchenspaltung. Das von ihm hochgehaltene universale Kaisertum brauchte die universale Kirche. Eine funktionierende Kommunikation zwischen ihm und den deutschen Protestanten hat es nie gegeben – zu offensichtlich ging es Karl nicht um Gewissensqualen, sondern um Ruhe und Ordnung, nicht um wahr oder unwahr, sondern um gehorsam oder aufsässig.

b) Lösungsversuche Karls V.

Es ist noch niemandem schlüssig gelungen, genau zu bestimmen, seit wann Karl die gewaltsame Bereinigung der *teutschen* Querelen plante; losgeschlagen jedenfalls hat er im Sommer 1546, indem er die Häupter des evangelischen Schmalkaldischen Bundes, Philipp von Hessen und den sächsischen Kurfürsten Johann Friedrich, in die Reichsacht erklärte und deren militärische Exekution einleitete. Was als „Schmalkaldischer Krieg" (1546/47) in die Geschichte einging, war also ein als Landfriedensexekution verkleideter, tatsächlich vor allem konfessionell motivierter Schlag Karls gegen die deutschen Protestanten. Dass der evangelische sächsische Herzog Moritz (1541–1553), ein Spross der albertinischen Linie der Wettiner, dabei Karl unterstützte, war vermutlich kriegsentscheidend; der „Judas von Meißen" bekam dafür auf Kosten der ernestinischen Linie der Dynastie den Kurhut und auch einen Teil des bislang von den Ernestinern regierten Landes.

Karls Sieg im Schmalkaldischen Krieg war eine Niederlage für die evangelische Konfession und für die *teutsche libertät*. Denn der Habsburger wollte den militärischen Triumph gleich in zwei politische ummünzen, die Konfessionsfrage in seinem Sinne lösen und die Machtfrage. Er hatte also ein konfessionspolitisches und ein verfassungspolitisches Programm, als er den Augsburger Reichstag von 1547/48 eröffnete, gedachte den Frontverlauf auf *beiden* notorischen Streitfeldern der frühneuzeitlichen deutschen Geschichte (alte versus neue Kirche, Zentralismus versus Föderalismus) zu verändern. Aber mit dieser zweifachen Zielsetzung handelte er sich auch eine doppelte Opposition ein, und an dieser würde der siegreiche Feldherr politisch scheitern.

Für deutsche Empfindlichkeiten, etwa die notorische Sorge um die *teutsche libertät*, hatte der Kaiser noch nie viel Verständnis aufbringen können – im Gegensatz zu seinem Bruder Ferdinand, dem Römischen König (und Nachfolger im Kaisertum), fand Karl, der Herr so vieler Länder, nicht den rechten Zugang zur deutschen Mentalität. Die Reichsfürsten waren ihm störrisch und ungehorsam, sie wollten nicht einsehen, dass er „ihr Souverän und unmittelbarer Herr sei, dazu Vogt der ganzen Christenheit". Deshalb gab es auch keinen intensiven stetigen Kommunikationszusammenhang zwischen Reichsspitze und Reichsständen – Karl hörte lieber als auf die deutschen Kurfürsten (kein einziger reichspolitisch motivierter Kurfürstentag fällt in seine Regierungszeit!) auf spanische oder niederländische Ratgeber. Das Reich war ihm nur Mosaiksteinchen im großen Gesamtkunstwerk eines Europa dominierenden Habsburgerreiches; sich in die komplizierten Spielregeln dieses Subsystems hineinzufinden, hielt er nicht

Zwei Ziele

für der Mühe wert, er war Spielführer, gab die Gesetze des Handelns vor. Die aus seiner Wahlkapitulation resultierenden Bindungen hat er notorisch gebrochen. Sein Anschlag auf die Reichsverfassung nach einem gewonnenen Krieg konnte also nicht überraschen.

Gefährdung der teutschen libertät   Man hat oft behauptet, Karl habe 1547 die Errungenschaften der Reichsreformbewegung beseitigen wollen. Das ist nicht präzise – der Kaiser wollte sie nicht abschaffen, sondern aushebeln. Pro forma sollte die Reichsverfassung unverändert in Kraft bleiben, und doch würde das Verhältnis zwischen dem Reich und seiner Spitze auf eine ganz neue Basis gestellt. Karl wollte den bestehenden Reichsverband mit seinen Institutionen gleichsam austrocknen, indem er alle politische Vitalität und Dynamik auf einen Bund des Kaisers mit den Reichsgliedern verlagerte, den es dem überkommenen Reichssystem an die Seite zu stellen gelte. Was war der Clou dabei? Nun, zunächst einmal wäre der Kaiserliche Bund viel effektiver, rascher mobilisierbar, straffer regierbar gewesen als der herkömmliche Reichsverband; zum Beispiel sollten die Bundesmitglieder das Steuerbewilligungsrecht des Reichstags dadurch entwerten, dass sie sich verpflichteten, dem Kaiser auf unbestimmte Zeit eine „Anzahl Kriegsvolks" zu unterhalten – schon mehr als nur der Ansatz zu einem stehenden kaiserlichen Heer. Das ständische Steuerbewilligungsrecht war damals noch von einer zweiten Seite her gefährdet: Man liebäugelte im Hause Habsburg mit der Idee, dem je amtierenden Reichsoberhaupt ein ständiges, permanent und gleichmäßig fließendes Einkommen einzuräumen, eine *rente ordinaire*, wie die zeitgenössischen Akten titulieren – sozusagen ein kaiserliches Gehalt. Damit ließ sich natürlich viel flexibler, aber auch selbstherrlicher regieren als mit Geldern, die Gulden für Gulden vorher von einem Reichstag bewilligt werden mussten. Für die gesamte Dauer des Bundes (er sollte zunächst auf 12 oder 15 Jahre terminiert sein) wären sodann alle ständischen Sonderbündnisse suspendiert gewesen – mithin mögliche Kristallisationskerne für eine antikaiserliche Politik.

Der Kaiserliche Bund wäre nicht nur flexibler, effektiver, kurz, handlungsfähiger gewesen als der bestehende Reichsverband, der Kaiser hätte ihn vor allem ganz und gar in seiner Hand gehabt. Die lästige Opposition der großen Reichsfürsten, insbesondere aber der Kurfürsten gedachte er trickreich auszuschalten. Viele Details ergeben nur unter dieser Prämisse Sinn: So dachte Karl an eine Bundesversammlung *ohne* die Kuriengliederung des Reichstags – ein selbstständiger Kurfürstenrat wäre also entfallen, dessen Mitglieder hätten nicht mehr weitgehend den ganzen Kurs vorgegeben, sondern wären zu sechst in einer vielhundertköpfigen Versammlung geradezu untergegangen. Überhaupt baute Karl auf die Kleinen und Kleinsten im Reich als seine gegebene Klientel: Er erwog ernsthaft, die Reichsritterschaft einzubeziehen (die ja nicht am Reichstag vertreten war), vielleicht sogar den landständischen Adel, also diejenigen Geschlechter, die nicht reichsunmittelbar waren, sondern Untertanen desjenigen Landesherrn, in dessen Territorium ihre Güter lagen. Sie in ein unmittelbares Loyalitätsverhältnis zum Kaiser zu bringen, hätte natürlich die Landeshoheit der Fürsten bedroht, ihre Autorität zu Hause untergraben – und war sicher genau *so* gedacht. Karl wollte die ihm allzu selbstbewussten Reichsfürsten gewissermaßen in die Zange nehmen, von oben (ein ungemein erstarktes Kaisertum) und von unten (die kleinen Reichsstände, die reichsunmittelbaren, aber nicht reichsständischen Ritter, der nicht einmal reichsunmittelbare landsässige Adel).

Es war ein schlau ausgetüftelter Plan. Warum ist nichts daraus geworden? Einmal gab es Divergenzen im Hause Habsburg. So befürchtete die Regentin der Niederlande, Maria, jener Reichsteil mit sozusagen verdünnter Reichspräsenz würde durch die straffe Organisation des geplanten Bundes seiner herkömmlichen Eigenständigkeit beraubt. Gegen die *rente ordinaire* hatte derselbe Ferdinand, der als ihr Erfinder gelten muss, durchaus auch Bedenken – sie würde nämlich genauso allen Nachfolgern zugute kommen. Damit aber wurden kleinere Dynastien eher wählbar – man brauchte nicht mehr mit der alten Dringlichkeit die üppigen Hausmachtressourcen der Habsburger, um in der Lage zu sein, das Kaiseramt auszufüllen, sich als Kaiser Gehör und Respekt zu verschaffen. Was Habsburg kurzfristig nützen würde, könnte es langfristig ums Kaisertum bringen. Freilich nannte Ferdinand auch mögliche Gegenmittel: die Beschränkung der Zahlungspflicht auf die Regierungszeiten Karls und Ferdinands; oder eine feste Zusage der Kurfürsten, sich künftig, zumindest aber bei den zwei oder drei nächsten Römischen Wahlen für einen Habsburger zu entscheiden; falls das nicht zu erhalten sei, so Ferdinand weiter, helfe auch eine Bindung des Bezugsrechts für besagte Rente nicht ans Kaiseramt, sondern an die österreichische Erzherzogswürde. Das sei „plus facile" (viel leichter) durchsetzbar denn die förmliche Erblichkeit der Kaiserwürde und laufe doch auf dasselbe hinaus.

Die Szenarien Ferdinands sind zweifach interessant. Sie lassen erahnen, mit welchen Anschlägen auf *teutsche libertät* und *freye wahl* damals erst die anderen Mitglieder des Hauses Habsburg umgegangen sein mögen; und zeigen, dass nicht dieser oder jener Zweifel in der Kaiserdynastie fürs Scheitern Karls 1548 verantwortlich zu machen ist – denn Ferdinand kannte ja Remedur für seine Skrupel. Sicher, Maria und Ferdinand standen nicht so enthusiastisch hinter dem Bundesplan wie Karl selbst nach seinem militärischen Triumph; und am Ende hat auch Karls Elan nachgelassen. Am Ende: nach langem, unerquicklichem Feilschen mit den Reichsständen. Und damit sind wir beim *eigentlichen* Grund für das Scheitern der Karl'schen Bundespläne.

Die Reichsstände haben Karl zermürbt. Die Opponenten verlegten sich zunächst auf eine Verschleppungstaktik – um sich selbst aufzurappeln, während Karls Siegeslorbeer dahinzuwelken begann. Der Kaiser wollte seinen Bundesplan an sich am Reichstag *vorbei* durchbringen, dort höchstens noch fertige Resultate absegnen lassen. Der Kaiserliche Bund sollte gewissermaßen am runden Tisch geboren werden, also in Beratungen ohne die am Reichstag gegebene Kuriengliederung. Das gelang nicht. Die Opposition zog die Sache erfolgreich so lange hin, bis der Reichstag zusammentrat. Schon das war die entscheidende Schlappe für Karl. Der Bundesplan geriet in die Mühlen des Reichstagsapparats, der von jener Kurie beherrscht wurde, die am meisten zu verlieren hatte: dem Kurfürstenrat. Der Bundesplan kam auf die Tagesordnung jener Institution, auf deren Kosten eine Realisierung des Plans ja vor allem gegangen wäre. Zudem arbeitete

Karls Bundesplan scheitert

der Reichstag ohnehin traditionell schwerfällig – und das bot dann, wenn man eine Entscheidung gar nicht wirklich wollte, ja auch gewisse Vorteile. Die Gespräche zogen sich hin, so lange, bis Karl selber die Lust verlor beziehungsweise zur Einsicht kam, dass ihn ein Abschwenken auf realisierbare Teilerfolge weniger Prestige kostete als weitere Monate unerquicklichen Feilschens.

Karls Plan war schlau ausgetüftelt – und ist doch an den Reichsständen gescheitert. Die Kurfürsten stemmten sich dagegen, und unter den Fürsten vor allem der Bayernherzog. Der war gut katholisch – aber eben ein Reichsstand, damit auf politische Freiräume erpicht. Er handelte gewissermaßen stellvertretend für die übrigen, in ihrer Handlungsfreiheit behinderten Reichsfürsten, als Anwalt der *teutschen libertät*. Weil Karl eine Stütze der alten Kirche war, wollte das gut katholische Bayern einen hinlänglich starken Kaiser. Aber weil man auch auf seine *teutsche libertät* sah, wollte man kein *übermächtiges* Reichsoberhaupt. Wie so oft noch in der deutschen Geschichte kamen sich die konfessionelle und die libertäre Frontlinie in die Quere.

Die Reichsverfassung wurde nicht ausgehebelt, der Kaiser dafür mit vergleichsweise kleineren Zugeständnissen abgespeist, nicht zuletzt mit Geld. Am ehesten bekamen noch die Reichsstädte Karls militärischen Triumph zu spüren. Im Anschluss an den Reichstag ließ der Kaiser nämlich durch seinen Kommissar Heinrich Hase die Verfassungen einer Reihe von oberdeutschen Reichsstädten im oligarchischen Sinne umschreiben. Er erhoffte sich von rein patrizischen Ratsgremien mehr Loyalität dem Kaisertum gegenüber, natürlich sollte Heinrich Hase vor allem nach katholischen Patriziern fahnden – mancherorts würden sich solche freilich gar nicht aufstöbern lassen, sodass die konfessionelle Stoßrichtung der Operation vielfach ins Leere lief.

Das Interim – alles in allem auch kein Erfolg

Überhaupt war Karls konfessionspolitischen Plänen nicht mehr Erfolg beschieden als seinen verfassungspolitischen. Weil vom mittlerweile tagenden Konzil kurzfristig keine Beilegung der deutschen Religionsquerelen zu erhoffen war, gedachte der Habsburger die Sache selbst in die Hand zu nehmen – was für sein Verständnis vom Kaiseramt bezeichnend ist. Das vermeintliche Oberhaupt des christlichen Abendlandes legte kraft kaiserlicher Autorität fest, was bis auf weiteres zu glauben sei! In tiefster Geheimhaltung setzte Karl eine Theologenkommission ein, die die Religionsverhältnisse im Reich interimistisch regeln sollte. Das Ergebnis entsprach der Zusammensetzung der Kommission und den momentanen politischen Machtverhältnissen: In den meisten strittigen Fragen wurde der katholische Standpunkt verbindlich gemacht; manches wurde offen gelassen beziehungsweise durch schwammige Formulierungen notdürftig zugekleistert. Substanzielle Zugeständnisse an die evangelische Seite sind überhaupt nur an zwei (symbolisch bedeutsamen) Stellen auszumachen: Die Priesterehe und der Laienkelch sollten dort, wo sie bereits eingeführt waren, geduldet werden.

Ob das **Interim** regulär von jenem Reichstag abgesegnet worden ist, dem die Harnische (daher „Geharnischter Reichstag"!) der siegreichen kaiserlichen Truppen eine einschüchternde Drohkulisse waren, ist bis heute umstritten – Karl ließ offenbar nur die Vorrede zu seinem Edikt verlesen, und manche evangelischen Reichsstände erklärten hinterher, sie wüssten sich nicht zu erinnern, dass darüber förmlich abgestimmt worden wäre; doch wurde die in Karls Auftrag ausgearbeitete Bekennntnisformel in den Reichsabschied inseriert. Weil sie „biss zu endung und außtrag des concilii" befristet war, nannten sie schon zeitgenössische Drucke das „Interim" – eine Zwischenlösung, ein Provisorium also.

Augsburger Interim

Eine 1548 am Rand des Augsburger Reichstags in kaiserlicher Regie ausgearbeitete Rahmenordnung, die bis zur endgültigen Entscheidung durch das Konzil wichtige lehramtliche und kirchenrechtliche Fragen regelte und an die sich vorläufig alle protestantischen Reichsterritorien zu halten hatten.

Die von der Kommission erarbeitete Bekenntnisformel sollte für jedermann im Reich verbindlich sein, so Karls Vorstellung. Zur Hälfte ist sie schon während des Reichstags gescheitert: Die katholischen Reichsstände waren durch nichts auf der Welt zur Annahme zu bewegen. Hatten etwa sie den Krieg verloren? Am Ende musste Karl einräumen, dass seine schöne Bekenntnisformel nur für die protestantischen Territorien gelten sollte. Aber auch diese suchten sich ihr zu entziehen – offene Auflehnung, passiver Widerstand, Folgsamkeit nur da, wo die einquartierten Truppen Karls sie gleichsam erzwangen.

Keine neue Kompetenzverteilung im Reich, kein Umstülpen der Reichsverfassung, sowie für die interimistische Glaubensformel bestenfalls Hohn und Spott, vielerorts aber Widersetzlichkeit und erbitterter Hass: es gibt wenige Exempel in der Geschichte, die von einer so misslungenen Ausnutzung militärischer Erfolge künden. Es war Karl nicht gegeben, seinen Schmalkaldischen Sieg in Politik umzugießen, und so verpuffte jener Triumph denn auch rasch. 1547 war die Peripetie, Höhe- und Wendepunkt; danach hat sich das Reich diesem Kaiser gleichsam entwunden. Und das war eine wesentliche Voraussetzung dafür, dass es schließlich seinen Religionsfrieden fand.

2. Voraussetzungen für die Lösung von 1555

a) Die Passauer Verhandlungen

Will man den Religionsfrieden von 1555 verstehen, muss man sich zunächst den Passauer Verhandlungen drei Jahre zuvor zuwenden; ihnen wiederum ging der vom sächsischen Kurfürsten Moritz angezettelte „Fürstenkrieg" voran.

Moritz von Sachsen war schon bald nach seinem Triumph im Schmalkaldischen Krieg beunruhigt, weil die Macht Habsburgs Risse zeigte. Das liegt nicht zuletzt am Projekt der „spanischen Sukzession", am Plan, durch einen Familienpakt die Nachfolge von Karls Sohn Philipp im Kaiseramt vorzubereiten und so die Kurfürsten zu präjudizieren – was auf Kosten der

Nachfolger Ferdinands ging und also diesen aufbrachte; was in den Augen der inzwischen hoch sensibilisierten Reichsstände auf Kosten der „freyen wahl" der Kurfürsten ging und deshalb den Spanier Karl bei den *Teutschen* noch verhasster machte. Wollte er etwa das Reich nach Gusto in der Dynastie weiterreichen wie andere Bausteine seines Habsburgerimperiums? Musste man die *teutsche libertät* gegen *viehische spanische servitut* verteidigen?

Moritz, der Kriegsgewinnler von 1547, verdankte seine schönen Trophäen kaiserlicher Gunst; entglitt das Reich dem alternden Karl, waren sie in Gefahr. Überaus gerissen inszenierte dieser begabteste unter den jüngeren Reichsfürsten der Jahrhundertmitte daher einen erneuten Frontwechsel: Er griff die antihabsburgische Stimmung im Reich auf, stellte sich an die Spitze der für ihn so gefährlichen Bewegung und brachte ein antikaiserliches Bündnis zu Stande. Finanziert hat es der Franzosenkönig, dem Moritz im Vertrag von Chambord (15. 1. 1552) zubilligte, im Windschatten des Fürstenkriegs die Reichsstädte Metz, Toul, Verdun sowie Cambrai seiner (durch den Titel eines „Reichsvikariats" beschönigten) Herrschaft zu unterstellen – das als Auftakt zur französischen Ostexpansion hin zum „deutschen Rhein" zu begreifen, entspringt rückschauender Analyse des modernen Historikers, es als „nationalen Verrat" zu verteufeln, wäre anachronistisch.

Der Fürstenkrieg Moritz hatte kein besonders stattliches antikaiserliches Bündnis zu Stande gebracht, aber immerhin eines, dessen Finanzierung gesichert war. Habsburg bemerkte den Ernst der Lage erst im Februar 1552 – wohl auch ein Zeichen dafür, wie Karl die Zügel entglitten –, und Habsburg hatte momentan kein Geld. Kaum behelligt durchzogen die Truppen der Kriegsfürsten Süddeutschland, um sich gen Tirol zu wenden; überall stießen sie auf wohlwollende Neutralität, keiner wollte sich ihnen in den Weg stellen – warum auch, Karl war einfach mittlerweile unpopulär. Moritz war es zunächst einmal sicherlich um seine *eigenen* Probleme gegangen, um die Labilität seiner neuen Position als sächsischer Kurfürst; der Protestanten halber sprach er auch vom Religionsfrieden, allen Fürsten zuliebe von *teutscher libertät*, und man wird nicht behaupten können, dass ihm beides ganz egal war – wie immer, wenn ein Mann Geschichte macht, fielen am Beginn des Fürstenkriegs allgemeine und sehr persönliche Interessen, Notwendigkeiten, Antriebskräfte in eins. Französische Truppen nahmen derweil Metz ein und erreichten den Rhein. Karl war in einer verzweifelten Lage: ohne Geld, ohne Truppen, ohne Verbündete, und die Verbindung zu den habsburgischen Niederlanden versperrten die französischen Truppen am Rhein. Der vorgebliche Herr des christlichen Abendlandes floh eilends aus Innsbruck nach Villach, wartete dort zitternd und zagend, ob das feindliche Heer auch noch die letzten Alpenpässe überqueren würde, ihn zu weiterer Flucht zwingend. Dem war aber nicht so; vielmehr erklärten die Kriegsfürsten ihre Verhandlungsbereitschaft, der Kaiserbruder und Römische König Ferdinand vertrat Habsburg vor Ort: zunächst in Linz, dann in Passau.

Verhandlungen, und das mit Ferdinand – damit sind schon die wichtigsten Kriegsziele von Moritz genannt. Denn dieser charakterlich schillernde, politisch begnadete Reichsfürst bildete sich nicht allen Ernstes ein, die Weltmacht Habsburg militärisch in die Knie zwingen und dort unten halten zu können. Sein *eigentliches* Ziel konnte kein militärisches sein. Die Militäroperationen hatten vielmehr, eine momentane (aber kurzfristige!) Schwäche Habsburgs ausnutzend, günstige Verhandlungspositionen zu verbürgen. Gesprächspartner sollte jener Bruder des „Spaniers" oder „Burgunders" Karl sein, der die deutschen Empfindlichkeiten verstand, ein Gespür für die *teutsche libertät* hatte: Mit diesem Mann der Zukunft wollte Moritz ins Geschäft kommen, ihn wollte er vollends von Karl und seiner spanischen Entourage abspalten, auf die Seite 'des Reiches' zwingen.

Die **Passauer Verhandlungen** zwischen den „Kriegsfürsten" (Moritz und seinen Verbündeten), Ferdinand und einigen neutral gebliebenen Reichsständen mündeten einerseits in momentan bedeutsame Korrekturen des kaiserlichen Übermuts von 1547 (so wurde der von Karl arrestierte hessische Landgraf Philipp freigelassen), andererseits suchte man *prinzipiell* bedeutsame Weichenstellungen für ein friedliches Miteinander der Konfessionen vorzunehmen. Hier können nur Letztere näher interessieren.

Die Passauer Gesprächspartner visierten an sich bereits einen dauerhaften Religionsfrieden an, was am selbst gar nicht beteiligten Kaiser gescheitert ist. Karl verweigerte dem ihm zugeleiteten Vertragsentwurf die Zustimmung, bestand auf einer Befristung des gegenseitigen Gewaltverzichts. So präsentiert sich der Passauer Vertrag denn auch lediglich als Waffenstillstand zwischen den Konfessionen bis zum nächsten Reichstag; dieser habe nach Wegen zur religiösen Wiedervereinigung zu suchen und übrigens binnen Halbjahresfrist stattzufinden. Das ist nicht aufregend – wieder einmal ein befristetes Provisorium! Viel bedeutsamer als der Passauer *Vertrag* sind die Passauer *Verhandlungen*. Sie waren in mehrfacher Hinsicht bahnbrechend.

Ein letztes Provisorium

Die in Passau erzielten Durchbrüche

- fast alle sind prinzipiell mit einem Ausgleich auf der Basis des Status quo einverstanden,
- fast alle akzeptieren die Priorität eines 'politischen' Friedens vor der eventuellen theologischen Wiedervereinigung,
- fast alle sehen ein, dass sie sich selbst, ohne maßgebliche Hilfe eines außenstehenden *Deus ex Machina*, zusammenraufen müssen: Die Reichsstände sind gefragt, nicht Kaiser und Papst.

E

Erstens wurde in Passau deutlich, dass alle wichtigen Reichsfürsten einen tragfähigen, stabilen Ausgleich auf der Basis des Status quo suchten. Das war keine Selbstverständlichkeit – war doch die evangelische Bewegung noch immer der dynamische Part (wenn auch mit abnehmendem Elan, aber das war 1552, für die Zeitgenossen, noch nicht erkennbar), man konnte also an sich auf weiteren Zuwachs hoffen; umgekehrt hatten die Katholiken bislang immer die Rückkehr der Unbotmäßigen unter das Dach der einen wahren Kirche gefordert. In Passau war eine große Bereitschaft zu erkennen, sich *grundsätzlich* (natürlich, über viele Details war noch zu streiten!) mit den augenblicklichen Besitzständen zufrieden zu geben.

Zweitens rangen sich die Gesprächsteilnehmer zu einer Einsicht durch, die noch wenige Jahre zuvor kaum Anhänger im Reich besessen hatte: dass

Weichenstellungen

nämlich die Sicherung des Friedens Vorrang vor der religiösen *concordia* besitze, dass es jetzt nicht darauf ankomme, den Glaubensdissens inhaltlich zu überwinden, sondern ihn zu verrechtlichen und dadurch politisch zu neutralisieren. Man definierte den Frieden dabei ganz bescheiden (und modern) als Abwesenheit von Krieg – diesen 'nur äußerlichen', diesen 'nur politischen' Frieden wollte man jetzt, die Theologen mochten sich danach weiterzanken oder auch noch zusammenraufen. Wenn man sich vor Augen hält, dass sie Letzteres bis heute nicht getan haben, kann man ermessen, wie wichtig die Einsicht in die Priorität des politischen Friedens gewesen ist. Sie war damals aber neu – den wenigen Protagonisten einer „konfessionsneutralen Reichspolitik" (Luttenberger) war bislang immer entgegengehalten worden, ein nur äußerlicher sei ein *gleserner* Friede, der nicht halten könne, ein politischer Modus Vivendi ohne Wiedervereinigung der Konfessionen sei Schimäre.

Drittens herrschte in Passau auf allen Seiten, also auch bei den katholischen unter den Vermittlern, die Überzeugung, dass die Reichsstände das Problem *selbst* zu lösen hätten. Das Reich müsse aus seiner Mitte heraus befriedet werden – das sei nicht Sache allein des Kaisers und schon gar nicht die des Papstes. Die Ansichten der Kurie, auch das Konzil spielten in Passau keine Rolle, und Karls Lösungsversuch, das Interim, wurde stillschweigend vollends preisgegeben. Freilich sollte der Kaiser das zwischen Kriegsfürsten und Vermittlern Vereinbarte hinterher absegnen – und genau diese Ratifikation verweigerte er dem Vertrag in seiner ursprünglichen Form, er akzeptierte nur ein neues Provisorium. Moritz gab nach, akzeptierte die Befristung, weil er lieber als Retter des Protestantismus und Anwalt *teutscher libertät* glänzen denn einen ganz aberwitzigen Dauerkrieg mit der Weltmacht Habsburg führen wollte – deren missliche Lage sich ohnehin militärisch und finanziell längst gebessert hatte, sodass sich ein rascher Abschluss empfahl.

b) Wird die Krise des Kaisertums zur Reichskrise?

Was machte nun 1555 den Frieden möglich und hat 1552 gefehlt? Welche günstigen Voraussetzungen kamen in diesen drei Jahren hinzu? Die Passauer Verhandlungen hatten gezeigt: Karl stand einer dauerhaften Regelung im Wege. Also hat sich offenbar das geändert – und zwar, weil sich dieser Kaiser sukzessive aus der Politik zurückzog. Zweitens ist die Friedenssehnsucht, der unbedingte Wunsch, nun endlich ein dauerhaft tragfähiges rechtliches Fundament für den Umgang der Konfessionen miteinander zu bekommen, weiter angestiegen, weil das Reich einfach nicht zur Ruhe kam. Von Karl kaum mehr wirklich regiert, schien es dem Chaos entgegenzutorkeln.

Der Markgrafenkrieg   Am meisten hat die Zeitgenossen der so genannte Markgrafenkrieg (1552–1554) beunruhigt. Der Kulmbacher Markgraf Albrecht Alkibiades hatte im Windschatten des Fürstenkriegs Raubzüge im Fränkischen unternommen, die mit Gewissen und *teutscher libertät* recht wenig, mehr schon mit Abenteurertum und am meisten mit Habgier zu tun hatten. Im Stile überwunden geglaubter Raubritterzeiten erpresste er Geld und sogar Gebiete von den Hochstiften Bamberg und Würzburg, von der Reichsstadt Nürnberg. Er ließ sich sein böses Treiben auch gar nicht durch den Vertragsschluss in Passau verderben – machte vielmehr, einmal in Fahrt gekommen, munter weiter, zog gen Mainz, ins Trierische hinauf. Es gab viele Tote, Dörfer und sogar Städte wurden eingeäschert, juristisch und also nüchtern formuliert war es notorischer Landfriedensbruch, fortgesetzter Verstoß gegen den Ewigen Landfrieden von 1495.

Eigentlich wäre da der Kaiser als oberster Friedenswahrer im Reich gefragt gewesen. Er erklärte die erpressten Verträge zunächst auch für ungültig. Dann fiel ihm ein, dass er Albrecht ganz gut vor Metz gegen die Franzosen brauchen könne – und jedenfalls ganz bestimmt keine zweite Front gewissermaßen im Rücken. Albrecht trat in kaiserliche Dienste, der neue Dienstherr kassierte die Nichtigkeitserklärung; zugleich signalisierte er den fränkischen Bischöfen insgeheim, sie sollten sich doch auf eigene Faust zurückholen, was ihnen Albrecht Alkibiades abgepresst hatte, beziehungsweise die betreffenden Landstriche erst gar nicht herausrücken. Das alles war schon turbulent genug, indes nur das Vorspiel zu dem, was als Markgrafen- oder Markgräflerkrieg in die Geschichte eingegangen ist.

Der begann mit der Rückkehr Albrechts aus Lothringen. Der Kaiser hatte seine schönen Verträge als gültig anerkannt, unerbittlich bestand der Kulmbacher nun auf der Einlösung. Dass sich die Bamberger weigerten, die zugesagten 20 Ämter – mehr als die Hälfte des Stiftsgebiets! – herauszurücken, empfand er als bitteres Unrecht. *Er* war der Geprellte, Pfaffen und Pfeffersäcke hatten sich auf seine Kosten verschworen – kurz, der Markgraf sah sich, im Stile eines Michael Kohlhaas, von aller Welt verraten und verkauft, zu Unrecht beraubt und geschädigt. Mit bis dahin in Mitteleuropa nicht gesehener Grausamkeit ließ er das Franken entgelten, die Region drohte gänzlich zu verderben, 170 Dörfer und über 90 Schlösser wurden zu Asche.

Die Franken waren nicht in der Lage, selbst aus der Sache herauszukommen. Aber auswärts begann man, Abhilfe zu organisieren. Seele des Widerstands, noch vor Ferdinand, war Moritz von Sachsen. Er stellte sich offen gegen seinen einstigen Spießgesellen, leitete energische militärische Gegenmaßnahmen ein – ein Reichsfürst also, nicht der Kaiser. Als Albrecht mitbekam, dass Moritz in Norddeutschland Truppen für einen Kriegszug ins Fränkische zusammenzog, machte er sich zu einem Präventivschlag ins Niedersächsische auf; dort kam es zu einer für damalige Verhältnisse großen Schlacht, der blutigsten der deutschen Reformationsgeschichte, bei Sievershausen (9. 7. 1553). Unter wohl an die sechstausend Toten war auch Moritz von Sachsen, jener schillernde Reichsfürst mit bedenklichen und bemerkenswerten Eigenschaften, dessen letzte Taten seine bedeutendsten gewesen sind: Er bahnte den Weg für jenen Religionsfrieden, den er selbst nicht mehr erleben würde, indem er Karl an den Rand rückte und Ferdinand ins Spielzentrum holte; und er bot dem Mordbrenner aus Kulmbach die Stirn. Übrigens wurde er gerächt, Ferdinand übernahm jetzt die Zügel, organisierte die Gegenwehr zunächst in Norddeutschland, dann den Zug ins Fränkische, wo nun auch Kulmbach zu Asche verbrannte.

Der Markgrafenkrieg war ein wichtiges reichsgeschichtliches Ereignis, weil er den Menschen vor Augen führte, dass Frieden und Stabilität ernsthaft gefährdet waren. Es stand nicht gut um den Reichsverband. Die Reichsstände waren aufs Höchste alarmiert, vielleicht kann man sogar sagen: traumatisiert. Das hat den Augsburger Reichstag von 1555 geprägt.

Karl zieht sich aus der Reichspolitik zurück

Wichtig war für den Augsburger Reichstag zweitens die Resignation Karls. Welch jämmerliche Rolle im Markgrafenkrieg! Erst hatte er die fränkischen Verträge kassiert, dann nahm er den Friedensbrecher in eigene Dienste und hieß sie gültig, am Ende, als Moritz und Ferdinand den Landfriedensschutz längst in die eigenen Hände genommen hatten, erklärte Karl die Verträge wiederum für Unrecht – ohne dass das noch jemanden besonders interessiert hätte. Aber es wollte ihm auch sonst nichts mehr gelingen, nicht im Reich, nicht in Europa, alles zerrann ihm zwischen den Fingern; kurz nach der Verabschiedung des Religionsfriedens würde er vom Kaisertum zurücktreten: Karl ist der einzige neuzeitliche Kaiser, der sein Amt nicht bis zum Tod ausgeübt hat. Energische, zielstrebige Reichspolitik hat er schon seit 1553 nicht mehr gemacht. Weil Karl damit rechnen musste, dass sich an jenem Reichstag, den der Passauer Vertrag vorsah, dauerhafte Konzessionen an die Protestanten als unausweichlich erweisen würden, verlangte er von Ferdinand, dass doch *er* sein Gewissen damit belasten möge. Zwar eröffnete Ferdinand den Reichstag pro forma im Namen des Kaisers, auch der Reichsabschied trägt seinen Namen. Aber für den Gang der Verhandlungen spielte Karl keine Rolle, er wollte nicht einmal um Rat gefragt werden, sein Gewissen war ihm allemal mehr wert als diese widerlichen deutschen Religionsquerelen. Nolens volens wurde deshalb Ferdinand zur entscheidenden Figur des Reichstags von 1555 – so, wie das Moritz von Sachsen vorhergesehen hatte.

3. Die Lösung des Landfriedensproblems

Schmalkaldischer Krieg, Fürstenkrieg, Markgrafenkrieg – der Reichsverband schien die elementare Funktion des Friedensschutzes nicht mehr gewährleisten zu können. Es war offensichtlich ein doppeltes Friedensproblem: Der 1495 „ewig" postulierte Landfriede war in Gefahr (was vor allem der Markgrafenkrieg demonstriert hatte), und weil das Reich mittlerweile in zwei Konfessionen zerfallen war, brauchte man einen dauerhaften Modus Vivendi zwischen diesen, einen Religionsfrieden.

Der Abschied des Augsburger Reichstags enthielt neben anderen bedeutenden Abschnitten (beispielsweise einer neuen Kammergerichtsordnung) zwei Passagen, die sich als Antworten aufs doppelte Friedensproblem des Reiches verstanden. Beide zusammenfassend, könnte man sagen: 1555 wurde das Landfriedensgebot erneuert und handhabbarer gemacht sowie um einen Religionsfrieden erweitert.

Reichsexekutionsordnung

Der Versuch, das zuletzt so offenkundig nur auf dem Papier stehende Landfriedensgebot institutionell auszuformen, wurde als „Reichsexekutionsordnung" bekannt. Sie übertrug die Handhabung des Landfriedens den Kreisen. Im Markgrafenkrieg hatte ja eine Reichsinstanz gefehlt, die eingeschritten wäre, die den Landfrieden wiederhergestellt hätte – am Ende hatte Moritz von Sachsen gehandelt, aber auf eigene Faust und Rechnung, nicht ein Reichsorgan. Was für ein Reichsorgan wäre denn in Frage gekommen? Nun, bis 1552 hätte jeder selbstverständlich ans Oberhaupt des Reiches gedacht – den Frieden zu wahren, war von alters her die vornehmste Aufgabe jedes Regenten, also erst recht des Kaisers. Indes, Karl war damals eben *nicht* eingeschritten – ein Zeichen von Führungsschwäche; und diese kaiserliche Schwäche gedachte die Reichsexekutionsordnung nicht etwa zu beheben, sondern zu perpetuieren. Ihr zufolge war es gar nicht kaiserlichen Amtes, Landfriedensstörungen vor Ort zu bekämpfen, das übernähmen künftig die Kreise. Da wird neues reichsständisches Selbstbewusstsein spürbar, das durchaus auf Kosten der traditionellen Machtposition des Kaisers im Reichsverband ging.

Die Exekutionsordnung entwarf eine Stufenfolge immer kräftigerer Reaktionen auf eskalierende Landfriedensstörungen. Zunächst einmal war es Sache der jeweiligen Territorialobrigkeit, Friedbruchsdelikte zu ahnden. War sie damit überfordert, nahm sich der betroffene Reichskreis des Friedensschutzes bzw. der Exekution von Kammergerichtsurteilen an, eventuell mussten Kreistruppen aufgeboten und unter dem Kreisobristen zum Einsatz gebracht werden. Reichte das nicht hin, konnte der betroffene Kreis bis zu vier Nachbarkreise um ihre Hilfe angehen; das Kommando blieb beim Obristen des betroffenen Sprengels. Genügte auch das noch nicht, um der Gefahr Herr zu werden, hatte der Erzkanzler des Reiches (also der Kurfürst von Mainz) einen Reichsdeputationstag einzuberufen, der dann über noch kräftigere Gegenmaßnahmen beriet und alle zehn Kreise mobilisieren konnte. Der Kaiser durfte dorthin Kommissare entsenden, auch brauchte man ihn, falls die Ansetzung eines Reichstags zur Bewältigung des Landfriedensproblems unumgänglich schien. In besonders schlimmen Fällen kam der Kaiser also schon ins Spiel (in der Praxis der Jahrzehnte danach sogar mehr als auf dem Papier von 1555), aber recht weitgehend funktionierte das ganze Verfahren doch sozusagen 'kaiserfrei'. Die Exekutive des Reiches war damit prinzipiell ständisch: eine Lehre aus dem Markgrafenkrieg!

4. Die Lösung des Religionsfriedensproblems

a) Die Grundprinzipien des Religionsfriedens

Mit der Reichsexekutionsordnung konnte das Landfriedensproblem jedenfalls theoretisch als gelöst gelten, doch genauso drängend war das Konfessionsproblem. Aus den Erfahrungen der jüngeren Vergangenheit ließen sich drei Lehren ziehen: dass man einen erstens dauerhaften, zweitens 'nur politischen' Frieden festsetzen musste; denn die sattsam bekannten Provisorien hatten sich als wenig tragfähig erwiesen, und auf eine theologische Wiedervereinigung wollte außer Ferdinand kaum mehr jemand ernsthaft hoffen. Und dass es, drittens, nicht um einen Oktroi von außen gehen konnte, wie 1548 mit dem Interim Karls, sondern dass sich die Reichsstände selbst zusammenraufen mussten, zu einem konsensfähigen Gesetz.

Ein Reichsgesetz ist der Religionsfriede dann auch geworden – nämlich Teil des Augsburger Reichsabschieds. Und dass er ein politischer Friede ist, das sagt uns der Religionsfriede selbst, aber nicht in seiner *Dispositio* (jenem juristischen Kern einer Urkunde, wo wir die konkreten Einzelbestimmungen aufgelistet finden), sondern in hinführenden narrativen Passagen, die die gängigen Quelleneditionen gar nicht abdrucken. Dort heißt es, man habe über drei Jahrzehnte lang auf Reichstagen und anderen Versammlungen „von einem gemeinen, beharrlichen und beständigen Frieden zwischen des Heiligen Reichs Ständen der strittigen Religion halben" verhandelt, habe sich auch etliche Male auf etwas verständigt – doch seien diese Vereinbarungen „zu Erhaltung des Friedens niemals gnugsam gewesen". Deshalb habe man in Augsburg Folgendes zur Kenntnis nehmen müssen: „Woferr dann *in währender Spaltung der Religion* ein ergänzte Tractation und Handlung des Friedens" ausbleibe, der zufolge „beyderseits Religionen … wissen möchten, weß einer sich zu dem andern endlich zu versehen, dass die Stände und Unterthanen sich *beständiger*, gewisser Sicherheit nit zu getrösten, sonder für und für ein jeder in unträglicher Gefahr zweiffentlich stehen müst."

Diese zur *Dispositio* des Religionsfriedens hinführende Passage stellt uns Problem wie Lösungsansatz klar vor Augen: Die provisorischen Arrangements der Reformationszeit, befristete und interimistische Regelungen (wie 1526, 1532, 1539, 1541, 1544, 1548, 1552) waren nicht „gnugsam", ein unbefristeter Frieden musste her, der „beständige, gewisse Sicherheit" brachte, und zwar „in währender Spaltung der Religion", also unabhängig von einer theologischen Wiedervereinigung. Deutlicher kann man nicht sagen, dass es um einen politischen, aber dauerhaften Frieden zu tun war. Er stellt die Wahrheitsfrage erst gar nicht, versucht die Konfessionen erst gar nicht wieder zusammenzuführen – die Religion *bleibt* gespalten, die Theologen mögen sich weiterzanken; die Politiker aber verzichten jetzt auf den theologischen Konsens, tun, was zu tun Aufgabe der Politik ist. Freilich, ihre Vereinbarung ist doch kein Waffenstillstand, sondern Friede, auf Dauer angelegt – so weit war man in Passau an sich schon gewesen, doch hatte Karl dann genau jene Dauerhaftigkeit nicht akzeptiert. 1555 wurde sie endlich fixiert. Die „Spaltung der Religion" mochte eines Tages überwunden werden oder auch fortdauern, der Friede galt so oder so; die Utopie einer Wiedervereinigung der Konfessionen wurde nicht preisgegeben, aber für den Moment doch hintangestellt. Wegen seiner Dauerhaftigkeit versprach der Religionsfriede Rechtssicherheit – eventuelle Konzilsbeschlüsse, päpstliche oder kaiserliche Interventionen verloren ihren Schrecken, die Protestanten standen auf einem festen Rechtsboden.

Die einleitenden Passagen des Religionsfriedens entwickeln schon wichtige Grundgedanken desselben und sind auch leicht verständlich. Anders die *Dispositio*! Sie ist vertrackt, handelt scheinbar von sehr Disparatem in verwirrender Reihenfolge. Doch hilft es, wenn man zunächst einmal die Grundprinzipien herausfiltert, spezielle Ausnahmebestimmungen davon absondert und erst hinterher betrachtet. Den schon in der Einleitung genannten Grundprinzipien (lediglich 'politischer', aber dauerhafter Friede) fügt die *Dispositio* zwei weitere hinzu, die man später als reichsrechtliche Bekräftigung des landesherrlichen *ius reformandi* und als *ius emigrandi* etikettieren würde.

Ius reformandi, das Recht der Obrigkeit auf die Festsetzung und Veränderung der Religionsverhältnisse in ihrem Territorium – welche konkreten Bestimmungen der Augsburger Ordnung haben es denn besiegelt? Der Religionsfriede stellte es allen Reichsständen und auch den Reichsrittern frei, für die alte Kirche oder aber für den Protestantismus zu optieren sowie in ihren Territorien für die entsprechenden „kirchengebreuche, ordnungen und ceremonien" zu sorgen. Er schützt die persönliche Konfession evangelischer Landesherren, aber auch ihre kirchliche Herrschaft doppelt: gewissermaßen 'negativ' dadurch, dass er die geistliche Jurisdiktionsgewalt der katholischen Kirche, konkret ihrer Bischöfe, in evangelisch gewordenen Territorien für suspendiert erklärt; 'positiv' dadurch, dass er den protestantischen Reichsständen mitsamt ihren Kirchenordnungen jenen vollen Landfriedensschutz zusichert, wie ihn natürlich auch katholische Territorien genössen – und zwar nicht nur den 1555 protestantischen Ständen, sondern auch allen, die etwa irgendwann einmal evangelisch würden. Wer gegen den persönlichen Glauben des Landesherrn oder aber gegen seine Kirchenordnung vorging, war Landfriedensbrecher. Allerdings ist in diesem Zusammenhang immer nur vom alten Glauben die Rede sowie von der „Augspurgischen Konfession", der **Confessio Augustana**: also von der Bekenntnisschrift der Anhänger Luthers; dass mit dem Calvinismus alsbald eine weitere Spielart evangelischen Glaubens im Reich Fuß fassen würde, dieses Problem hat man 1555 nicht vorhergesehen, der Calvinismus wird im Religionsfrieden nirgends erwähnt.

Ius reformandi

Confessio Augustana

Bekenntnisschrift, die die Anhänger Luthers am Augsburger Reichstag von 1530 dem Kaiser überreichten. Die heute so genannten „Lutheraner" bezeichneten sich selbst in der Vormoderne sehr selten so, vielmehr verstanden sie sich als „Anhänger der Augsburger Konfession", Akten etikettieren häufig als „AC-Verwandte". Für Katholiken waren die AC-Verwandten „Protestanten", weil sie sich spektakulär 1529 und dann noch öfters von Mehrheitsbeschlüssen des katholisch dominierten Reichstags durch eine *protestatio* distanziert hatten.

Juristen des Konfessionellen Zeitalters fanden für die referierten Bestimmungen, neben dem Etikett *ius reformandi*, eine noch eingängigere Formel: *cuius regio, eius religio* – wer regiert, bestimmt auch, was zu glauben ist (verballhornt, aber gut zu merken: wessen die Region, dessen die Religion). Darauf liefen die referierten Bestimmungen ja in der Tat hinaus: Wenn der Landesherr nicht nur persönlich, sozusagen als Privatmann, frei zwischen dem katholischen Bekenntnis und der Confessio Augustana wählen konnte, sondern auch für entsprechende „ordnungen" sorgen durfte, legte er darin natürlich fest, was in seinem Territorium zu glauben war, und niemand durfte etwas dagegen unternehmen – die Nachbarfürsten hatten es zu respektieren, und die betroffenen Untertanen mussten sich fügen.

Und wenn sich ein Untertan *nicht* fügen wollte? Dann durfte er immerhin auswandern. Das war damals ein Fortschritt, Andersgläubige mussten

Ius emigrandi

keine Zwangsbekehrungen mehr fürchten oder die Härte der mittelalterlichen Ketzergesetze – deren Anwendung konnten sie sich ja durch Emigration entziehen. Das *ius emigrandi* wird aber in der Literatur manchmal allzu panegyrisch bejubelt, als Prototyp individueller Freiheitsrechte, Wegbereiter für Grundrechtskataloge. Das mögen interessante Fernwirkungen gewesen sein, aber so erhaben wie die Worte der modernen Analytiker war die damalige Praxis nicht. In Verbindung mit dem *cuius regio*-Prinzip wurde aus dem *ius emigrandi* faktisch ein Ausweisungsrecht; viele Obrigkeiten sahen sich berechtigt, Untertanen, an deren Rechtgläubigkeit sie warum auch immer zweifelten, außer Landes zu jagen. Auswanderungsrecht, Ausweisung – das waren die beiden Seiten der einen Medaille. Übrigens galt das *ius emigrandi* nicht für jene Gebiete, in denen Karl der Landesherr war, für seine Erblande – das verschlimmerte die exzessiven Verfolgungen, die sein Erbe und Nachfolger, Philipp II., in den spanisch gewordenen Niederlanden veranstalten würde und die dann wiederum den Achtzigjährigen Krieg seit 1568 auslösen sollten, den die niederländischen Nordprovinzen gleichermaßen für politische wie auch religiöse Selbstbestimmung ausfochten.

E   Die Grundprinzipien des Augsburger Religionsfriedens

Der unbefristete Friede erklärte die *Confessio Augustana* zu einer von nun zwei reichsrechtlich zugelassenen Konfessionen. Die jeweilige territoriale Obrigkeit (ein Fürst oder Graf, auch ein Reichsritter, in Reichsstädten der Rat) konnte sich frei für eine von beiden entscheiden. Diese Entscheidung war keine 'private', sie band das ganze Territorium. Dessen Bewohner hatten sich nach der Glaubenswahl der Regierung zu richten, doch durften sie, so sie sich mit dieser Entscheidung nicht abfinden konnten, auswandern.

b) Erste Ausnahmeregelung: die reichsmittelbaren geistlichen Güter

Die Grundprinzipien des Religionsfriedens sind klar und einfach. Dass er später zum Anlass immer exzessiveren Auslegungsstreits wurde, liegt nicht an den Prinzipien, sondern an ihrer Durchlöcherung durch Ausnahmeregeln. Am folgenreichsten waren diejenigen, die das *ius reformandi* der Territorialobrigkeit einschränkten. Sie haben zwei Gemeinsamkeiten: sind viel komplizierter als die Grundgedanken formuliert, und weisen eine prokatholische Schlagseite auf – hier hat den katholischen Reichsständen das Engagement Ferdinands in Augsburg sehr genützt.

Die kompliziertesten Sonderbestimmungen zielten auf den Schutz der landsässigen geistlichen Güter unter protestantischer Landeshoheit. Zunächst einmal: Um was handelt es sich da überhaupt? Es geht um Klöster, Grund in klösterlichem Besitz (und die Kirche hatte immensen Landbesitz), fromme Stiftungen und kirchliche Einrichtungen aller Art (von der Schule bis zum Waisenhaus), die landsässig waren, also nicht reichsunmittelbar. Reichsunmittelbar waren die in Kapitel I vorgestellten geistlichen Territorien, beispielsweise die von Fürstbischöfen regierten Hochstifte – um sie geht es hier *nicht*. Sondern um all das, was der katholischen Kirche (modern formuliert) privatrechtlich, vermögensrechtlich gehörte, politisch indes irgendeinem Landesherrn unterstand – demjenigen, in dessen Territorium die betreffende Einrichtung eben lag; einem Landesherrn, der sich für die neue Lehre entschieden hatte.

Worin bestand nun das Problem, warum brauchte man überhaupt eine besondere Regelung? War ein Landesherr evangelisch geworden, war dem das Land mit seinen Einwohnern mehr oder weniger rasch gefolgt – aber darin eingesprenkelt, wie lauter kleine Inselchen, lagen alle möglichen Besitzungen jener katholischen Kirche, von der sich das Land ja gerade losmachte, in den Klöstern beispielsweise wurde Gott in einer Art und Weise verehrt, die nach regierungsamtlicher Auffassung grundverkehrt war. Angesichts der damals ganz selbstverständlichen innigen Verschmelzung von Glauben und Politik glaubten die Landesherren, so etwas keinesfalls dulden zu können, wenn ihre Landeshoheit noch etwas wert sein sollte. Deshalb waren die Besitzungen der katholischen Kirche in Gebieten, die evangelisch wurden, denn auch mehr oder weniger rasch und konsequent von der öffentlichen Hand eingezogen worden. Teilweise wurden sie „gemeinnützigen" Zwecken zugeführt, wie man sagte, also etwa dem Bildungs- oder Armenwesen, zum Beispiel hat man Klöster in Spitäler oder in Landesschulen umgewandelt. Manches floss auch einfach der landesherrlichen Kasse zu und versickerte irgendwo, etwa zum Schuldenabbau. Wie dem auch sei und wofür auch immer: eingezogen jedenfalls wurden viele altkirchliche Besitzungen. Aber war das legal? Das eben war das Problem!

Und was sagt nun der Religionsfriede dazu? Nur eines ganz klar: alles, was bis 1552 (Passauer Vertrag!) eingezogen worden war, war für die katholische Kirche verloren. Das bekam sie nicht mehr zurück. Ein Stichdatum also – womit aber nicht alle Probleme gelöst waren. Denn was sollte mit frommen Einrichtungen passieren, die in evangelischen Gebieten lagen, aber 1552 noch nicht reformiert beziehungsweise einkassiert worden waren? Das gab es, vor allem bei Klöstern. Manche Landesherren wollten besonders rücksichtsvoll sein und sie also „aussterben" lassen, wie man das nannte. Es durften keine Novizen mehr angenommen werden, aber die vorhandenen Mönche konnten bleiben, im Kloster alt werden und sterben. Rächte sich derlei Rücksichtnahme nun? Wurde Landesherren, die die Klöster nicht unverzüglich rabiat einkassiert hatten, etwa zugemutet, deshalb auf alle Ewigkeit lauter katholische Inseln in ihrem Territorium zu dulden? Und was passierte erst in Territorien, die irgendwann in Zukunft zur evangelischen Lehre übertreten würden?

Der Religionsfriede bot zum Thema der reichsmittelbaren geistlichen Güter nicht *nur* das Stichjahr, sondern verschiedene ergänzende, ziemlich kryptische und vielfältig auslegbare Zusatzbestimmungen; sie sind für eine Überblicksdarstellung zu kompliziert. Es genügt, zu wissen, wie beide Seiten den Problemkomplex insgesamt künftig auslegen würden. Die Katholiken behaupteten den vollen Schutz für alle bis 1552 nicht eingezogenen landsässigen kirchlichen Einrichtungen. Die Protestanten behaupteten das gerade Gegenteil – aus dem *ius reformandi*, ja, aus dem Wesen der Landeshoheit überhaupt ergebe sich, dass ein protestantischer Landesherr alles beseitigen dürfe, was sich nicht mit dem Geist einer evangelischen Kir-

Divergierende
Interpretationen

chenordnung vertrage. Größer konnte der Gegensatz zwischen beiden Lesarten gar nicht sein – womit jeder windschiefe Schuppen, der von einer Klosteranlage übrig geblieben war, jede sumpfige Wiese, die einmal Mönchen gehört hatte, fortan die größten Verwicklungen auslösen und die Reichsgerichte beschäftigen konnte: denn es ging ja um nicht weniger als um die Auslegung des Religionsfriedens!

c) Zweite Ausnahmeregelung: Zwangsbikonfessionalität in manchen Reichsstädten

Eine die Reichsstädte betreffende Sonderregelung liest sich ganz modern: In denjenigen von ihnen, in denen beide Religionen „im gang und geprauch" seien, solle das „also pleiben", sollten Lutheraner und Katholiken weiterhin „friedlich und ruhig bei und nebeneinander wonen". Was heute nur vernünftig klingt und ganz unproblematisch anmutet, hat damals die größten Verwicklungen ausgelöst. Das muss noch erklärt werden, doch zuvor stellt sich die Frage, warum man für Reichsstädte überhaupt einen besonderen Regelungsbedarf gesehen hat.

Betrachten wir kurz die besondere Situation der Reichsstädte! Sie hatten sich einerseits zumeist früh der neuen Lehre geöffnet. Indes hatten die siegreichen kaiserlichen Truppen des Schmalkaldischen Krieges, sodann das „Augsburger Interim" dafür gesorgt, dass in verschiedenen Reichsstädten vor allem Süddeutschlands zuletzt wieder kleine katholische Minderheiten existierten und zum Zeitpunkt des Friedensschlusses, 1555, ihren Glauben praktizierten. Wie das? Wurde nicht weiter oben behauptet, dass das Interim ein Fehlschlag gewesen sei? Nun, die Reichsstädte waren machtpolitisch und militärisch schwach, in manche süddeutschen Städte waren sogar spanische Truppen einquartiert, sie vor allem mussten jenes Interim tatsächlich praktizieren, dem sich sonst entzog, wer immer es konnte. Das aber hieß: Sie mussten die Messe wieder akzeptieren, Priester zogen in die Stadt und beanspruchten Kirchen für ihren Gottesdienst, Mönche kehrten zurück und fragten nach ihren alten Klöstern (die man ihnen restituieren musste), auch der eine und andere Einwohner, der einst wegen der Entscheidung für die neue Lehre ausgewandert war. Kurz, in allen möglichen eigentlich durch und durch evangelischen Reichsstädten gab es wieder katholische Spurenelemente. Dieser Zustand sollte konserviert werden – der *status utriusque confessionis*, die Zwangsbikonfessionalität war eine eindeutig prokatholische Ausnahme zum *ius reformandi*. So weit der Hintergrund.

Problematik der Zwangsbikonfessionalität

Aber warum war die Ausnahmeregelung so problematisch? Zum einen waren die vom Interim erzwungenen Restitutionen zugunsten einer oft verschwindend kleinen Minderheit erfolgt; einer Minorität, die bisweilen auch noch durch die Verfassungsrevisionen des Heinrich Hase politisch begünstigt, in Schlüsselstellungen befördert worden war. Das musste böses Blut schaffen. Dann war Religion ja damals keine Angelegenheit der ‚Privatsphäre', sondern etwas Hochpolitisches, durch und durch Öffentliches. Für die Lutheraner war es eine unerträgliche Provokation, wenn die katholische Minderheit mit fliegenden Fahnen Prozessionen in der Stadt veranstaltete. Welche Festtage sollten gelten? Dann würde man bald nicht mehr einheitlich datieren, weil nur katholische Territorien den verbesserten so genannten gregorianischen Kalender einführten; wenn der Stadtrat am 24. Dezember Weihnachtspause einlegte, zählte der neue, korrektere, aber für Protestanten eben 'katholische' Kalender bereits den 3. Januar des folgenden Jahres! Eine vermeintliche oder tatsächlich so gemeinte Provokation jagte die andere.

Noch etwas machte die Passage über die Zwangsbikonfessionalität für Reichsstädte misslich – sie konnte jene Zweitklassigkeit der Reichsstandschaft dieser Gemeinwesen weiter befestigen, die sich ohnedies schon allenthalben manifestierte (beispielsweise in ihrer geringen Rolle am Reichstag). Dass der *status utriusque confessionis* dem Magistrat der betroffenen Reichsstadt das *ius reformandi* aus der Hand schlug, ist offenkundig – er konnte das Territorium auch dann *nicht* für rein evangelisch erklären, wenn das seine Vorstellungen von Gemeinwohl und Seelenheil eigentlich heischten. Freilich, wurde das *ius reformandi* lediglich, ausnahmsweise, *denjenigen* Reichsstädten benommen, die des Interims wegen am Stichdatum eben gerade bikonfessionell waren? Oder war die Zwangsbikonfessionalität nur Nebeneffekt, eigentlich ganz selbstverständliche Auswirkung der Tatsache, dass ein reichsstädtischer Magistrat *sowieso* und überall kein Reformationsrecht besaß? Die katholischen Reichsfürsten würden es alsbald behaupten – besagtes Recht stehe lediglich dem Kaiser als dem eigentlichen Stadtherrn zu. Diese Lesart des Religionsfriedens implizierte natürlich, dass überhaupt keine Reichsstadt je den Glauben wechseln dürfe: Bikonfessionelle waren sowieso in diesem Status zementiert, aber auch katholische mussten auf immer und ewig katholisch bleiben (außer, der katholische Kaiser hätte sie der Reformation zugeführt, was allenfalls für den Sanktnimmerleinstag zu erhoffen war).

d) Zwei Ausnahmeregelungen für die geistlichen Territorien

Dass auch für die geistlichen Territorien strittige Ausnahmebestimmungen galten, gewann vor allem wegen der vielen Hochstifte des Reiches Bedeutsamkeit und Brisanz. Als Landesherr hätte der Fürstbischof ja an sich den Glauben des vom ihm regierten Territoriums festlegen dürfen, doch besagte eine Sonderregel, als *reservatum ecclesiasticum* oder „Geistlicher Vorbehalt" bekannt geworden, etwas anderes: Wechselte ein geistlicher Landesherr zum evangelischen Glauben über, verlor er Amt und Würden; die für die Nachfolgeregelung zuständige Instanz, im Hochstift also das Domkapitel, durfte einen katholischen Nachfolger bestimmen. Es war, unschwer zu erkennen, eine prokatholische Ausnahmeregel zum *ius reformandi*. Die noch existierenden Reste der Reichskirche, der *Germania sacra*, sollten gerettet und dauerhaft konserviert werden.

Warum hat man später darüber gestritten, was war am Geistlichen Vorbehalt unklar oder auslegungsfähig? Die Protestanten fanden gleich zwei Schlupflöcher. Zum einen hatten sie am Reichstag von 1555 dieser Passage

Problematik des Geistlichen Vorbehalts

55

des Religionsfriedens nicht zugestimmt. Das steht sogar im Text – die betreffende Bestimmung sei nicht konsensfähig gewesen und deshalb durch einseitige Verfügung Ferdinands festgesetzt worden. Also erklärten die Protestanten im Konfessionellen Zeitalter, die Satzung binde nur jene, die sie damals auch gewollt hätten.

Das zweite Schlupfloch umreißend, muss man zunächst etwas ausholen. Die Landkarte nördlich des Mains färbte sich im dritten Viertel des 16. Jahrhunderts nicht etwa deshalb fast ganz evangelisch ein, weil so viele zuvor katholische Fürstbischöfe zum evangelischen Glauben übergetreten wären (hier hätte der Geistliche Vorbehalt gegriffen). Es ist anders gekommen: Diejenigen Adelskreise, aus denen sich die jeweiligen Domkapitel traditionell rekrutierten, wurden nördlich des Mains zumeist sukzessive evangelisch. Also sickerten Protestanten ins Domkapitel ein, irgendwann hatten sie die Mehrheit und irgendwann starb der alte, katholische Fürstbischof. Das mehrheitlich protestantische Kapitel wählte daraufhin einen Protestanten als neuen Landesherrn und Bistumsverweser. Der nannte sich manchmal sogar „Bischof", es setzte sich dann aber die unverfänglichere Bezeichnung „Bistumsadministrator" durch. Das war das zweite Schlupfloch: Der Geistliche Vorbehalt spricht ausdrücklich nur von Konvertiten, von katholischen Fürstbischöfen, die evangelisch werden – dann verlieren sie ihr Amt. Davon, dass da einer gewählt werden könnte, der von *vornherein* Protestant war, nie etwas anderes gewesen war, ist – offenbar weil man sich das 1555 einfach noch nicht vorstellen konnte – nicht die Rede. Und deshalb haben die Protestanten im Konfessionellen Zeitalter behauptet, dass der Religionsfriede die evangelischen Bistumsadministrationen keinesfalls verbiete, während das die Katholiken, natürlich, ganz anders sahen.

E | **Die strittigen Sonderregelungen:**
Sie durchlöchern das *ius reformandi* im prokatholischen Sinne; am wichtigsten waren:
- Sonderbestimmungen über das reichsmittelbare Kirchengut,
- die Zwangsbikonfessionalität für manche Reichsstädte,
- das (durch die *Declaratio Ferdinandea* nach protestantischer Auffassung nur unzureichend gemilderte) *reservatum ecclesiasticum* für geistliche Territorien.

Das *reservatum ecclesiasticum* ist nicht die einzige Ausnahmebestimmung, die die geistlichen Fürstentümer betrifft. Weil die Protestanten 1555 über jenen Geistlichen Vorbehalt, dem sie die Zustimmung verweigerten, so erbost waren, suchte Ferdinand etwas zu besänftigen. Er verfasste die später so genannte *Declaratio Ferdinandea*. Sie besagte, dass landsässiger Adel, Städte und Gemeinden unter der Landesherrschaft eines geistlichen Fürsten, die längst schon protestantisch geworden seien, eben dieses bleiben dürften. Die *Declaratio Ferdinandea* war eine Ausnahme zur Ausnahme, das Grundprinzip des *ius reformandi* wurde bei geistlichen Fürstentümern gleich zweifach durchbrochen: indem der Landesherr dort katholisch bleiben musste, und indem ihm darin, andererseits, nicht alle seine Untertanen folgen mussten.

Problematik der *Declaratio*   Was aber war bei der *Declaratio Ferdinandea* die Crux? Sie war nicht Bestandteil des offiziellen Gesetzestextes, wurde dementsprechend auch nicht dem Reichskammergericht (als legislative Grundlage seiner Recht-sprechung) mitgeteilt. Ferdinand schob eben, salopp formuliert, zur Beru-higung der aufgebrachten Protestanten rasch noch einen Zettel nach, dann ging man nach Hause. Das königliche Patent spielte rund eine Generation lang in der Reichspolitik so gut wie keine Rolle, geriet fast in Vergessen-heit. Erst, als sich die Streitfälle zwischen den Konfessionen im letzten Vier-tel des Jahrhunderts wieder häuften, wurde die *Declaratio* von den Protes-tanten regelrecht wieder entdeckt. Sie warfen gegenreformatorisch aktiven geistlichen Fürsten vor, sehenden Auges dagegen zu verstoßen; diese wiederum erklärten, sie hätten von einer ominösen *Declaratio* nie gehört, offensichtlich handle es sich da um eine plumpe Fälschung.

e) Würdigung

Der Augsburger Religionsfriede ist ein epochales Ereignis. Er zieht die Summe der Reformationszeit und gibt viele Themen der nächsten hundert Jahre vor. Dass sich das Konfessionelle Zeitalter an der Interpretation des Textes von 1555 aufreiben würde, dass 1619 ein dreißigjähriger Krieg nicht zuletzt um die rechte Auslegung des Religionsfriedens ausgebrochen ist – das können erst die beiden nächsten Kapitel deutlich machen. Hier kann es nur um den Blick zurück gehen.

Alle Passagen des Religionsfriedens kommentieren und bewerten die Grundtendenzen der deutschen Reformation. Dass man 1555 einen unbe-fristeten Frieden schloss, antwortet auf die Kette von befristeten Provisorien seit 1526, die „zu Erhaltung des Friedens" nicht „gnugsam gewesen" sind. Dass dieser unbefristete Friede ein politischer war, birgt das Eingeständnis, dass jene Reichsreligionsgespräche von 1530, 1540/41, 1546, die im Vor-feld oder während damals veranstalteter Reichstage das faktisch bereits bi-konfessionelle Reich hatten theologisch wieder vereinigen sollen, nicht wirklich weitergeholfen hatten. Dass das *ius reformandi* die Territorial-obrigkeit in einem damals zentralen Politikbereich zur maßgeblichen In-stanz machte, besiegelt gar eine Entwicklung, die schon im ausgehenden Mittelalter eingesetzt hatte: Bereits damals hatten weltliche Obrigkeiten unter ehrlich empfundener oder taktisch motivierter Berufung aufs „Not-recht des Laienelements", verzweifelt oder ganz froh über das Versagen einer reformunfähig gewordenen, daher unpopulären und angreifbaren Kirche, einst kirchliche Kompetenzen etwa im Sozial- und Bildungsbereich (Spitäler, Schulen) usurpiert, in Eigenregie übernommen, überhaupt die Kirche in ihrem Hoheitsbereich ans Gängelband genommen. Die Ressour-cen der Kirche, ihre charismatischen (Zugriff auf Gehirne und Herzen der Untertanen) wie ihre personellen (fehlende Manpower in der vormodernen Administration), waren beim Aufbau des „frühmodernen Staates" unver-zichtbar. Dann hatte Luther, nach der für ihn traumatischen Erfahrung des Bauernkriegs, ganz einseitig auf die Obrigkeit gesetzt – *sie* hatte das Terri-torium zu reformieren, strikt von oben und streng reglementiert, der neu-gläubige Landesherr wurde Chef seiner evangelischen Landeskirche. Schon

Summe der
Reformationszeit

1526 hatte bekanntlich ein Reichsabschied den Reichsständen (!) anheim gestellt, sich zum Wormser Edikt (was impliziert: zur neuerdings virulenten Glaubensfrage) so zu stellen, wie sie es mit ihrem Gewissen ausmachen könnten – den Territorialobrigkeiten, nicht etwa jedem einzelnen Bewohner eines Reichsterritoriums, war also bereits damals vorläufig die Entscheidung in der Konfessionsfrage eingeräumt worden. Dieser Ansatz hatte dann keinen Bestand, aber das *ius reformandi* von 1555 perpetuierte die 1526 schon vorübergehend anvisierte Lösung. Dass auch die Ausnahmebestimmungen zum *ius reformandi* nur dann verstanden werden können, wenn man sie als Antworten auf bestimmte Probleme der Reformationszeit sieht, wurde bereits gezeigt.

*

Mit dem Religionsfrieden war das „Heilige (!) Römische Reich" auch de jure in Konfessionen zerfallen – die Augsburger Ordnung akzeptiert das als ihre Voraussetzung, die sie politisch handhabbar zu machen sucht. Die traditionelle kaiserliche Amtspflicht, Advokat der einen Kirche zu sein, war damit höchst problematisch geworden. Wenn sich künftige Kaiser noch forciert katholisch geben würden, würden sie sich damit zum Parteiführer herabwürdigen, *eigentlich* musste der Kaiser fortan Schiedsrichter *über* den konfessionellen Fronten, an der Spitze eines bikonfessionellen Reiches sein, was zu vielen Rollenkonflikten und Verwerfungen führen würde, weil das Reichsoberhaupt als Person ja durchaus einem bestimmten (nämlich dem katholischen) Glauben anhing.

Bikonfessioneller Reichsverband – konfessionell homogene Reichsterritorien

Im Reich fiel die Entscheidung für die eine oder die andere Konfession *eine Ebene tiefer* als anderswo. Um das Drei-Ebenen-Modell des Einleitungskapitels noch einmal aufzugreifen: Über die Konfession wurde in der Mitte Europas auf 'Ebene zwei' entschieden. Was wo im Reich zu glauben war, das legten seit 1555 definitiv und auch de jure die territorialen Obrigkeiten (Landesherren, Magistrate von Reichsstädten) fest – nicht der Kaiser, das Reichsoberhaupt, so wie das die Könige der werdenden Nationalstaaten Westeuropas ganz selbstverständlich taten. Diese Länder blieben entweder geschlossen bei der alten Kirche, oder sie öffneten sich gänzlich der Reformation. Hingegen überließ das Reich, als föderalistische Organisation, die Glaubensentscheidung den einzelnen Obrigkeiten vor Ort, und von diesen votierte eben die eine so, der Nachbar anders. Nördlich des Mains wurden mehr Gebiete evangelisch als im Süden. Das Reich als Ganzes war bikonfessionell, die einzelnen Reichsterritorien waren konfessionell weitestgehend homogen – was bis 1803 so bleiben würde; die oft recht eindeutigen konfessionellen Mehrheitsverhältnisse einer Stadt, eines Landstrichs künden noch im heutigen Deutschland davon.

Man nahm den Glaubensdissens hin und überwölbte ihn durch einen nun bikonfessionellen Reichsverband: Das war, am Zeitüblichen gemessen, eine bemerkenswerte Leistung. Die neue, verstörende Erfahrung von Spaltung wurde bewältigt, man arrangierte sich damit, dass Menschengruppen in einer der Zeit wichtigen Hinsicht, ja, in der damals *aller*wichtigsten *überhaupt* (dem Glauben) von anderen Menschengruppen abwichen und doch unter demselben Dach (des Reiches) wohnten. Das war in Europa singulär – überall sonst hielt man prinzipiell nur eine einzige Nationalreligion für denkbar, nach der Devise „un roi, une loi, une foi" (ein König, eine Rechtsordnung, ein Glaube). Seinen dezentralen Strukturen verdankte das Reich also wenigstens hier einmal gegenüber der europäischen Umwelt einen Modernitätsvorsprung.

*

Verschiedene Konfessionen innerhalb ein und desselben Reiches – mit Toleranz hat das, einem weit verbreiteten Vorurteil zum Trotz, tatsächlich wenig zu tun, noch nicht einmal, wenn wir Toleranz auf „Religionsfreiheit" verengen, also auf das Anrecht, seinen Glauben öffentlich praktizieren zu dürfen. Diese Religionsfreiheit hat die Augsburger Ordnung dem einzelnen Bewohner Mitteleuropas nicht gebracht, und schon gar nicht predigte sie jenen Respekt vor dem Wahrheitsgehalt auch anderer Weltanschauungen, den moderne Toleranz meint.

Nicht, dass der Gedanke, Andersgläubige zu respektieren, vor 1555 nie geäußert worden wäre! Man findet vereinzelte, oft noch undeutliche Stimmen – von Persönlichkeiten, die am Rande der Gesellschaft lebten, jedenfalls keine Macht ausübten (und deshalb auch keine Verantwortung dafür trugen, unter den damals nun einmal obwaltenden Umständen Ruhe und Stabilität aufrechtzuerhalten). Sebastian Franck (1499–1542/43) könnte man beispielsweise nennen. Er war nicht nur, wie jeder Spiritualist, davon überzeugt, dass der Geist wehe, wo er wolle, sich nicht an Bücher (wie die Bibel) oder Institutionen (wie die Kirche) binden lasse. Franck nahm auch ganz ernst und wörtlich, dass die wahre unsichtbare Kirche – nun, eben unsichtbar sei. Sie bestand aus den *innerlich* Erleuchteten, aber *ob* einer die innere Offenbarung erfahren hatte, das war für die nicht Erleuchteten äußerlich nicht erkennbar. Ketzerverfolgungen waren daher sinnlos und illegitim. Ein Jahr vor der Verabschiedung des Religionsfriedens hatte Sebastian Castellio (1515–1563) eine Schrift mit dem Titel „De haereticis, an sint persequendi" publiziert. Er kommt darin und in anderen, späteren Büchern dem modernen (historisch genauer: aufklärerischen) Toleranzgedanken schon recht nahe. So, wenn er behauptet: „Veritas est dicere quae sentias, etiamsi erres"; frei übersetzt: Wahrhaftig ist es, zu sagen, was einem das Gewissen eingibt, auch wenn es irrt – schon mehr als das Postulat, dem irrenden Gewissen keine Gewalt anzutun!

Anzunehmen, dass *allen* Religionen Teilwahrheiten eigen seien, ja, dass vielleicht überhaupt nur *Teil*wahrheiten existierten – zu dieser Erkenntnis stieß auf breiterer Front, also öffentlich und dann auch politisch wirksam, erst die Aufklärung des 18. Jahrhunderts vor, und sie fand dafür auch den gültigen Ausdruck: in der Ringparabel Lessings (Nathan der Weise).

Mit solchen Überlegungen hatten diejenigen, die den Text von 1555 redigierten, nichts im Sinn. Der Religionsfriede predigt keine Toleranz: Keine Seite gab ihren Monopolanspruch auf Wahrheit preis – nur verzichtete man darauf, diesen Anspruch *anderswo* gewaltsam durchzusetzen. Im eigenen Territorium tat man das (Stichwort *ius reformandi*) ganz selbstverständlich, allen damaligen Politikern war ihr Regiment anders nicht vorstellbar, die Formel *religio vinculum societatis* galt als politische Binsenweisheit: nur ein einheitlicher Glaube halte die Gesellschaft zusammen.

Keine Toleranz

Der Religionsfriede schuf rechtliche Strukturen für die Koexistenz zweier Konfessionen, aber inter-, nicht intraterritorial, und „secten" blieben sowieso illegal. Der Religionsfriede thematisiert die Wahrheitsfrage gar nicht, ja, es ist gerade sein spezifisches Verdienst, dass er sie nicht stellt, ausklammert.

Aber hat die Augsburger Ordnung nicht den Gewissenszwang überwunden? Auf dem Papier schon, tatsächlich war auszuwandern in der immobilen agrarischen Welt des Ancien Régime für den einfachen Landmann eine eher theoretische Option, und in jenen Einzelfällen, die doch vorkamen, eine heroische Lebensentscheidung, die dem modernen Betrachter allergrößten Respekt abzollt. Immerhin würde aus Prozessen über die Frage, inwiefern das Auswanderungs*recht* auch dann als Abzugs*pflicht* interpretiert werden könne, wenn der Andersgläubige seine Konfession nur in häuslicher Verborgenheit (also 'privat'!) praktizierte und sich in allen „bürgerlichen" Sachen als braver Untertan bewährte, ein Diskurs erwachsen, der gleichsam in den Vorhof einer wirklichen Toleranzdiskussion führt und der die dem Konfessionalismus eigentlich so fremde Scheidung zwischen der öffentlichen und einer Privatsphäre (mit ihr eigentümlichen Freiräumen – wie dem Glauben!) einer avantgardistischen Geisteselite denkbar machte.

*

Noch keine Toleranz – aber in manchem war der Religionsfriede doch zukunftsweisend. Vergleichen wir einmal mit der Lösung von 1648! Das Reichsreligionsrecht des Westfälischen Friedens würde auf drei Säulen ruhen: *ius reformandi* des Landesherrn; „Parität" (meint: vollständige Gleichberechtigung) der reichsrechtlich zugelassenen Konfessionen *im Reichssystem*; dauerhafte Hinnahme von (im „Normaljahr" 1624 eben vorhandenen) andersgläubigen Minderheiten *innerhalb der einzelnen Reichsterritorien*. Das *ius refomandi* des Landesherrn ist ein Resultat der Reformationszeit und wurde im Religionsfrieden kodifiziert, rechtlich verbindlich gemacht. Parität der beiden Konfessionen? Das Wort steht explizit nicht im Religionsfrieden, doch konnte man durchaus der Ansicht sein, dass manche Passagen es textimmanent enthielten, beispielsweise diejenigen, in denen sich die konfessionellen Lager gegenseitig und kongruent das volle *ius reformandi* zusicherten. Die Protestanten sollten das bald merken und die Parole von der Parität als Schlachtruf vor sich hertragen. Der ganze Text mit seinen vielen Unschärfen und Lücken sei im Licht der Parität zu interpretieren, weil er diese nicht allen Buchstaben doch seinem Geist nach wolle, auf die Parität abziele. Die Gegenseite hingegen mied den Terminus, ja, es wurde dort sogar die für die politische Stabilität des Reiches gefährliche Auffassung ventiliert, der Religionsfriede sei lediglich eine „ad tempus" (einstweilen) unvermeidliche Suspension des eigentlich einschlägigen, deshalb in alle etwaigen Textlücken einspringenden kanonischen Ketzerrechts. Der Westfälische Friede würde dann, wie gesagt, die evangelische Sicht bestätigen, die Parität ausdrücklich als Maxime und oberste Leitschnur (etwa bei Auslegungsstreitigkeiten) festhalten. 1555 wurde die Parität explizit noch nicht genannt; und faktisch auch durchlöchert, durch die referierten und andere (zumeist prokatholische) Ausnahmebestimmungen. Landesherrliches Reformationsrecht ja, Parität noch nicht ganz; Hinnahme intraterritorialer andersgläubiger Minderheiten, drittens, eindeutig nein – wer etwas anderes glauben wollte, hatte auszuwandern.

*

Hat der Religionsfriede tatsächlich befriedet? Eine Zeit lang ja, langfristig nein; auf Dauer deshalb nicht, weil der Gesetzestext vielfach undeutlich war und in sich widersprüchlich – eben darum musste der Westfälische Friede hundert Jahre danach so vieles klarstellen. Das liegt weniger daran, dass damalige Juristen nicht in der Lage gewesen wären, logisch stimmige, widerspruchsfreie Texte zu produzieren; sie haben vielmehr 1555 bewusst eine Taktik gewählt, die sich dann langfristig nicht auszahlen sollte. Und zwar haben sie, wie man damals sagte, „dissimuliert", mit undeutlichen und doppeldeutigen Begriffen jongliert, um nur überhaupt einen kompromissfähigen Text zu Stande zu bekommen. Beide Seiten haben sich damals nach einem tragfähigen Frieden gesehnt, ohne wirklich für alle Zeiten, alle Nachfolgegenerationen eine Veränderung des Status quo ausschließen zu wollen, die Hoffnung auf weitere Ausdehnung beziehungsweise Heimholung des zuletzt Verlorenen unwiderruflich fahren zu lassen. Ohne im Letzten einig zu sein, hat man sich 1555 zu einem „Frieden" zusammengerauft – wo es nicht anders ging, auf Kosten der Klarheit und Wahrheit. Eine Zeit lang sah es danach aus, als würde sich dieses Spiel auszahlen, aber langfristig überwogen doch die Nachteile des damals gewählten Verfahrens. Wenn man nur suchte, entdeckte man genug unklare Stellen im Vertragstext, aus denen sich vielleicht Kapital schlagen, mittels deren man die Gegenseite ärgern konnte.

Stark schematisierend, kann man sagen: Der Augsburger Religionsfriede entstand in einer Zeit sozusagen mittlerer Friedensbereitschaft. Sie war damals deutlich größer als zwischen 1580 und 1630, als man den Text nur noch mit viel schlechtem Willen auf beiden Seiten zur konfessionspolitischen Waffe instrumentalisierte; und eindeutig kleiner als 1648, nach einem dreißigjährigen, verheerenden Konfessionskrieg, der noch den fanatischsten Fürstbischof am Ende mürbe machen würde (sodass nun, beispielsweise, die volle und klare Parität doch machbar wurde). Die Generation derer, die den Schmalkaldischen und den Fürstenkrieg erlebt hatte, war durchaus friedliebend – aber nicht um fast alles in der Welt (wie 1648). Man hing durchaus noch so seinen Träumen nach, hegte seine Utopien, wollte nicht *alle* Möglichkeiten für *alle* Zeiten verbauen, vor der Nachwelt als Verräter (an der doch so kraftvollen protestantischen Bewegung; an der einen, mehr als tausendjährigen einzig wahren Kirche) dastehen – also Hintertürchen, unscharfe Stellen, Vagheiten und Halbheiten. Grundsätzlich aber waren die deutschen Regenten um 1555 friedlich, gutwillig, und diesen guten Willen zu besiegeln, taugte der Religionsfriede allemal. Dass dreißig Jahre später ein anderer Wind durchs Heilige Römische Reich fegen, dass dann eine anders geprägte, schneidige, streitlustige Generation die Throne besteigen würde, das hat man 1555 nicht vorhergesehen. Mit einiger Rabulistik, mit schlechtem Willen ließ sich der Augsburger Religionsfrieden als programmierter Unfrieden lesen.

Programmierter Unfrieden?

IV. Das Reich um 1600

1583–1585 Kölner Krieg – zunehmende konfessionelle Polarisierung des Reichsverbands

1608 Sprengung des Reichstags, Gründung der Union – Beginn der Vorkriegszeit

1619 Eskalation der regionalen böhmischen Unruhen zum deutschen Konfessionskrieg

Im anhebenden 17. Jahrhundert war der Reichsverband auf dem Weg in eine schwere Krise: die einfachen Menschen erfüllt von Weltuntergangsfantasien, die Politiker in zunehmender Kriegsfurcht, Volk wie Führung in den Fängen von Feindbildern; das Verhältnis zwischen den konfessionellen Lagern angespannt, die Kommunikationsströme großflächig gestört, die konfliktkanalisierende Kraft der Reichsorgane am Erlöschen. Seit 1608 befand man sich unübersehbar in einer Vorkriegszeit, fast alle fürchteten, einige erhofften zuversichtlich die nur schwer noch vermeidbare kriegerische Entladung der übergroß gewordenen Spannungen. Und 1619 weiteten sich dann tatsächlich regionale Unruhen im Böhmischen zum großen deutschen Konfessionskrieg aus. Er würde sich erst nach 1630 internationalisieren und entkonfessionalisieren; bis dahin ging es wesentlich um konfessionelle Besitzstände und mehr als um alles andere um die rechte Auslegung des Augsburger Religionsfriedens. Der Text von 1555 gab die Melodie vor für die nächsten hundert Jahre, aber sie klang nur selten harmonisch, meistens stachen die Dissonanzen hervor.

1. Verdichtete Kommunikation – das Reich 1555–1575

Dabei hatte sich alles zunächst so gut angelassen. Eine Generation lang schien der Religionsfriede wirklich zu befrieden. Des Kampfes überdrüssig, aus Schaden klug geworden, suchte die Generation derer, die den Schmalkaldischen, dann den Fürstenkrieg erlebt hatte, das friedliche Miteinander auf der Basis des Status quo. Das war auch ein Herzensanliegen der Kaiser dieses Zeitraums, Ferdinands I. (1558–1564) und Maximilians II. (1564–1576). Beide pflegten einen ausgesprochen kommunikativen Führungsstil, suchten Rückmeldung aus und Kooperation mit dem Reich, an Reichstagen, bei den bezeichnend häufigen Kurfürstentagen – die Frequenz dieser danach viel seltener werdenden Versammlungen ist ein wichtiger Indikator für die Vitalität des politischen Lebens im Reich. Das Reichssystem erfuhr nach 1555, vollends seit 1558 einen kraftvollen Verdichtungsschub. Das Reichskammergericht hatte seine besten Jahre überhaupt, der Reichshofrat gewann seine dann in den Grundzügen bis 1806 bleibende Gestalt.

Erste Warnzeichen haben noch nicht wirklich beunruhigt. Seit 1559 konfrontierten sich die beiden konfessionellen Lager wechselseitig mit ihren Gravamina-Listen (lat. gravamen = drückende Last, Beschwerlichkeit), die Zumutungen und Rechtsverstöße der Gegenseite geißelten. Die von der Forschung lange Zeit allzu strahlend herausgestrichene Integrationspolitik Maximilians hatte ihre Grenzen, so wollte sich dieser Kaiser nicht damit abfinden, dass sich in Heidelberg der Calvinismus etablierte und mit ihm ein neuer Politikstil, der kämpferischer war als der an lutherischen Residenzen gepflegte, weiter ausgreifend, in internationalen Dimensionen kalkulierend. Am Reichstag von 1566 versuchte Maximilian, eine explizite Verurteilung des Calvinismus als „secte" zu erreichen, zwei Jahre später, am Kurfürstentag zu Fulda, drang er auf eine Verdammung der außenpolitischen Aktivitäten der Heidelberger, die sich in den französischen Hugenottenkriegen engagierten. Mit anderen Worten, er wollte den Kurpfälzer als Ketzer und Störenfried bloßstellen, wohl, um den derart Isolierten dann ächten zu können. Doch hielten es die Lutheraner der reichspolitischen Konsequenzen wegen weder für klug, Friedrich III. von der Pfalz (1559–1576) explizit aus ihrer Bekenntnisgemeinschaft auszustoßen (und somit klarzustellen, dass ihn der Religionsfriede nicht schütze), noch wollten sie dem Kaiser die Kompetenz zur Definition und Bestrafung von Sekten zuspielen. Am Fuldaer Kurfürstentag bewährte sich außerdem die standespolitische Solidarität, erklärte man dem Kaiser, einen Mitkurfürsten „zu verdammen were der churfursten verain zuwider".

Hauptstreitpunkt zwischen den Konfessionen in der auf den Religionsfrieden folgenden Generation war die evangelische Forderung nach der **„Freistellung"**. Es ist eine schillernde Chiffre. Wer oder was sollte denn „freigestellt" werden? Ursprünglich vor allem der Glaube der Fürstbischöfe – man könnte auch sagen: Anfangs meinte Freistellung die Abschaffung des Geistlichen Vorbehalts. Nach dem Ende des Konzils von Trient (das Tridentinum tagte in drei Beratungsperioden zwischen 1545 und 1563) kam eine zweite Bedeutungsvariante hinzu: Dem Adel dürfe der freie Zugang zu den Domkapiteln nicht durch die Forderung versperrt werden, dass etwaige Anwärter den vom Konzil verlangten Eid, die „professio fidei Tridentinae", abzuleisten hätten; vor allem evangelische Reichsgrafen legten auf eine Beseitigung dieser Hürde Wert. Zunächst die Fürstbischöfe also; dann zudem ihre Wähler, die Kapitulare; drittens wurde aber auch bisweilen die Freiheit des Bekenntnisses aller Untertanen, sprich jedes einzelnen Bewohners eines Reichsterritoriums gefordert, namentlich von den Heidelbergern – und sie nannten auch das Freistellung.

Wie las man sie denn in den Religionsfrieden hinein? Es ist ein instruktives Beispiel für die Manier, in der man damals an diesen in seinen Grundprinzipien doch so klaren Text heranzugehen begann. Die Pfälzer leiteten die Freistellung des Glaubens aller Untertanen aus dem *ius emigrandi* ab. Jenes Auswanderungsrecht impliziere auch das Recht der Nichtauswanderung – denn Recht sei eben Recht, sonst stünde da Pflicht. Weil es aber nach dem „lauteren klaren hellen Buchstaben des Religionsfriedens in der Untertanen Macht und Willkür stehen soll abzuziehen oder zu bleiben", dürfe jeder Protestant als solcher (denn von Konversion stehe beim *ius*

Die „Freistellung"

63

emigrandi nichts) in einem katholisch regierten Territorium ausharren. Und so folge aus dem *ius emigrandi* die Bekenntnisfreiheit aller Untertanen. Übrigens dachten die Pfälzer nicht im Ernst daran, in ihrem eigenen Territorium dauerhaft Katholiken zu dulden. Man forderte die Freistellung – wie schon bei den Beratungen über den Religionsfrieden – im Gefühl der eigenen geistig-geistlichen Überlegenheit: War nicht die evangelische Bewegung die dynamische, vorwärts drängende Kraft? War ihr flächendeckender Triumph nicht nur eine Frage der Zeit – und der Abschaffung des schändlichen Geistlichen Vorbehalts, der allein noch die Hochstifte widernatürlich für die dahinsiechende alte Kirche konservierte? Die Pfälzer waren keinesfalls frühe Pioniere der Toleranz (siehe Kapitel III.4e). Ob sie dieser nicht doch ungeplant ideengeschichtlich vorgearbeitet haben, steht auf einem anderen Blatt; manche Publizisten griffen nämlich die skizzierte Argumentation auf, postulierten, es sei im Territorium zu dulden, wer gehorsam sei und brav seine Abgaben entrichte, selbst, wenn damit der falsche Glaube einhergehe (der freilich nicht öffentlich praktiziert werden dürfe): wegen der den meisten Zeitgenossen noch undenkbaren Aufspaltung des Menschen in den 'Bürger' und die 'Privatperson', der damit verbundenen Auffassung von gewissen individuellen Freiräumen in der 'Privatsphäre' eine avantgardistische Position.

Weil es mit der Glaubensfreiheit für alle Untertanen und auch der stillschweigenden Voraussetzung für diese Forderung, dem flächendeckenden Sieg des Protestantismus, doch nichts geworden war; weil zudem in den 1570er-Jahren neben einigen weltlichen mehrere geistliche Fürsten begannen, das *ius reformandi* für eine konsequente Rekatholisierung ihrer Territorien zu nutzen, evangelische Einwohner unter Druck zu setzen, gar auszuweisen: deshalb meinte Freistellung in der Spätphase des maximilianeischen Reiches Respektierung der *Declaratio Ferdinandea*. Vor allem das forderten die Protestanten nun an reichsständischen Versammlungen ein, und sie nannten es wiederum Freistellung. Vom Traum eines durch Glaubensfreiheit ermöglichten Totalsiegs des Protestantismus im Reich zur Rettung evangelischer Inseln in den katholisch bleibenden Hochstiften – der sich wandelnde Bedeutungsumfang der schillernden „Freistellung" ist ein interessanter Gradmesser für die sich wandelnden Kräfteverhältnisse im Reich. Die evangelischen Reichsstände konnten keine Variante von „Freistellung" durchsetzen, auch, weil die meisten von ihnen eine womöglich friedensgefährdende Konfrontationsstrategie scheuten.

E **Freistellung**

Die schillernde Chiffre konnte Verschiedenes meinen, vor allem das:
- Freistellung des Glaubens der Fürstbischöfe (also Abschaffung des Geistlichen Vorbehalts von 1555),
- Freistellung des Glaubens der Domkapitulare (Versorgungsstellen!),
- Freistellung des Glaubens aller Untertanen (also sehr weitgehende Auslegung des *ius emigrandi* von 1555),
- Freistellung des Glaubens längst evangelisch gewordener Gemeinden in geistlichen Territorien (also Beachtung der *Declaratio Ferdinandea* von 1555).

2. Gestörte Kommunikation – das Reich 1585–1608

a) Die mentale und kulturelle Spaltung

Nachdem der Reichsverband zunächst, seit 1555, den von der Reichsreformbewegung ausgehenden Verdichtungsimpuls wieder aufgenommen
hatte, erfuhr er im letzten Jahrhundertfünftel eine zunehmende konfessionspolitisch verursachte Polarisierung, die schließlich in Blockade und
Desintegration mündete. Das Warum ist nicht befriedigend geklärt. An was
könnte es liegen? Beispielsweise starb die Generation derer, die noch die
Krisen der Jahre 1545 bis 1555 erlebt hatten, die Nachfolger aber hatten
die ewige Leisetreterei der Altvorderen satt und suchten wieder ein präg-
nantes Profil – weniger lutherische Reichsstände, die es nicht aufs Spiel
setzen wollten, dass sie des Religionsfriedens wegen endlich Rechtssicherheit genossen, denn calvinistische (die dieses Schutzversprechens ja nicht
so sicher sein konnten) und katholische (die lamentierten, ihre Vorgänger
hätten 1555 in einem Augenblick der Schwäche zu viel Terrain preisgegeben). Vielleicht war der Tod des Dresdner Kurfürsten August 1586 besonders folgenreich, denn unter ihm war Kursachsen unstrittig die lutherische Leitmacht gewesen, was der mit dem Calvinismus sympathisierende
Nachfolger verspielte, und August hatte konfessionelle Interessenvertretung
eindeutig dem engen Schulterschluss mit den Kaisern des Religionsfriedens
untergeordnet – was der evangelischen Sache vielleicht geschadet, Ferdinand und Maximilian aber sicher geholfen, ihre Regierungsarbeit erleich-
tert hat. Auf diese beiden ausgesprochen leutseligen, kommunikativ regierenden Reichsoberhäupter folgte mit Rudolf II. (1576–1612) ein Egozentri-
ker, zu dem die zeitgenössischen politischen Mitspieler keinen Zugang
fanden.

Der Generationswechsel im Reich wie an seiner Spitze spielte also eine
Rolle. Dann begann sich die Konfessionalisierung der einzelnen Territorien
des Reiches zunehmend auf ihr Zusammenspiel in der Reichspolitik auszu-
wirken. Der Terminus „Konfessionalisierung" muss kurz erklärt werden,
weil er in moderner Forschungsliteratur sehr häufig begegnet; näher können hier freilich nur die Folgeschäden für die Reichsverfassung interessieren.

Konfessionalisierung

Auf ihrem langen Weg vom mittelalterlichen Personenverband zum modernen institutionalisierten Flächenstaat erfuhr die Gemeinschaftsbildung
„Staat" durch ihre innige Verschmelzung mit der Konfession einen Moder-
nisierungsschub. „Staat" präsentiert sich in der ersten Hälfte der Frühen
Neuzeit als „Konfessionsstaat"; Politik und Religion, in der Vormoderne ohnehin miteinander verzahnt, gingen in dieser Phase der Staatswerdung
eine besonders innige Verbindung ein. Dem war fast überall in Europa so:
Allenthalben etablierte sich der Konfessionsstaat, und er tat es auch in der
Mitte des Kontinents; nur, dass sich hier unter dem einen Dach des Reiches
viele Konfessionsstaaten ausbildeten – und das war schon ein Teil des Problems.

Von der engen Verzahnung Staat-Religion haben an sich beide profitiert. Die Konfession brauchte, um angesichts der neuen religiösen Konkurrenzsituation in einem Gemeinwesen die flächendeckend einzig maßgebliche zu bleiben, die Hilfe des Staates (beziehungsweise, in der Mitte Europas, des Reichsterritoriums) – der durch Personalpolitik, Propaganda und Zensur dafür sorgte, dass andere Konfessionen nicht Fuß fassten, durch gezielte Bildungspolitik eine Internalisierung der 'richtigen' Glaubensnormen verbürgte. Umgekehrt erfuhr der noch unfertige Staat eine Ausweitung seiner Kompetenzen auf seither fast allein von der Kirche beackerte Felder (wie das Bildungs- und Sozialwesen), der Regent gewann über Kirche, Kanzel und Katheder neue Möglichkeiten der Verhaltenssteuerung oder, wie die Forschung seit einiger Zeit formuliert, der „Sozialdisziplinierung", gewann vorher nicht gekannte Zugriffsmöglichkeiten auf Gehirne und auch Herzen seiner Untertanen. Und der noch unfertige Staat erfuhr eine Identitätsverstärkung – vom Nachbarn trennten nicht mehr nur strittige, womöglich noch unscharfe Grenzlinien und kaum embryonal vorhandener Patriotismus, trennte nun die Konfession.

Wenn da Identitätsverstärkung durch Kontrastierung gesucht wurde, lässt uns das schon ahnen, dass dem „Konfessionalismus" nicht nur modernisierende, sondern auch kriegstreibende Wirkungen immanent waren. Jede Konfession war einzig wahr, jede bildete sich aus in schneidender Polemik gegen alle anderen – da war keine Lauheit, kein Leisetreten erlaubt, Kompromiss war Verrat, war sündig. Auch in der Außenpolitik: stets ging es ja nun gleich ums Höchste und Letzte, und wer halsstarrig auf seinen Positionen herumritt, hatte den anderen allemal ein gutes Gewissen voraus (sowie die eifernden Theologen hinter sich). Und wo Konfession einmal einen Anspruch nicht tatsächlich motiviert hat, legitimieren konnte sie trefflich. *Pax* war nach zeitgenössischer Auffassung Komponente einer untrennbaren Trias Frieden–Recht–Gerechtigkeit; und nun zerfiel im Konfessionellen Zeitalter das Recht, *fundamentum pacis*. Durfte man sich, wo es ums Seelenheil ging, überhaupt in einem faulen Frieden einrichten, war nicht wieder und wieder der „gerechte Krieg" geboten? Erst nach dem Zeitalter der Glaubenskriege würde man aus diesem Dilemma die Konsequenz ziehen, Frieden und Krieg ganz von der Gerechtigkeitsfrage abzukoppeln, aus Frieden „Ruhe und Ordnung" zu machen und aus dem Krieg das sittlich neutrale Attribut von Staatssouveränität.

Wenn sich unter dem einen Dach des Reiches zwei, schließlich drei Konfessionen etablierten, entsprach das der föderalistischen Struktur des Reichsverbandes, doch barg es auch großes Konfliktpotenzial. Denn dass innere Konsolidierung nicht zuletzt von äußerer Abgrenzung lebte, dass die Konfessionen exzessiv ihre Unterscheidungsmerkmale (bis hin zur unterschiedlichen Datierung!) pflegten, zusammenschweißende wie ausgrenzende Symbole und Riten kultivierten: das alles geschah in der Mitte Europa innerhalb ein und desselben politischen Systems. Dieses wurde darüber zunehmend polarisiert.

Revitalisierung der katholischen Kirche   Auf der altkirchlichen Seite begann im ausgehenden 16. Jahrhundert allmählich der tridentinische Kampfauftrag zu greifen. Die dogmatischen Dekrete des Konzils von Trient profilierten die katholischen Lehrauffassungen in scharfer Abgrenzung zu den neuen evangelischen Bewegungen. Reformdekrete bezweckten die Abstellung zahlreicher organisatorischer und pastoraler Mängel, freilich nicht mit dem Ziel einer friedlichen Wiederannäherung der Konfessionen, man wollte die katholische Kirche vielmehr für den Kampf der Konfessionen fit machen, durch bessere Disziplin auf allen kirchlichen Ebenen und indem man sich fortan ernsthafter um die Bedürfnisse der einfachen Gläubigen kümmerte. Bessere Disziplin: beispielsweise wurde die Lenkungsgewalt der Bischöfe innerhalb ihrer Diözesen gestärkt, wo sie sich nun auch beständig aufhalten sollten (die so genannte Residenzpflicht). Einer intensivierten Seelsorge würden fortan Priesterseminare taugliches Personal zuführen. Die katholische Kirche sollte wieder spirituell attraktiver werden, aber auch politisch schlagkräftiger, durch Vereinheitlichung und Zentralisierung. Der Katholizismus schloss die Reihen und formierte sich zum Kampf.

Die Konzilsbeschlüsse waren im Hinblick auf eine Weltkirche, nicht auf die singuläre Ausprägung katholischer Kirchlichkeit im Reich formuliert worden. Manches ließ sich in Mitteleuropa gar nicht, vieles schwer umsetzen. Um nur den Fürstbischof ins Visier zu nehmen: dem tridentinischen Ideal des theologisch versierten obersten Seelenhirten seiner Diözese konnte er schon deshalb nicht voll entsprechen, weil er sich primär als Politiker sehen musste, seine Hochstifte zu regieren hatte. Oft waren es mehrere, natürlich konnte er nicht in allen gleichzeitig „residieren". Trotzdem: zwar sehr langsam, aber auf die Dauer doch ziemlich kräftig wirkten die Konzilsbeschlüsse auch auf die katholisch verbliebenen Reichsterritorien ein.

Die von Tridentinum, Jesuitenorden und engagierten Päpsten auf den Weg gebrachte Gegenreformation wurde in den von ihr erfassten Teilen des Reiches mentalitätsprägend, beispielsweise in ihrer positiven Einstellung zu Sinnenfreude und Festkultur – die jesuitische Pädagogik suchte nämlich, in bewusster Absetzung von der evangelischen Konzentration auf „Wort" und Verstand, sehr geschickt alle Sinne des Menschen anzusprechen, zu begeistern. Die an Jesuitenkollegs, in Rom, auch an ersten Priesterseminaren geformten Geistlichen konnten, anders als ihre wenig geschulten Vorgänger, den traditionell sehr gebildeten evangelischen Pastoren endlich Paroli bieten und taten es lustvoll in schneidender Polemik. Eine kämpferisch altkirchliche Intellektuellengeneration wuchs heran. Aber die Revitalisierung des Katholizismus hatte auch hochpolitische Folgen – schon, weil die spanischen Habsburger (Philipp II.) die Gegenreformation zu exportieren suchten und der andere Zweig der Dynastie das Oberhaupt des bikonfessionellen Reichsverbands stellte (Rudolf II.).

Auf der evangelischen Seite formierte sich eine kampfbereite, überwiegend calvinistische „Aktionspartei" (Moriz Ritter). Die westeuropäische Spielart der Reformation, länger schon in der Kurpfalz zu Hause, hat im letzten Jahrhundertviertel zahlreiche weitere Reichsterritorien erfasst. Gaben sich viele (nicht alle) Lutheraner betont kaisertreu, friedliebend, systemkonform, war die Außenpolitik der meisten calvinistischen Residenzen ambitionierter. Man diagnostizierte dort die Situation des Protestantismus und den Zustand des Reiches anders, kam dementsprechend zu eigenen Therapievorschlägen. Um mit der reichspolitischen Diagnose zu beginnen:

Die evangelische „Aktionspartei"

An vielen calvinistischen Residenzen hat man klar erkannt, dass das bestehende Reichssystem den Protestantismus strukturell benachteiligte, glaubte man nicht recht an systemimmanente Abhilfe und war man deshalb für systemsprengende Konzepte ansprechbar – ein protestantisches Kaisertum, eine Abschaffung des Kaisertums, die Nivellierung der von den Kurfürsten dominierten Reichshierarchie. Die konfessionspolitische Diagnose der Aktionspartei: Sie sah sich mit einem europaweit organisierten, von Madrid und Rom aus gelenkten, monolithischen katholischen Block konfrontiert. Ein Exponent der Aktionspartei, Benjamin Bouwinghausen, hat es einmal so formuliert: Die Katholiken verfolgten das „weit verbreitete und alles andere überragende" Ziel, „uns zu ruinieren", hätten sich „beinahe auf der ganzen Welt zu unserem Untergang verschworen". Deshalb hatte man mit allen Mitteln dagegenzuhalten, „in extremis muss man extrema wagen"; auf die universelle Bedrohung hatte die universelle Therapie zu antworten: ein über ganz Europa geknüpftes Netz von Allianzen zur Eindämmung der allfälligen katholischen Aggression. Man hielt einen Glaubenskrieg in Heidelberg und an anderen calvinistischen Residenzen zunehmend für unvermeidlich, und man interpretierte diesen bevorstehenden Kampf als europaweite Entscheidungsschlacht zwischen Licht und Finsternis. Friedenssicherung geriet gegenüber der Zurüstung auf den ja doch unvermeidlichen Krieg zunehmend ins Hintertreffen.

Die Mitte Europas wurde Kampfplatz zweier konfrontationsbereiter internationaler Bewegungen, des tridentinischen Reformkatholizismus und des Calvinismus. Das Reich war ohnehin sprachlich zerklüftet, die Reformation hatte alte Ausbildungs- und Heiratskreise, somit Kommunikationskanäle zerschnitten; nun zerfiel dieses Reich auch noch zunehmend in verschiedene konfessionell geprägte Kulturkreise – deren Fernwirkungen verblasst ja noch heute fassbar sind, an typischen Stadtbildern, auch an so banalen Sachverhalten wie der Brauereidichte oder der Festfreudigkeit einer Region. Die sinnenfrohe süddeutsche Frömmigkeit prägte die Künste dort nicht minder als die eher nüchterne, intellektuelle, wortverhaftete evangelische Religiosität den Norden. Kunst und Kultur wurden aber nicht nur konfessionell geprägt, sie wurden auch in den Dienst der jeweiligen Konfession gestellt – wobei die neuen Bekenntnisse auch die neuen Medien, Flugschriften mit ihren verbalen und gestochenen Polemiken, zupackender verwendeten, die alte Kirche eher auf Prachtentfaltung in der Architektur (Jesuitenkirchen) und bei massenpsychologisch wirksamen, gemeinschaftsstiftenden Großereignissen (Wallfahrten) setzte.

Beide Lager waren international eingebunden, man schaute an katholisch gebliebenen Residenzen eher als ins benachbarte evangelische Territorium nach Rom, Madrid oder Brüssel, für lutherische Eliten war Skandinavien wichtig, Calvinisten blickten nach Genf oder Den Haag. Die Kommunikationsströme verwiesen gewissermaßen nach außen, aus dem Reich hinaus, und verkümmerten reichsintern. Man kann es auch so formulieren: Mehrere internationale Kulturkreise und Kommunikationszusammenhänge überkreuzten sich in der Mitte Europas, ohne dass es dort zum wechselseitigen Austausch gekommen wäre – nicht Befruchtung, Abgrenzung und zunehmende Konfrontation.

b) Die juristische Spaltung

Innige Harmonie hat der Religionsfrieden von Anfang an nicht gestiftet, doch eine Zeit lang immerhin die Abwesenheit kriegerischer Gewalt. Bekämpft haben sich beide Seiten weiterhin, aber anstatt zu Söldnern griff man zu Juristen. Was im Reformationszeitalter *auch* aufwühlender Streit um Wahrheit gewesen war, große Leidenschaften mobilisiert hatte, wurde nun vollends Rechtsstreit – es kam zur „Verrechtlichung" des Religionskonflikts. Keine Seite stellte den Religionsfrieden offen in Frage; aber man beschäftigte Heerscharen von Juristen, die in immer neuen, immer spitzfindigeren Auslegungen das Beste für die je eigene Seite herausholen sollten. Es ging nach 1555 nicht mehr um leidenschaftliche Bekenntnisse, auch nicht um Politik im heutigen Sinne, alles wurde Rechtsauslegung, Auslegung des Religionsfriedens. An die Stelle der geschmeidigen Suche nach dem Kompromiss (sprich: der Politik) trat die Rechthaberei. Diese Juridifizierung wirkte kurzfristig befriedend, zahlte sich aber langfristig nicht aus – denn der Diskurs über den Religionsfrieden mündete in eine desaströse Kommunikationsstörung.

Es bildeten sich Interpretationslinien, ja, -schulen heraus, die sich immer weiter voneinander wegbewegten, und weil die eigene Auslegung natürlich die einzig zulässige war, nur den „reinen, lauteren Buchstaben" des Religionsfriedens zum Klingen brachte, behauptete die Gegenseite offenkundig himmelschreiendes Unrecht, handelte sie nach grundverkehrten Anschauungen. Diese Rechtsverdrehungen listete man in seinen Gravaminalisten auf, fordernd, dass die Gegenseite erst einmal alle dort angeführten Steine des Anstoßes aus dem Weg zu räumen habe, ehe man sie wieder als politikfähig erachten, mit ihr ins politische Geschäft kommen könne. Immer neue Bestandteile des Regelwerks des Reichssystems gerieten in den Strudel des Interpretationskriegs, der Konsens über Reich, Recht und Gesetz verflüchtigte sich. Frühneuzeitliche Reichsgeschichte ist ja immer auch, ist vor allem Rechtsgeschichte – umso schlimmer, wenn das Recht nicht mehr konsensfähig ist, wenn kein gemeinsamer, gewissermaßen neutraler, dem Auslegungsstreit entzogener Boden der Verständigung mehr existiert! Der Reichspolitik schwand ein hinreichender kleinster gemeinsamer Nenner dahin.

Die wunden Punkte der Ordnung von 1555 wurden schon vorgestellt – in all diesen Wunden hat man nun herumgestochert. Alle brisanten reichspolitischen Konflikte unter Rudolf II. drehten sich um die rechte Auslegung des Religionsfriedens. Das gibt der scheinbar unübersehbaren Fülle an Querelen ihren inneren Zusammenhang und macht, was auf den ersten Blick nur kauzig und verbohrt anmutet, nachvollziehbar. Wer den Religionsfrieden kennt, kann die allfälligen Querelen fast immer einer von fünf Streitquellen zuordnen – man zankte sich nämlich erstens über die landsässigen geistlichen Güter und zweitens übers Reformationsrecht der Reichsstädte; stritt drittens über den Geistlichen Vorbehalt und viertens über die *Declaratio Ferdinandea*. Fünftens kam der Streit um die Anerken-

Fünf notorische
Konfliktherde

nung des Calvinismus hinzu – was auch mit dem Religionsfrieden zusammenhängt, der nur Katholizismus und *Confessio Augustana* ausdrücklich unter sein Schutzversprechen nimmt. Das waren die fünf notorisch glimmenden Konfliktherde.

Drei Streitpunkte waren, wiewohl sie für fortwährende Erbitterung sorgten, doch bald faktisch entschieden: Der Calvinismus war nicht aus dem Reich zu verbannen – das hatte sich ja schon unter Maximilian II. angedeutet; die Klöster in größeren protestantisch gewordenen Territorien waren nicht zu halten; und auch nicht protestantische Inseln in geistlichen Territorien. In den beiden zuletzt genannten Fällen obsiegte ein Grundprinzip des Religionsfriedens, das *ius reformandi* des Landesherrn, über die 1555 vorgesehenen Ausnahmen dazu. Man zog die Klöster eben einfach ein (das war quantitativ gesehen Quell der meisten Händel und Prozesse); und man vertrieb den protestantischen Adel, protestantische Prediger eben aus vielen geistlichen Territorien, vielleicht am spektakulärsten unter Julius Echter aus dem Hochstift Würzburg.

Bleiben viertens die Reichsstädte. Auch hier obsiegte öfters das *ius reformandi* über die einschlägige Ausnahmebestimmung – Straßburg, Esslingen, Heilbronn, Schwäbisch Hall beispielsweise schüttelten die Zwangsbikonfessionalität ab, ohne dadurch kriegerische Verwicklungen heraufzubeschwören, ja, sogar manche 1555 katholischen Reichsstädte wechselten noch zur evangelischen Konfession über, Dortmund etwa, Wimpfen oder Aalen. Dagegen wurde die Reichsstadt Aachen, zur Zeit des Religionsfriedens katholisch, aber mit starken evangelischen Strömungen in den Zünften (den „Gaffeln") und dann auch Zufluchtsstätte vieler Glaubensflüchtlinge aus den benachbarten spanischen Niederlanden, nicht nur durch kaiserliche Mandate über Jahrzehnte hinweg immer wieder zu strikter Katholizität angehalten, in diesem Fall marschierten auch mehrmals Truppen, es floss sogar Blut. Vergleichbar den Donauwörthern (s. S. 75), hatten die Aachener nämlich das Pech, dass in ihrer Nachbarschaft interventionsbereite Flächenterritorien lagen, das wittelsbachisch regierte Erzstift Köln beispielsweise, vor allem aber standen spanische Truppen in der Nähe. Sie konnten den katholischen Rechtsstandpunkt, dass Reichsstädten kein *ius reformandi* zustehe, exekutieren.

Streit um die
Hochstifte

Die spektakulärsten Auseinandersetzungen hat, fünftens, der Geistliche Vorbehalt ausgelöst. Das liegt auch daran, dass der Versorgungsgesichtspunkt hereinspielte – die Dynastien beider Konfessionen brachten gerne ihre nachgeborenen Söhne in der Reichskirche unter. Um es konkret zu machen: Wer als Wittelsbacher, da zweit- oder drittgeborener Sohn, nicht Bayernherzog werden konnte, als Wettiner nicht sächsischer Kurfürst, dem versuchte man attraktive kirchliche Positionen zu verschaffen. Besonders attraktiv waren die Domkapitel der geistlichen Territorien, zumal man dann auch in der politischen Führungsgruppe des Hochstifts saß, politischen Einfluss ausübte; ja, vielleicht sogar, wenn es besonders gut lief mit der Karriere, Fürstbischof, also doch noch Landesherr werden konnte – der wurde bekanntlich vom Domkapitel gewählt, und oft wählten die Kapitulare einen der ihren. Wie verlief nun der Streit um die Hochstifte?

So verwickelt und verwinkelt das im Einzelnen war, kann man das Reich doch mit Mut zur Vereinfachung in drei Großräume aufteilen. Norden und

Osten: die Hochstifte im Einflussbereich Brandenburgs, Sachsens, der Welfen etc. werden protestantisch – zunächst evangelische Wahlfürstentümer, langfristig ganz geschluckt. Süden: die Hochstifte im Einflussbereich Bayerns und Österreichs bleiben geistliche Territorien, mithin katholisch. Im Westen und Nordwesten des Reiches, drittens, gab es fast überall große Turbulenzen, hierher schaute jedermann gebannt. Denn zum einen schien der Ausgang des Ringens um die nordwestdeutschen Stifte lange Zeit tatsächlich offen, unter anderem, weil hier kein so dominantes, engagiertes weltliches Reichsterritorium lag wie das den Südosten präjudizierende Bayern. Dann kämpften in der Nachbarschaft die französischen Hugenotten, die holländischen Sezessionisten gegen katholische Könige; das Ausland hatte größtes Interesse am Schicksal der westlichen Hochstifte. Es war eine brisante Situation.

> **Die Konflikte des Konfessionellen Zeitalters drehen sich um die rechte Interpretation des Religionsfriedens** E
> – Vierklosterstreit (vgl. S. 74): Bestimmungen über landsässige geistliche Güter
> – Exekutionen in Aachen und Donauwörth (vgl. S. 75): *Ius reformandi* für Reichsstädte strittig
> – Kölner Krieg, Straßburger Kapitelstreit: Geistlicher Vorbehalt
> – evangelische Empörung über rigide Rekatholisierungen, etwa im Hochstift Würzburg: *Declaratio Ferdinandea*
> – kaiserliche Attacken gegen die Kurpfalz 1566 und 1568: Friedensschutz auch für den Calvinismus?

Um zwei geistliche Territorien wurde gewaltsam gekämpft, um das Hochstift Straßburg und sogar um ein Erzstift, das zu Köln. Der Kölner Erzbischof und Kurfürst, Gebhard, konvertierte und ließ sich von seiner Entourage bereden, trotzdem nicht zurückzutreten (wie es dem Geistlichen Vorbehalt entsprochen hätte), also einen Präzedenzfall im Kampf um die Freistellung zu schaffen. Er konnte sich nicht halten, versuchte aber jahrelang und blutig, vom Exil aus das ihm vermeintlich Zustehende zurückzuerobern. Es ging bei der als „Kölner Krieg" etikettierten Reihe von Querelen, Scharmützeln und Schlachten in den 1580er-Jahren sowohl um die Auslegung des Religionsfriedens als auch um die Frage, wer über die Zusammensetzung des Kurkollegs entschied. Die Niederlage Gebhards ist aus mehreren Gründen signifikant und folgenreich gewesen.

Erstens wurde damals deutlich, dass die geistlichen Kurfürsten als prominente Kleriker anstatt als Mitglieder des Kurvereins zu agieren begannen (denn aus konfessionellen Gründen ließen der Mainzer und der Trierer ihren Vereinsbruder Gebhard fallen), dass die standespolitische von der konfessionellen Solidarität aufgezehrt wurde – eine Spaltung des Kurkollegs (vgl. zu ihm oben S. 13) kündigt sich an, die für die Vorgeschichte des Dreißigjährigen Krieges wichtig werden wird. Dass der Papst mithilfe des kanonischen Rechts (Absetzung des Erzbischofs) und der Kaiser mithilfe des Lehnrechts (Ächtung Gebhards, Belehnung Ernsts von Bayern mit dem heimgefallenen Reichslehen) von externer Seite aus Zugriffsmöglichkeiten auf die Zusammensetzung des Kurkollegs fanden, dass der Kaiser ein (im Böhmisch-Pfälzischen Krieg nach 1620 erneut praktiziertes) „ius creandi electores" realisieren konnte, verhinderte, *sodann*, dass das Gremium der Königswähler mehrheitlich evangelisch wurde – und damit wohl

71

auch ein protestantisches Kaisertum. *Drittens* scheiterte in Köln spektakulär der Versuch, die Freistellung im Sinne einer Aufhebung des Geistlichen Vorbehalts mit Waffengewalt zu erkämpfen.

In Aachen haben sich die Protestanten nicht behauptet und nicht in Köln – kein Zufall, Beispiele sollen typisch sein. Der reichsständische Katholizismus konsolidierte sich. Er konnte die beiden für ihn bedrohlichsten Gefahren bannen: die Eliminierung auch noch der letzten geistlichen Territorien und das Einsickern evangelischer Anschauungen in die Bevölkerungen katholisch regierter Gebiete. Mit dem Kölner Krieg war klar, dass der Geistliche Vorbehalt nicht gewaltsam auszuhebeln war; für die energische Wahrnehmung des *ius reformandi* im Sinne einer flächendeckenden Rekatholisierung der Untertanenschaft gaben die bayerischen Wittelsbacher und auch einige habsburgische Erzherzoge das aus katholischer Sicht gute Beispiel ab.

c) Die Auswirkung: Polarisierung des Reichssystems

Dass mit wachsender Konfrontationsbereitschaft um konfessionelle Besitzstände gerungen wurde, hat die Reichspolitik zunehmend belastet und schließlich das Reichssystem blockiert. Sukzessive wurden die Reichsinstitutionen arbeitsunfähig oder doch wirkungslos. Man kann es sogar auf Kreisebene beobachten – kaum mehr reguläre Kreistage, dafür evangelische oder katholische Partikularkonvente.

Spaltung des Kurkollegs   Besonders gravierend war die Spaltung jenes Kurkollegs, das nach 1558 Dreh- und Angelpunkt des kommunikativ verdichteten Reichssystems gewesen war. Der 1558 mit euphorischen Hoffnungen revitalisierte, dann aber im Kölner Krieg desavouierte Kurverein geriet in eine tief greifende Krise, vermochte das Handeln der reichsständischen Führungselite nicht mehr zu steuern. Schließlich ließen sich die evangelischen Kurfürsten von der Pfalz und von Brandenburg gar nicht mehr auf ihn vereidigen, weil die geistlichen Mitkurfürsten mit „lauter martialischen gedanken" erfüllt seien und „gewissens halben". Umgekehrt wollten sich die rheinischen Erzbischöfe mit dem Kurpfälzer nicht mehr an einen Tisch setzen: das Ende des Rheinischen Kurfürstentags! Dieser traditionsreiche Versammlungstyp war nicht nur regional bedeutsam gewesen, es waren dort auch wieder und wieder alle gerade aktuellen Probleme der Reichspolitik besprochen worden; rascher als durch die Beratschlagung von gleich vier nahe beieinander wohnenden Königswählern bekam der Kaiser keine politisch relevante Rückmeldung aus dem Reich. Der Rheinische Kurfürstentag, diese für die Reichspolitik nicht nur des späten Mittelalters, sondern auch noch des 16. Jahrhunderts bedeutsame Tagungsform mit hoher Frequenz, versickerte indes im letzten Jahrhundertfünftel, die rheinischen Erzbischöfe setzten sich lieber alleine zusammen, ohne den calvinistischen Kurpfälzer – zum Geistlichen Kurfürstentag, der Schrumpfform des traditionellen Rheinischen unter den Bedingungen des Konfessionalismus.

Ging der Rheinische Kurfürstentag über der konfessionellen Polarisierung zugrunde, litt der „gemeine" Kollegialtag doch jedenfalls schwer an jenem Riss, der nun wie das ganze Reich so auch die Führungselite, das Kurkolleg spaltete. Auf die Agonie des rudolfinischen Kaisertums reagieren die Kurfürsten zwar, insofern verantwortungsbewusst, mit einer Wiederaufnahme ihrer zuletzt aus der Übung gekommenen Kollegialtage: Pläne seit 1603; realisierte Tagungen 1606, 1608, 1611. Freilich, in den Tagungsprotokollen sieht man die rheinischen Erzbischöfe als Treuhänder des katholischen Reichsteils auftreten, und allemal als festen Block – der seine Voten an vorbereitenden Tagungen, auf flankierenden Separatsitzungen abgesprochen, sich auf einen gemeinsamen, gegenüber den Glaubensgenossen vertretbaren Kurs verständigt hatte. An die Stelle der von der Kurvereinssatzung inspirierten reichspatriotischen Rhetorik der früheren Kollegialtage trat konfessionspolitische Interessenwahrung. Die Kurfürsten agierten als Sprachrohre ihres jeweiligen konfessionellen Lagers, argumentierten, protestantische beziehungsweise katholische Reichsstände erwarteten das von 'ihren' Kurfürsten „ambts und stands halb", man habe die Interessen seiner konfessionspolitisch definierten Klientel „in acht" zu nehmen: Die traditionelle besondere Verantwortung der Säulen des Reiches für dessen Wohlergehen wurde gewissermaßen konfessionell aufgeladen; zu einer Zeit, da jede Seite ihre eigene Auffassung von Reich, Recht und Gesetz hatte, wurde auch die kurfürstliche Schutz- und Leitfunktion teilbar. Die standespolitische Solidarität konnte vor der übermächtigen konfessionellen nicht mehr bestehen – die Säulen des Reiches als Speerspitzen zweier verfeindeter reichsständischer Lager! In der Vorkriegszeit würden die geistlichen Kurfürsten sogar jahrelang das Szenario ventilieren, einer von ihnen gewünschten, aber im Kurkolleg nicht konsensfähigen Königswahl mit Truppengewalt nachzuhelfen. Dem Kurkolleg fehlte die innere Geschlossenheit, um als handlungsfähiger Kern des Reichssystems den desintegrierenden Tendenzen der Zeit zu steuern.

Auch die Reichsjustiz geriet in eine schwere Krise. Unter Rudolf hat sich der Reichshofrat als Gerichtsorgan spürbar politisiert; hatten die beiden Vorgänger politisch brisante Prozesse möglichst vom Hof fern gehalten und dem Kammergericht überlassen, zog der Prager Hof Rudolfs alle Haupt- und Staatsaktionen, die wirklich brisanten Prozesse an sich – um sie ausnahmslos in katholischem Sinne zu entscheiden. Die Folge war unter den Bedingungen des Konfessionalismus eigentlich absehbar: Die Protestanten akzeptierten die Rechtssprechung des Reichshofrats bei Religionsstreitigkeiten nicht mehr, das Schlagwort von den schädlichen „Hofprozessen" fehlte seit 1590 auf keiner evangelischen Gravaminaliste.

Das Kammergericht fiel im späten 16. Jahrhundert als Entscheidungsinstanz für politisch heikle (weil an den Religionsfrieden anknüpfende) Streitsachen aus. Zwar an sich oberste Berufungsinstanz im Reich, wurde es doch regelmäßig von einer reichsständischen Visitationskommission inspiziert, die auch Urteile revidieren konnte. Sie wurde in einem bestimmten Turnus jedes Mal von anderen Reichsständen beschickt, und 1588 war unter anderem das Erzstift Magdeburg an der Reihe. Dort freilich regierte einer jener evangelischen „Bistumsadministratoren", die es nach katholischer Lesart des Religionsfriedens gar nicht geben konnte. Die katholi-

schen Reichsfürsten, die mit ihm zusammen die Kommission hätten besetzen sollen, lehnten den für sie illegalen „Administrator" genauso ab wie
das der Kaiser tat. Das Reichskammergericht konnte nicht mehr visitiert
werden. Immer mehr Urteile lagen deshalb auf Eis, denn jeder Einspruch
einer Prozesspartei machte die Urteilsvollstreckung nun ja unmöglich, weil
Revisionssachen unerledigt liegen blieben. Wirkten nicht wenigstens die
Verfahren als solche befriedend? Auch nur noch bedingt, denn da man sich
nicht darauf verlassen konnte, dass ein exekutierbares Urteil herauskam,
suchte, wer Rechtsansprüche auf etwas zu haben glaubte, unbedingt vollendete Tatsachen zu schaffen, um etwaige Vergleichsverhandlungen aus
einer vorteilhaften Position bestreiten zu können.

Die Kreise weitgehend gespalten, die Rechtsprechung des Reichshofrats
nicht mehr von allen akzeptiert, die des Kammergerichts weitgehend folgenlos – damit waren Exekutive wie Jurisdiktion lahm gelegt. Und die Legislative? Sie lag weitgehend beim Reichstag. Freilich, auch dieser geriet in
die Krise, wie alle reichsständischen Versammlungen.

Krise der Reichs-
versammlungen

Das Desaster des Reichsdeputationstags (vgl. zu ihm S. 24) hängt mit der
Krise des Kammergerichts zusammen. Ein Reichstag hatte, anstelle der
lahm gelegten Visitationskommission, die ordentliche Reichsdeputation mit
der Visitation und Revision beauftragt – scheinbar eine salomonische Lösung, denn in dieser Deputation war der Magdeburger nicht vertreten. Freilich, die katholische Mehrheit am Deputationstag war noch erdrückender
als am Reichstag. Als die Deputation 1601 zusammentrat, waren die wenigen Protestanten in ihr deshalb ohnehin schon äußerst misstrauisch; sie bestritten der Deputation die Kompetenz, vier Aufsehen erregende Kammer-
gerichtsurteile der 1590er-Jahre zu bestätigen, die Prozessen um landsässi-
ges Kirchengut erwachsen waren und allesamt den katholischen Klägern
Recht gegeben hatten. Viele Protestanten sahen weniger scharf die je und
je wieder andere und verwickelte Rechtslage vor Ort denn einen Angriff
auf ihre, die evangelische Auslegung des Religionsfriedens, witterten den
Auftakt für eine katholische Restitutionskampagne. Der „Vierklosterstreit"
erhielt einen prominenten Platz auf den evangelischen Gravaminalisten.
Um eine Bestätigung der Urteile durch die Deputation zu vereiteln, blieben der Pfälzer, der Brandenburger und der Braunschweiger schließlich
dem entsprechenden Ausschuss fern. Ein Konsens war nicht herstellbar,
keine Seite gab nach – dass man sich deshalb vertagte, bemäntelte nur notdürftig die Paralyse des Versammlungstyps Deputationstag. Erst 1643 sollte
man wieder einen Versuch wagen.

E
Das Reichssystem ist nicht mehr steuerbar:

Kurverein – schleichender Prozess der Polarisierung

Kreise – schleichender Prozess der Polarisierung

Reichshofrat – immer weniger von den Protestanten akzeptiert
Reichskammergericht – seit 1588 Rechtsprechung weitgehend folgenlos

Rheinischer Kurfürstentag – schrumpft ein zum Geistlichen Kurfürstentag
Reichsdeputationstag – wird 1601 gesprengt
Reichstag – wird 1608 gesprengt

Ein notorisches Problem des Reichstags war bekanntlich die Verbindlichkeit von Mehrheitsbeschlüssen auch für dissentierende, womöglich „pro-

testierende" Minderheiten. Die evangelische Protestation von 1529, der Rechtsstandpunkt, sich in Glaubensfragen keiner Mehrheit beugen zu müssen: das hatte einen dauerhaft schwelenden Brandsatz in die Reichstagsgeschichte geworfen. Die an sich chronische Maläse wurde unter Rudolf insofern schlimmer, als die evangelischen Reichstagteilnehmer den Umfang dessen, was angeblich Glaubens- und Gewissenssache sei, immer weiter bemaßen. Am Reichstag von 1603 lehnten die aktiveren Protestanten mit den Pfälzern an der Spitze die Verbindlichkeit eines Steuerbeschlusses unter anderem mit dem Argument ab, dass damit Konfessionspolitik getrieben werde. Man argwöhnte, der Kaiser lasse sich exorbitante Summen bewilligen – um sie danach tatsächlich nur bei den Protestanten einzutreiben, die man so, wie immer wieder formuliert wurde, „ausmatten", finanziell zerrütten wolle. Bei den katholischen Glaubensgenossen hingegen sehe Prag „durch die finger", werde das Geld nicht so streng eingetrieben (ein absurd klingender Vorwurf, der so ganz unberechtigt nach Ausweis der Akten freilich gar nicht war). Der Kreis sozusagen 'unverdächtiger', nicht für den Konfessionsdissens instrumentalisierter reichspolitischer Themen wurde immer kleiner, die Reichstagsarbeit immer mühseliger. Zum Eklat kam es 1608.

3. Sprachlosigkeit – das Reich in der Vorkriegszeit

a) Krisenjahr 1608

Das Umschlagen von kommunikativer Reichsverdichtung zur Polarisierung des politischen Systems lässt sich nicht punktuell verorten, erfolgte im Lauf der achtziger Jahre. Dass zwischen 1582 und 1594 kein Reichstag beisammen war, ist bezeichnend, in dieser Zeitspanne begann das Reich zu kränkeln. Den finalen Krankheitsschub kann man genauer datieren: aufs Jahr 1608. Seither lag das Reichssystem offenkundig in der Agonie.

Am schlimmsten war, dass in diesem Jahr spektakulär ein Reichstag scheiterte. Auch das Fiasko des Regensburger Reichstags von 1608 hängt, wie so vieles im Konfessionellen Zeitalter, mit dem Religionsfrieden zusammen.

Zum einen war die Atmosphäre schon bei der Eröffnung der Tagung durch den Streit um die Reichsstadt Donauwörth belastet – der wiederum auf die 1555 verfügte Zwangsbikonfessionalität für manche Reichsstädte zurückging. Donauwörth war überwiegend protestantisch, doch schützte der *status utriusque confessionis* den kleinen katholischen Rest; es waren im frühen 17. Jahrhundert gerade noch 16 katholische Familien. Diese fanden Rückhalt am Benediktinerkloster zum Heiligen Kreuz. Von den Dillinger Jesuiten auf Kampfkurs getrimmt, hatten die Benediktiner in den 1570er-Jahren ihre Prozessionen ins Umland, zu Nachbarkirchen, wieder aufgenommen. Dabei mussten sie durchs Gebiet der überwiegend protestantischen Reichsstadt ziehen. Das war unumgänglich, keinesfalls zwangsläufig indes war die mit fliegenden Fahnen eingeschlagene Route über den Marktplatz.

Donauwörth

Unter den Bedingungen des Konfessionalismus provozierte das Pöbeleien unausweichlich: Prügelszenen, die Fahnen werden durch den Straßenkot geschleift, so aus katholischer Sicht natürlich entweiht. Der zuständige Fürstbischof schaltete den Reichshofrat ein, der entschied, wenig überraschend, für die katholische Seite; nach erneuten Prozessionen, erneuten Tumulten 1607 verhängte er die Reichsacht über die Stadt.

Der Prozess war, gelinde gesagt, zweifelhaft, ein Skandal aber, wem die Exekution der Acht übertragen wurde: dem Herzog von Bayern! Dabei lag Donauwörth gar nicht im Bayerischen Reichskreis, sondern im Schwäbischen – der Herzog von Württemberg wäre zuständig gewesen, der freilich war Protestant. Glaubenseifer siegte über strikte Rechtlichkeit, die Reichsspitze hatte sich wieder einmal als parteiisch entlarvt. Maximilian von Bayern (1598–1651) zog sogleich, noch 1607, mit Truppenmacht in Donauwörth ein, übergab die Pfarrkirche den Jesuiten, verbot evangelischen Gottesdienst und unterwarf die Reichsstadt seiner „kommissarischen" Verwaltung. Die Kosten für diese und für die vorhergehende Exekution, vom Münchner samt Zins und Zinseszins säuberlich aufgelistet, sollte ihm die Stadt selbst erstatten; so lange würde sie bayerischer Pfandbesitz bleiben. Natürlich hoffte Maximilian, dass sie die immer horrendere Summe nicht würde aufbringen können, das Kalkül ging auf. Die Reichsfreiheit war unwiederbringlich dahin, Donauwörth sank zur bayerischen Landstadt ab. Es war eine Kette von Rechtsverdrehungen und Machtdemonstrationen. Die protestantischen Reichsstände waren in tiefster Sorge: Welches evangelische Territorium würde als Nächstes an der Reihe sein?

Als im Frühjahr 1608 in Regensburg der Reichstag anhub, hing am Rathaus, in dem die Sitzungen stattfanden, noch immer das Donauwörther Achtsmandat. Nicht nur das empfanden die protestantischen Teilnehmer als schockierend. Die kursächsischen Gesandten berichteten konsterniert nach Hause, der Vertreter des Kaiserhofs, Erzherzog Ferdinand (der spätere Kaiser des Dreißigjährigen Krieges), habe „fort und fort jesuiten umb und bey sich", alle Kaiserlichen „führen jesuitische consilia". Die Stimmung war von Anfang an vergiftet. Tief verletzt, verlangten die Protestanten, ehe sie die vom Kaiser gewünschte Reichssteuer bewilligen könnten, eine förmliche Bestätigung des Religionsfriedens im Reichsabschied. Während der Kurfürstenrat nach Kompromissen suchte, lehnten Hitzköpfe im Fürstenrat, verschiedene Fürstbischöfe, insbesondere aber Bayern und die kaiserlichen Räte jedes Entgegenkommen ab. Ja, sie konterten die Bitte, den Religionsfrieden zu bestätigen, mit einer maliziösen Retourkutsche: dass im Gegenzug alles, was sich die eine oder andere Seite seit 1555 rechtswidrig angeeignet habe, zurückgegeben, restituiert werde.

Die Restitutions-
klausel

Was beim ersten Hinschauen harmlos anmuten mag, hat die schon erregten Protestanten noch mehr alarmiert. Sie waren am Reichstag in der Minderheit, im Fürstenrat ohnehin, im Kurfürstenrat wegen der forciert kaiserhörigen, daher faktisch prokatholischen Dresdner Reichspolitik auch. Die katholische Mehrheit hätte rasch 'definieren' und mehrheitlich beschließen können, wer (nämlich ausschließlich Protestanten!) sich was rechtswidrig angeeignet habe – evangelische Reichsfürsten hätten zum Beispiel zahlreiche Klöster und deren immensen Landbesitz herausrücken müssen. Angesichts der Mehrheitsverhältnisse am Reichstag, die den Katholiken die Interpretationshoheit zuspielen mussten, war besagte Restitutionsklausel eine „furchtbar ernste Kriegserklärung" (Moriz Ritter). Das Restitutionsedikt von 1629 (vgl. Kapitel V.2) kündigte sich am Horizont an – im Kern nichts anderes als die Realisierung dessen, was die Restitutionsklausel von 1608 angedroht hatte.

Der Eklat war da – die Pfälzer und ihr Anhang, die aktiveren, kampfbereiteren Protestanten reisten schließlich einfach ab. Die Dresdner und einige andere blieben zunächst, hatten dann aber auch keine Lust mehr, mit der nun vollends erdrückenden katholischen Übermacht weiter Reichstag zu spielen. Die Reichsstände gingen auseinander, ohne dass ein Reichsabschied zustande gekommen wäre. Die Legislative des Reiches war lahm gelegt. Das letzte Reichsorgan, das noch einigermaßen funktionsfähig gewesen war, war gesprengt. Fast schon wider besseres Wissen hat man sich 1613 noch einmal zum Reichstag versammelt, aber der verlief ganz unerquicklich. Danach galten weitere Versuche als obsolet, erst 1640 würde man es wieder wagen. Eine Politikergeneration hat keinen Reichstag erlebt, kein Forum gekannt, das alle Reichsstände zusammengeführt hätte, um friedlich, mit Worten anstatt mit Waffen, Interessen aufeinander abzustimmen und Entscheidungen fürs Reich zu fällen. Dass der Dreißigjährige Krieg bis in seine Spätphase hinein keinen Reichstag gesehen hat, ist höchst bezeichnend.

Wie sollten Konflikte fortan noch kanalisiert und gewaltlos geschlichtet werden? Musste man da nicht, um seine Interessen zu verfechten, fast zwangsläufig früher oder später zu den Waffen greifen? Solche Gedanken sind auch damals geäußert worden – man stellte sich im Grunde auf den Krieg ein, bangen Herzens oder auch, etwa in Heidelberg, erwartungsfroh. So hat das Scheitern des Reichstags von 1608 die Gründung von konfessionellen Allianzen provoziert: In unmittelbarem Anschluss ans desaströse Reichstagsende konstituierte sich die Union von Auhausen, ein Jahr später die katholische Liga. Letztere vereinte vor allem zahlreiche geistliche Territorien, unter ihnen die drei geistlichen Kurfürstentümer, doch bestimmte den Kurs des katholischen Bündnisses zumeist eindeutig der Herzog von Bayern. Die Union führte eine Reihe von evangelischen Flächenterritorien und Reichsstädten vor allem Süddeutschlands zusammen; ihr politischer Kurs basierte auf immer wieder neu auszutarierenden Kompromissen zwischen jener Aktionspartei, die sich um den Kurfürsten von der Pfalz scharte, den äußerst vorsichtigen Reichsstädten und einem mittleren Lager, das engagierte konfessionelle Interessenwahrung mit betonter Friedensliebe zusammenzubringen versuchte und deren wichtigster Protagonist der Herzog von Württemberg war.

Auf die Unfähigkeit der Reichsverfassung, die konfessionelle Spaltung zu absorbieren und Wege des interkonfessionellen Interessenausgleichs aufzuzeigen, mit bündischen Formen konfessioneller Interessenvertretung zu antworten, war an sich durchaus nahe liegend – es gab eine lange Tradition von das Reich subsidiär ergänzenden reichsständischen Zusammenschlüssen, die dem der Landfriedenswahrung verpflichteten spätmittelalterlichen Einungswesen erwuchs. Immer wieder hatten derartige bündische Behelfe

Union und Liga

Ruhe und Ordnung gewährleistet, Defizite des Reiches als nützliche Surrogate oder Supplemente kompensiert. Die Existenz zweier Konfessionsbünde musste also den Reichsverband nicht zwangsläufig sprengen, zeigt freilich an, dass das System aus sich heraus den Konfessionsdissens nicht mehr integrieren konnte. Hätte das doppelte Friedensgebot von 1555 wirklich gegriffen, hätte der bündische Gedanke nicht wieder an Attraktivität gewonnen.

Der Kurs beider Allianzen stand bei der Gründung indes noch nicht fest. Würde die Liga ein prinzipiell überkonfessioneller Verein der Kaisertreuen, der „gehorsamen" Reichsstände, oder aber Kampfbündnis zur Ausrottung der Ketzerei in Europa? Würde die Union Organ zur Bündelung der am Reichstag nicht mehr artikulierbaren evangelischen Anliegen, zur friedlichen Interessenwahrung im Reichsverband – oder aber Kristallisationskern einer europaweiten Kampffront gegen die vermeintlich drohende kontinentale Hegemonie des gegenreformatorischen Spanien? Es gab in beiden Bündnissen besonnene Männer, und doch entwickelten sie sich am Ende nicht zu subsidiären Hilfsorganen des lädierten Reichsverbands, zu Stützen, die das morsche Gebälk der Reichsverfassung notdürftig stabilisierten, sondern zu Kriegsallianzen.

b) Es gibt keinen verfassungspolitischen Grundkonsens mehr

Nicht, dass die Zeitgenossen dem Verderben wie Lemminge entgegengetorkelt wären; es gab im anhebenden 17. Jahrhundert interessante Ansätze zur Überwindung der bedrohlichen Desintegration der Mitte Europas. So suchte man nach gemeinsamen kulturellen Werten und fand vor allem die Sprache – Sprachpflege (1617 wird die erste von zahlreichen deutschen Sprachgesellschaften, die „Fruchtbringende Gesellschaft" gegründet) und muttersprachliche Literatur als nationaler Kristallisationskern! Neben allgemein gehaltenen, noch politikfernen, gewissermaßen philosophierenden Räsonnements darüber, wie ein Bezirk der „Vernunft" neben den Geboten des in Konfessionen zersplitterten Glaubens behauptet werden könne, stehen viel konkretere Überlegungen, wie die Postulate des Glaubens gegen politische 'Sachzwänge' abzugrenzen seien – sie gerannen schon zu eigener Begrifflichkeit: die „Staatsräson" hielt Einzug in die politische Sprache der Zeit. Wie die *ratio status*, wurde auch die *neutralitet* ein dem politologischen Diskurs geläufiger Ausdruck. Doch akzeptierten die Zeitgenossen die Vorstellung, man könne sich (beispielsweise weil es die Staatsräson nahe legte!) bei einem gewichtigen Konflikt, einem Krieg gar „neutral" verhalten, überwiegend noch nicht, die 'Denkfigur' (ein Neutralitäts-Recht existierte ohnehin nicht) war ihnen moralische und intellektuelle Verrenkung – denn man habe sich für die gerechte Sache einzusetzen, Unrecht zu bekämpfen, könne zwischen Gut und Böse, zwischen Gott und Teufel nicht Äquidistanz halten; und müsse, so Kaiser und Reich involviert seien, dem Oberhaupt „gehorsam" sein. Reichshierarchie und Gerechter Krieg vertrugen sich nicht mit der Vorstellung einer *neutralitet*. Das würde nach 1618 eine Einhegung des Konflikts erschweren.

Ein besonders wichtiger Terminus des politischen Diskurses der Vorkriegszeit war die „Komposition". Ihr geistiger Vater ist nicht der kaiserliche Ratgeber Melchior Khlesl, wie oft fälschlich behauptet wird, die Idee wurde Jahre, ehe sie Khlesl in einem eher äußerlichen Sinne halbverstanden aufgriff, am Stuttgarter Hof Herzog Johann Friedrichs (1608–1628) entwickelt und sodann eine wichtige reichspolitische Forderung der Union von Auhausen: Man müsse versuchen, die das Reich spaltenden konfessionspolitischen Probleme ohne Majorisierung und Zwang am „Kompositionstag" abzuarbeiten, im kleinen Kreis ausgleichsbereiter Naturen, unter Zuhilfenahme von gruppendynamischen Prozessen; wir würden heute von einem „runden Tisch" sprechen. Der Westfälische Friede wird die Komposition der Vorkriegszeit wieder aufgreifen, das damals punktuell Gedachte perpetuieren und in die Reichsverfassung integrieren (als „amicabilis compositio" der Reichstagteilnehmer in konfessionspolitischen Angelegenheiten). Doch vor 1618 wurde nichts aus der Idee, weil die katholischen Reichsstände nicht bereit waren, auch nur vorübergehend die sie favorisierenden reichsrechtlichen Mechanismen preiszugeben. Die zuletzt skizzierten Neuansätze waren zukunftsweisend, aber der Vorkriegszeit vermochten sie nicht den Stempel aufzudrücken.

Die Kompositionsbewegung

Dass sich die destabilisierende Eigendynamik des Konfessionalismus nicht abbremsen ließ, lag nicht zuletzt daran, dass sich der Konfessionsstreit längst zum Verfassungskampf ausgeweitet hatte. Dabei forderte die forciert reichspatriotische Mehrheit der Auhausener durchaus keinen Totalumbau der Reichspyramide (wovon die Aktionspartei schon träumte), gar den Abriss, sondern Detailkorrekturen; diese Männer lehnten den Reichsverband nicht etwa innerlich ab, sie reklamierten vielmehr faire Partizipation an seinem politischen Leben. Sie wünschten gewisse Kompensationen für die im Reichssystem strukturell angelegten katholischen Vorteile – das Reichsoberhaupt war nun einmal katholisch, die 'Nummer zwei' (der Mainzer, als Erzkanzler und Leiter des Kurkollegs) war es auch, in den Reichsversammlungen besaßen die Katholiken das numerische Übergewicht.

Vordringlich war den meisten Auhausenern eine verfahrensrechtliche Absicherung dagegen, am Reichstag wieder und wieder von den Katholiken niedergestimmt zu werden; daneben dachte man über eine sinnvolle Eingrenzung der monarchischen und oligarchischen Gehalte in der Mischverfassung des Reiches nach, wünschte man Sicherungen gegen ein Wiener Regiment auf dem Verordnungsweg und gegen eine zu ausgeprägte kurfürstliche Präeminenz. Die Reformen der Unionsmehrheit hätten, realisiert, vermutlich systemstabilisierend gewirkt. Renovieren, um die Substanz zu retten – so kann man diese verfassungspolitische Grundhaltung knapp zusammenfassen. Die der Ligisten war sie nicht. Ihnen verpfuschte jede Retusche das ganze Kunstwerk. Zumal ihnen ja das gegebene Regelwerk durchaus in die Hände spielte, für sie gab es da nichts zu optimieren; man musste nur endlich energisch dafür sorgen, dass sich auch jeder an die bestehenden Spielregeln hielt. Wir würden diese Haltung heutzutage als strukturkonservativ bezeichnen, als wertkonservativ die jener Unionsmehrheit, die erkannte, dass die grundlegenden Werte des Reichssystems

Der Konfessionsdissens mündet in den Verfassungskampf

79

(wie Friedens- und Rechtsschutz bei weiten Spielräumen für die spezifisch *teutsche libertät*) nur durch einige strukturelle Anpassungen zu retten waren.

Wegen ihrer strukturkonservativen Einstellung lehnten die Ligahöfe auch den innovativen Kompositionstag ab. Auffallend häufig, fast stereotyp setzten sie Komposition antithetisch zu den Begriffen „Recht" und „Justiz". Das aber signalisiert: Im konfessionsbedingt polarisierten Reichsverband waren nicht nur viele politische und juristische Positionen unvereint, sie waren unvereinbar, weil die Modalitäten der Konfliktschlichtung nicht mehr konsensfähig waren. Man hatte sich nicht nur über die notorischen Gravamina zerstritten, sondern auch über die Art und Weise ihrer Abarbeitung in politischen Verfahren. Die nach dem Verständnis der damaligen Zeit zentralen Fragen wollten Katholiken majorisieren, Protestanten frei aushandeln (die Nachkriegsordnung wird dann der protestantischen Auffassung Tribut zollen – was für eine Seite zu den „essentials" gehört, ist frei auszuhandeln: darauf läuft die „itio in partes" von 1648 hinaus). Ihr politischer Wettbewerbsvorteil war den katholischen Reichsfürsten ihr gutes Recht, jede Abmilderung würde, anstatt systemstabilisierend zu wirken, alles ins Rutschen bringen, in Chaos und Anarchie führen. Sie waren durchaus nicht bereit, sich der Vorteile zu begeben, die ihnen das bestehende Reichssystem eintrug, wollten das Gewordene so, wie es war und immerdar zu sein hatte, energisch und notfalls auch militärisch verteidigen. Die Ligisten kämpften subjektiv für Bewahrung, Pflege und Hege des Bestehenden, gegen Aufruhr und Zerstörung. Der Gegenseite war es Kompromisslosigkeit, ja, Militanz. Selbst- und Fremdeinschätzung klafften eklatant auseinander, und weil die Reichsorgane gesprengt waren, weil sich die maßgeblichen Politiker immer seltener um einen Tisch oder in einem Raum versammelten, bekamen sie auch keine Gelegenheit mehr, beides miteinander abzugleichen. Stattdessen pflegte man seine Feindbilder.

c) Feindbilder

Im anhebenden 17. Jahrhundert kursierten im Reich nicht nur Weltuntergangsszenarien, sondern auch krasse Feindbilder. Die reichspolitische Lage war schlimm, das Wetter auch (die so genannte „kleine Eiszeit" – die Winterlandschaft wurde ein Modethema der Malerei). Wenn das Wetter schlecht war, fragte der vormoderne Mensch nach Gott und Teufel, ins Ringen zwischen „civitas Dei" und „civitas Diaboli" (Augustinus) war auch die Witterung eingespannt. Unwetter und Missernten schrieen nach Sündenböcken, die es erlaubten, Kontingenz zu reduzieren, sonst unheimliches Walten von Natur oder Schicksal auf intentionales mitmenschliches Handeln zurückzuführen: Handeln, das Gottes Gnade verscherzte, den Weltenlenker verärgerte. Noch war Geschichte ja Heilsgeschichte – nicht nur, dass alles final dem Jüngsten Gericht zustrebte, auch unterwegs bestand, je und je, engster Kontakt zwischen Irdischem und Himmlischem, geschichtliche Ereignisse bewiesen Gottes Größe, Allmacht und Herrlichkeit, oder aber zeugten von seinem Zorn. Die aufzustöbernden Sündenböcke waren rebus sic stantibus natürlich Ketzer: die Gott falsch verehrten (weil sie der anderen Konfession angehörten); die nicht Gott, sondern den Teufel verehrten (Hexen).

Auch jene beiden kämpferischen Bewegungen, deren Konfrontation den Reichsverband polarisierte, der nachtridentinische Reformkatholizismus und die calvinistisch geprägte evangelische Aktionspartei, pflegten mit Inbrunst ihre jeweiligen Feindbilder, interessanterweise konfessionelle wie verfassungspolitische. Der Aktionspartei waren unterschiedslos alle Katholiken in den Fängen der „blutdurstigen Jesuiter"; Madrid, Rom und Jesuitenorden arbeiteten an der „monarchia universalis", modern gesprochen: an der Hegemonie eines spanischen Inquisitionsstaates über Europa, so die *teutsche libertät* zerstörend.

Der Gegenseite war das ganze evangelische Lager durchtränkt von „Calvini geist", unterschiedslos alle schwammen sie im Kielwasser der Aktionspartei, Protestanten waren nicht nur per definitionem Ketzer, sondern auch grundsätzlich ungehorsam, untreu (ihrem Kaiser gegenüber), waren unpatriotisch – lauter verantwortungslose Machiavellisten, lauter Störenfriede. Der Kurfürst von Mainz hat das einmal so ausgedrückt: „Der Teufell feyert nit, seine instrumenta schlaffen nit, alle liste unnd gedichte gehen dahin wie im Römischen Reich Teutscher Nation die kayserliche Authoritet … vernichtiget, die catholische religion außgerottet, die geistliche Chur-, Fürsten und Stendte undertruckt unnd allein Calvini geist und dem zugethane herrn alles eignen gefallens regieren und dirigieren möchten." Es war bei diesen „leuten aller schuldiger respekt [vor] der kaiserlichen Maiestet und hocheit verloschen", es hatten „ohngehorsamb, ohntrew, betrug und list uber hand genomen, [so] dass sich weder auf tewere wort, vertrösten und versprechen, noch auch brief und sigel, ja den schwur und aid selbsten ichtwas zu verlassen, sonder dass alles nach der verfluchten ler des Machiavelli auf ein jede sich an hant gebende occasion ratione status (wie sie es nennen) bei seit gesetzt und nichts geacht wirt". Während tatsächlich für die numerische Mehrzahl der evangelischen Reichsfürsten Außen- in Reichspolitik, wo nicht in Nachbarschaftspflege aufging, unterstellten die katholischen Höfe ihnen allen unterschiedslos, sie wollten halb Europa, ja, noch „Türcken und Tartarn … an sich henken", um in einer großen, europaweiten konzertierten Aktion die „underdrückung" des katholischen Glaubens zu realisieren und den „statum rei publicae zue per- und invertiren".

Man traut der Gegenseite nur noch das Allerschlimmste zu – eine Folge der konfessionellen Polarisierung des Reichsverbandes, bei der sich die Vorstellung eines sozusagen neutralen Gemeinwohls verflüchtigt hat. Diese Polarisierung verunmöglichte zunächst einmal, indem sie die Reichsorgane handlungsunfähig machte, friedliche Konfliktschlichtung – der Problemstau wuchs an, dazu ein Fatalismus, der besagte, dass die Gegenseite ihre perfiden Absichten in Ermangelung reichspolitischer Handlungsmöglichkeiten ja doch früher oder später gewaltsam verfechten werde. Die konfessionelle Polarisierung war nicht zuletzt deshalb kriegstreibend, weil sie den Glauben an den Frieden unterminierte. Das Fehlen noch intakter konfliktkanalisierender Institutionen des Reiches und die de-

Konfessionelle und verfassungspolitische Schreckensbilder

moralisierenden Erfahrungen der jüngsten Vergangenheit, zumal 1608, ließen das Vertrauen in eine friedliche Alternative dahinschwinden. Spätestens seit 1608 ging man in den politisch maßgeblichen Kreisen einfach davon aus, dass die abschüssige Bahn hin zum Krieg betreten war, und genau deshalb wirkte unbedingter Friedenswille nun naiv – es schien sich nicht zu lohnen, um alles in der Welt am Frieden festzuhalten, um ihn zu ringen, gar Opfer zu bringen: denn es stand ja doch, wie die zeitgenössischen Akten formulierten, der Krieg „ins haus".

Kein Grundvertrauen mehr   Die konfessionelle Polarisierung schwächte den Glauben an den Frieden – und untergrub das notwendige Grundvertrauen in die reichspolitischen Partner. Man unterstellte in unterschiedlichen Graden an Bewusstheit die eigenen Träume von einer Revision des 1555 eingegangenen faulen Kompromisses auch der Gegenseite. In den Kopf des Widerparts projiziert, verwandelte sich die Utopie indes in einen Albtraum. Von diesen Furien gejagt, war der Gegenseite alles zuzutrauen, sie würde den Gordischen Knoten mit dem Schwert durchschlagen. Dafür wollte man gewappnet sein (was wiederum der Gegenseite Indizien für die eigene Militanz lieferte). Die andere Konfession unterlag, egal was sie tat, sogar, wenn sie, besonders heimtückisch, auf ihre guten Absichten verwies, dem Anfangsverdacht der Friedlosigkeit. Denn sie war in den Fängen der „blutdurstigen Jesuiter" oder aber durchtränkt von „Calvini geist".

4. Die Waffen sprechen – die Verfassungskrise mündet in den *teutschen* Konfessionskrieg

Verfassungskrise und Kommunikationsstörung bedingten und verstärkten einander, es war dieser *Circulus vitiosus*, der das Reich in einen verheerenden Konfessionskrieg gestürzt hat. Zwar hat sich die Geschichtswissenschaft in den letzten vierzig Jahren redlich bemüht, Deutungsangebote zu offerieren, die uns die Annahme eines großen deutschen Konfessionskriegs, diese Zumutung an modernes Denken und Fühlen, zu ersparen suchen; Kriegsursache sei vielmehr zu große „Prosperität" gewesen (man muss Überschüsse investieren) oder aber schlimmer Mangel wegen schlechter Ernten, seien zunehmende Probleme der „Staatsbildung" gewesen oder abnehmende Sonnenflecken. Aber diese zeitgeistkonformen Interpretationen vermögen nicht zu überzeugen, so man sauber analysiert, also am richtigen Punkt ansetzt: nicht in der zweiten Hälfte des Dreißigjährigen Krieges, als dieser seinen Charakter geändert, sich entkonfessionalisiert und internationalisiert hat; aber auch nicht schon 1618 in Böhmen. Denn regionale Querelen zwischen Vertretern der Zentralregierung einerseits, auf ihre herkömmlichen Freiheiten pochenden, dabei häufig auch für die andere Konfession optierenden regionalen Honoratioren andererseits waren damals gewissermaßen zeitüblich. Warum ließ sich 1619 eine dieser Verwerfungen nicht mehr einhegen? Warum schlitterte das Reich 1619 in einen Krieg, obwohl die Beteiligten fast durchweg in Böhmen gar keine Kriegsziele verfolgt haben?

E

Der Auftakt zum Dreißigjährigen Krieg

Der Widerstand des böhmischen Adels gegen eine Einschränkung seiner politischen und konfessionellen Freiräume kulminierte am 23. Mai 1618 im Prager Fenstersturz: Zwei Mitglieder der habsburgischen Statthalterregierung und ein Schreiber wurden in den Schlossgraben des Hradschin gestoßen. Der von einer konfrontationsbereiten Minderheit inszenierte Mordversuch sollte jene offene Auseinandersetzung zwischen Ständemacht und Zentralgewalt erzwingen, vor der die Mehrheit der böhmischen Adeligen bis dahin zurückgeschreckt war. Wichtige Weichenstellungen hin zu einer Ausweitung der zunächst regionalen Krise datieren vom Sommer 1619: Die Aufständischen verkündeten eine neue, betont libertäre Verfassung, die ein schwaches Wahlkönigtum vorsah, und wählten mit Friedrich V. von der Pfalz einen Mann zum neuen böhmischen König, der der kurfürstlichen Führungselite des Reichsverbands angehörte sowie Direktor der Union von Auhausen war. Der nach habsburgischer Auffassung legitime Träger der Wenzelskrone, Ferdinand, wurde fast gleichzeitig zum Reichsoberhaupt gewählt und konnte nun die Autorität des vornehmsten Amtes der abendländischen Christenheit auf die Waagschale legen. Anstatt alle Kraft auf die Einhegung der regionalen Krise und die Abschirmung des Reiches von ihr zu verwenden, ließen sich die konfessionspolitischen Lager des polarisierten Reichsverbands sukzessive in die Auseinandersetzung hineinziehen.

Schuld war offenkundig die konfessionelle Polarisierung des Reichsverbands, waren dort weit fortgeschrittene Lagerbildung und Lagermentalität – so engagierten sich zahlreiche evangelische Reichsstände, darunter traditionell kaisertreue, unterschiedlich kräftig für den Pfälzer, ihren Glaubensgenossen, obwohl sie Böhmen überhaupt nicht interessierte; die katholischen aber hielten es geschlossen mit der Hofburg, ihrer notorischen Sorge um die (beispielsweise von Bayern sonst so forcierte) *teutsche libertät* unerachtet und trotz ihres Misstrauens gegenüber der ambitionierten Europapolitik der spanischen Habsburger. Katholisches Kreuzzugsdenken und calvinistisches Bedrohungssyndrom ließen eine regionale Krise zum Flächenbrand werden, verunmöglichten ihre Einhegung. Wer den Dreißigjährigen Krieg, einer in den 1990er-Jahren diskutierten These folgend, für einen „Staatsbildungskrieg" hält (also annimmt, es sei damals die künftige Organisationsebene von Staatlichkeit ausgefochten worden, zwischen kleinräumig-regionalen und europäisch-hegemonialen Konzepten), der sieht sich einer dann verblüffenden Allianz gegenüber: zwischen jenen Kräften in Madrid und Wien, die angeblich für die habsburgische *monarchia universalis* kämpften, und lauter machtlosen, nicht staatsfähigen Gebilden (wie den geistlichen Kurfürstentümern – alle Ligastände außer Bayern waren kleine oder ganz kleine Reichsglieder), die gewiss andere Sorgen hatten, als die Hegemonie über Europa zu erringen.

Zwar würde sich der Dreißigjährige Krieg in den frühen 1630er-Jahren entkonfessionalisieren (sowie internationalisieren), aber ausgebrochen ist er als Konfessionskrieg, und zwar als im Kern *teutscher* - er wäre noch die ganzen zwanziger Jahre hindurch reichsintern behebbar gewesen, so sich Staatsräson gegen konfessionellen Eifer durchgesetzt hätte (wie er 1629 im Restitutionsedikt kulminierte) und Reichspatriotismus gegen Ländergier in jener **„Pfalzfrage"**, die der eigentliche (und *teutsche*!) Motor des Kriegsgeschehens bis 1630 gewesen ist.

E

Pfalzfrage

Dass Maximilian von Bayern zur Belohnung seiner Parteinahme für den Kaiser auf Kosten des 1620 geächteten Kurfürsten von der Pfalz dessen Kurwürde und die Oberpfalz erhielt, war in den 1620er-Jahren der Motor des Kriegsgeschehens schlechthin, wichtigstes Friedenshindernis. Die siegreiche Seite ließ kluge Mäßigung vermissen, zwang den unterlegenen Pfälzer geradezu, sich, da er nichts mehr zu verlieren hatte, nach immer neuen Bündnispartnern umzusehen, was den Krieg ausweiten musste. Die Oberpfalz würde übrigens bayerisch bleiben, ebenso die einst pfälzische Kur, doch bekam der Heidelberger Regent 1648 eine für ihn neu geschaffene achte Kur.

Konfession
und Staatsräson

Ist es nicht hausbacken, gar naiv, derart auf die Bedeutung der Konfession abzustellen? Wer diese als Kind der Moderne nicht ernst nehmen kann und auf den Primat sozialgeschichtlicher Fragestellungen geeicht ist, wird die handlungsleitenden Kategorien der damaligen Politiker nicht verstehen. Außenpolitische Akten, auch erhaltene Beratungsprotokolle lassen nicht erkennen, dass die Außenpolitik der Vorkriegszeit, wie häufig unterstellt, wirtschafts- oder sozialpolitisch konditioniert gewesen wäre. Von Ökonomie verstanden die hohen Herren und die meisten ihrer Hofräte ohnehin nicht besonders viel. Sie dachten, wenn sie den außenpolitischen Kurs absteckten, aber auch nicht an nützliche Nebeneffekte für den Ausbau „frühmoderner Staatlichkeit" in ihrem Territorium oder ein Mehr an „Sozialdisziplinierung". An was dann? Der außenpolitische Kurs musste zwischen Konfession und Staatsräson austariert werden. Bei beiden Begriffen lauert die Gefahr anachronistischer Missverständnisse. Zunächst zur Staatsräson: Wenn der Terminus *ratio status* in außenpolitischen Akten vorkommt (und er schleicht sich, wie schon erwähnt, im frühen 17. Jahrhundert allmählich ein), entbehrt er jeden Bezugs auf innenpolitische Befindlichkeiten. Die *ratio status* ergab sich vielmehr aus 'äußeren' Bestimmungsgrößen, wie Tradition (Bündnisverpflichtungen beispielsweise) und geostrategischer Lage. Konfession – sie war damals nicht nur objektiv (Konfessionsstaat als gerade durchlaufene Etappe der Staatswerdung), sondern auch in den Augen der allermeisten Menschen etwas zentral wichtiges, eine lebenssteuernde Macht, nichts, zu dem man ein distanziert-funktionales Verhältnis unterhalten hätte (wie nach 1648 schon öfters). Das gilt auch für Regenten, man zähle nur einmal die Stunden der täglich absolvierten Andachtsübungen in erhaltenen Diarien! Moderner 'Ideologieverdacht' und postmoderne Beliebigkeit helfen nicht weiter, am wenigsten aber die Unterstellung des *homo oeconomicus* – das Menschenbild einer bestimmten historischen Formation darf nicht zur anthropologischen Grundkonstante erklärt werden.

Verfassungskrise
und Kriegsausbruch

Weil der Konfessionszwiespalt in die Verfassungskrise geführt hatte, ist der Ausbruch des Dreißigjährigen Krieges ein rechtsgeschichtliches Thema – man wird ihn ohne Rekurs auf die Reichsverfassungsgeschichte nicht einmal ansatzweise verstehen. Es war eine schiefe Bahn, zum Schluss steil abschüssig, das sich am konfessionellen Dissens aufreibende Reichssystem war lange schon auf dem Weg in die Katastrophe, geriet am Ende wehrlos in den Strudel; schließlich genügte als Anlass eine der allfälligen, zeittypischen regionalen Verwerfungen, in einer Randzone mit verdünnter Reichspräsenz. Die Reichsorgane waren sukzessive ausgefallen, die traditionelle Führungselite gespalten wie der ganze Reichskörper, das System war nicht mehr zu steuern. Die konfessionell bedingte Verfassungskrise des Reiches hat Mitteleuropa in einen dreißigjährigen Krieg gestürzt.

V. Das Reich um 1650

1. Endlich Frieden!

Der Frieden begann in der Mitte des Jahrhunderts gerade erst konkret erfahrbar zu werden – bis in den Juli des Jahres 1650 hatte sich jener Nürnberger Exekutionstag hingezogen, der die finanziellen und logistischen Einzelheiten der Demobilmachung ausarbeiten sollte, danach erst lief der geordnete Abzug der ausländischen Truppen vom Reichsboden an. Dafür hatten die Westfälischen Friedensverträge noch nicht sorgen können. Sie tragen das Datum 24. Oktober 1648, und deshalb hat es sich eingebürgert, den großen deutschen Konfessionskrieg von 1618 bis 1648 zu datieren.

„Der Westfälische Friede", das sind eigentlich zwei Instrumente – der Vertrag von Münster (zwischen Kaiser, Reich und Frankreich), der Vertrag von Osnabrück (zwischen Kaiser, Reich und Schweden). Die beiden Instrumente sind das wichtigste, aber nicht das einzige Ergebnis des an zwei Tagungsorten veranstalteten Friedenskongresses, der Vertreter von 16 europäischen Staaten sowie zahlreicher Reichsstände zusammenbrachte und ein ambitioniertes Programm hatte. Er sollte Frieden stiften einmal zwischen Spanien und Frankreich (was nicht gelang); sodann zwischen Spanien und den Generalstaaten; drittens zwischen Frankreich und dem Kaiser; viertens zwischen Schweden und dem Kaiser. Beim dritten und vierten Programmpunkt müssen wir uns bei allen Kriegsparteien jeweils ihre reichsständischen Verbündeten dazudenken. Diese Kriege also sollten beendet werden. Und auf dass der Kontinent so bald nicht wieder in einen großen Kriegsstrudel hineingezogen würde, hieß es eine neue, tragfähige Ordnung zu finden: erstens für Europa (europäischer Friedenskongress); zweitens für dessen Mitte, das Reich (deutscher Verfassungskongress).

Hier können nur diejenigen Resultate gewürdigt werden, die fürs Reich unmittelbar wichtig gewesen sind – also beispielsweise nicht die von Westfalen ausgehenden Impulse für das werdende Völkerrecht. Die Instrumente vom 24. Oktober 1648 brachten dem Reich nach dreißig Kriegsjahren den Frieden und kreisen um drei Themenkomplexe: einmal um Grenzfragen; sodann um das Verhältnis zwischen den Konfessionen im Reich; schließlich um die Kompetenzverteilung im Reichssystem, zwischen Reichsspitze, reichsständischer Führungselite (Kurfürsten) und den übrigen Reichsständen.

Amnestie
und Restitution   Die Friedensinstrumente dekretierten eine allgemeine Amnestie: keine Kriegsschulddebatte also; dem entsprach, quasi materialisiert, die Restitu-

tion – wenn alles vergeben und vergessen ist, muss auch jeder zurück-
bekommen, was man ihm weggenommen hat, also war der territoriale Status quo von 1618 wiederherzustellen. War für die Einfärbung der Konfes-
sionslandkarte fortan das „Normaljahr" 1624 maßgeblich (wie wir gleich
noch sehen werden), galt für weltliche Grenzen der Vorkriegszustand.
Doch gab es manche Ausnahmen. So erhielt der Sohn des unglücklichen
„Winterkönigs" wohl die Rheinpfalz zurück; die Oberpfalz indes blieb
bayerisch. Auch die pfälzische Kur bekam der Heidelberger nicht wieder,
wohl schuf man ihm eine neue, achte. Dieses Beispiel soll genügen; es gab
durchaus Gewinner (wie Hessen-Kassel: Fürsprache der auswärtigen Siegermächte; oder Kursachsen: Fürsprache jenes Kaisers, mit dem es der lutherische Kurfürst lange Zeit gehalten hatte) und es gab Verlierer (wie
Baden-Durlach: keine Fürsprecher).

Manche Grenzverschiebungen von 1648 wurden mit dem Prinzip der   Satisfactio
Amnestie begründet: Restitution des Zustands von 1618. Andere sollten *satisfactio* sein, „Genugtuung", Entschädigung. Vor allem die auswärtigen
Siegermächte Schweden – das schon seit eineinhalb Jahrzehnten davon
sprach – und Frankreich pochten auf eine *satisfactio*. Waren sie denn geschädigt? Eigentlich nicht, die Parole von der *satisfactio* war ein Euphemismus. Es gab für die Ansprüche der Siegermächte keine Rechtsgrund-
lage, Basis war ihre 1645 bei Alerheim und Jankau besiegelte militärische
Überlegenheit. Sie hatten gesiegt, und nun wollten sie ihr Engagement in
Mitteleuropa belohnt sehen.
Paris erreichte zum einen die definitive Abtretung von Metz, Toul und
Verdun; tatsächlich unterstanden diese Städte ja schon seit 1552 französischer Verwaltung, und Paris hatte seine „Schutzherrschaft" längst auch auf
die Hochstifte ausgedehnt. Frankreich erhielt sodann praktisch das ganze
Elsass; schließlich, drittens, rechtsrheinische Brückenköpfe: die Stadt
Breisach, ein Besatzungsrecht in der Festung Philippsburg. Die ersten beiden Gewinnposten wurden hier sehr knapp skizziert, die jeweils einschlägigen Formulierungen waren kompliziert und durchaus unklar. Wie die
wenig präzisierte Schutzherrschaft über das Elsass angemessen zu interpretieren sei, ist bis heute umstritten, jene Bestimmungen würden das
deutsch-französische Verhältnis auf viele Generationen hinaus vergiften
und haben in ihrer Vagheit der Reunionspolitik Ludwigs XIV. (siehe Kapitel
VI) vorgearbeitet. Aber auch die Bestimmungen zu Metz, Toul und Verdun
waren nicht bündig formuliert. Der Kaiser ging davon aus, dass es nur um
die Hochstifte gehe, also um die weltlichen Herrschaftsbereiche der einstigen Fürstbischöfe, Frankreich würde alsbald die viel weiteren Diözesange-
biete beanspruchen – die aber erstreckten sich auf ganz Lothringen; und
weil Paris außerdem eine Restitution des (mit dem Kaiser verbündeten)
Herzogs von Lothringen 1648 zu verhindern wusste, arbeiteten die Westfälischen Bestimmungen einem Verlust Lothringens an Frankreich vor.
Klarer waren die Bestimmungen zur Satisfaktion Schwedens: Vorpom-
mern, die einstigen Hochstifte Bremen und Verden. Schweden besaß damit
die Mündungen von Oder, Elbe und Weser mitsamt den lukrativen Seezöl-
len, und zwar als Reichslehen; damit war Schweden, im Gegensatz zu
Frankreich, fortan Reichsstand mit Sitz und Stimme am Reichstag.

Dass der Westfälische Friede in Feindeshand geratene Gebiete zurück-gibt und Interventionsmächte 'entschädigt', ist nicht weiter auffällig, viel-mehr Standardelement von Friedensverträgen. Sehr wohl fällt auf, wie viel Mühe (und dann Text) die in Westfalen versammelten Diplomaten den konfessionspolitischen Verhältnissen im Reich angedeihen ließen. Offenbar hielten die zeitgenössischen Politiker diesen Problemkomplex für be-sonders virulent – auch ein Kommentar zur Frage, ob der Dreißigjährige Krieg Konfessionskrieg gewesen ist! Die da in Westfalen beisammen saßen, suchten ihre Therapieempfehlungen auf einer treffenden Diagnose der Kriegsursachen aufzubauen, und dabei stach ihnen vor allem die konfes-sionelle Polarisierung des Reichsverbands ins Auge. Schon vom vorberei-tenden Reichsdeputationstag in Frankfurt berichtete 1643 der bekannte Pu-blizist Bogislav Philipp von Chemnitz: „Hierunter geriet man von den rechten Ursachen des Krieges in Discurs; deren sich zu erkundigen, man vor nothwendig ermessen: Sintemahl Materia Belli Materia Pacis sei, und vorher gründlich erforschet werden müste." Fragen auch wir zuerst nach Materia Belli, auf dass wir Materia Pacis besser verstehen!

2. Materia Belli – die Diagnose

a) Das konfessionspolitische Problem

Der Westfälische Friede ist ohne genaue Kenntnis des **Restitutionsedikts** von 1629 nicht zu verstehen und ohne Kenntnis des Prager Friedens von 1635 schon gar nicht. Zunächst einmal: Um was handelt es sich da je-weils? Das Restitutionsedikt ist ein von Ferdinand II. (1619–1637) eigen-mächtig erlassenes Edikt (also kein Reichsabschied!), als solches kündet es von der Machtfülle des Reichsoberhaupts nach den katholisch-kaiserlichen Siegen der zweiten, „niedersächsischen" Kriegsphase. Es zielt darauf ab, der katholischen Kirche viele Besitzungen und manche Territorien, die sie verloren hatte, zu „restituieren", wieder zuzuführen, und zerfällt in zwei gleichermaßen wichtige Teile.

E

Restitutionsedikt
Vom Kaiser eigenmächtig erlassenes Edikt, das dekretiert, dass die katholische Seite den Religionsfrieden immer richtig interpretiert habe, die protestantische Lesart grundverkehrt sei und dass deshalb vieles der katholischen Kirche „resti-tuiert" werden müsse. War der konfessionspolitische Streit seither in viele Einzel-querelen und -prozesse verzettelt, mussten seither in jedem einzelnen Fall unge-löste Grundsatzfragen je und je aufs Neue aufgeworfen werden („wie meint es denn der Augsburger Religionsfriede?"), wird nun ein für allemal festgelegt: So meint er's – weshalb man kurzen Prozess machen kann.

„Erörterung" des Religionsfriedens

Der erste Teil „erörtert" den Religionsfrieden, stellt fest, wie es damals angeblich gemeint gewesen sei. Natürlich sei die katholische Lesart der Bestimmungen über reichsmittelbare geistliche Güter die richtige, so das Restitutionsedikt; der Geistliche Vorbehalt sei uneingeschränkt rechtskräftig, die *Declaratio Ferdinandea* hingegen wird als ungültig zurückgewiesen; das Schutzversprechen des Religionsfriedens wird auf die Anhänger der unveränderten Augsburger *Confessio* von 1530 begrenzt, den Calvinisten also verweigert; und dem Landesherrn wird das Recht zugesprochen, Andersgläubige auszuweisen (den Untertanen war ihr Glaube mithin nicht „freigestellt"). Mit anderen Worten: Der erste Teil legt fest und spezifiziert, dass und wo überall die Katholiken den Religionsfrieden seit 75 Jahren richtig interpretiert hätten, wohingegen alle abweichenden Interpretationen der Protestanten ganz haltlos, himmelschreiendes Unrecht gewesen seien.

Teil zwei zieht die praktischen Konsequenzen daraus. So sich die Protestanten unterstehen sollten, in irgendeinem Streitfall auf ihrer Interpretation des Religionsfriedens herumzureiten, soll das Kammergericht „ohne weitere disputation" entsprechende Urteile dagegen fällen – es gibt nichts mehr zu „disputieren", der Kaiser, der „Handhaber aller Ordnung", hat gesprochen, jetzt gilt es nur noch auszuführen. Heutzutage würden wir wohl formulieren, dass fortan 'kurzer Prozess' und Serienurteile angesagt seien. Mehr, schlimmer noch: Viele der bereits passierten angeblichen Rechtsverdrehungen der Gegenseite sind, so das Restitutionsedikt, „ganz notorii" und „nicht zu widersprechen", neudeutsch: liegen so klar zutage, dass deshalb gar kein Gericht mehr behelligt werden muss; hier fehlt es nur noch an der raschen Exekution, die der Kaiser durch „Commissarii" gleich am Rechtsweg vorbei selbst vornehmen wird. Fassen wir beide Anweisungen zum Prozedere zusammen, peilt das Restitutionsedikt Eilverfahren zur unkomplizierten, zügigen, massenhaften Rückverweisung evangelischen Besitzes an die katholische Seite an.

Der Dreißigjährige Krieg

1618/19   regionaler Aufstand in Böhmen, der zum mitteleuropäischen Krieg eskaliert

1619–23   Böhmisch-Pfälzischer Krieg; die katholische Seite triumphiert

1623–29   Niedersächsisch-Dänischer Krieg; die kaiserlich-katholischen Waffen triumphieren

1630–35   Schwedischer Krieg; am Ende triumphiert die kaiserliche Seite

1635–48   Französisch-Schwedischer Krieg; die letzten wichtigen Schlachten verliert der Kaiser

In der Tat ordnete der Kaiser dann auch Kommissare ab, die für alle nach 1552 vollzogenen Besitzwechsel, mit denen nicht ohnehin schon (einer dort eingereichten Klage wegen) das Reichskammergericht befasst war, eine rasche Tatsachenfeststellung treffen sollten und für einen zügigen Vollzug ihrer eigenen wie der kammergerichtlichen Schnellurteile zu sorgen hatten. Dass 1629 an den katholischen Residenzen des Reiches der kühle Hauch der Staatsräson vor dem hitzigen Glaubenseifer der Beichtväter zurückgewichen war, wirkte sich indes für die kaiserlich-katholische Seite verheerend aus – erbitterter evangelischer Widerstand, Eingreifen Schwedens, der Krieg geht weiter. Als er 1635 erneut für die kaiserlich-katholische Seite entschieden schien, hat die Hofburg das ganz anders in Politik umzusetzen versucht als noch sechs Jahre zuvor. Der Prager Friede – ein Vertrag zwischen der Hofburg und dem Dresdner Kurfürsten, dem dann fast alle Reichsstände (oft nolens volens) beitraten – strahlt nicht hitzigen Glaubensfanatismus aus, er verströmt reichspatriotischen Schwung.

Der Friede von 1635 nimmt bereits Stellung zu den drei großen Problemfeldern von 1648: weltliche Grenz- und Besitzstandsfragen – Verhältnis zwischen den Konfessionen – Kompetenzumfang der Reichsspitze. Der Westfälische Friede ist, was gewöhnlich übersehen wird, Kommentar und Korrektur des Prager Friedens – das ignorierend, kann man die Friedensinstrumente von 1648 nicht verstehen. Um mit dem dritten Themenbereich zu beginnen: Der Prager Friede stärkte die Position des Reichsoberhaupts. Mit Ausnahme des Kurvereins wurden 1635 alle reichsständischen Allianzen für aufgelöst erklärt. Das zielte zwar damals konkret auf ein bestimmtes Bündnis, die Liga, stellte aber implizit das (herkömmliche, einfach traditionell praktizierte) Bündnisrecht der Reichsstände überhaupt in Frage. Und das *ius armorum*, das Gewohnheitsrecht auf eigenständige Rüstungen? Der Prager Vertrag postuliert, dass „auß allen Armaden eine Haupt-Armada gemacht" werde, und zwar unter dem alleinigen Oberbefehl des Kaisers. Tatsächlich würden dann die Kurfürsten von Sachsen, Brandenburg und Bayern doch weiterhin gewisse Kontingente befehligen – aber nominell nur als Teile der Reichsarmee unter kaiserlichem Oberkommando.

Normaljahr 1627   Im Prager Vertrag stehen sodann konfessionspolitische Bestimmungen. Er sieht für den konfessionellen Besitzstand ein Stichdatum vor, den 12. November 1627. Es bürgerte sich, anstelle des modernen Ausdrucks „Stichdatum", die Formel vom „Normaljahr 1627" ein – der damals gegebene Zustand war jene „Norm", an der nun 40 Jahre lang alles zu messen war. Das Stichdatum war für die katholische Seite recht günstig (im November 1627 hatten die ligistischen und kaiserlichen Truppen ihren Siegeszug fast schon beendet, war mancher strittiger Besitz bereits rekatholisiert worden, hatte andererseits Gustav Adolf, der Schwedenkönig aus dem Hause Wasa, seinen Siegeslauf noch nicht angetreten). Und lückenlos schützte der Prager Vertrag, einem weit verbreiteten Fehlurteil zum Trotz, den evangelischen Besitzstand von 1627 keinesfalls, klipp und klar hinfällig waren nur die Anordnungen der kaiserlichen Restitutionskommissare seit 1629, nicht aber in den Jahren vor dem Prager Vertragsschluss ergangene Einzelurteile der obersten Reichsgerichte – da sollten kryptische Klauseln offenbar der katholischen Seite gut getarnte Hintertürchen offen halten.

1629, 1635 – der kurze Blick auf das Ende der zweiten („niedersächsischen") und den Ausgang der dritten („schwedischen") Kriegsphase, auf Restitutionsedikt und Prager Frieden, sollte exemplarisch verdeutlichen, was hier nicht flächendeckend aus einer Geschichte des Dreißigjährigen Krieges herausgearbeitet werden kann: Es gab reichsintern zwei „Materiae Belli" – eine konfessionspolitische und eine verfassungspolitische. Es ging um die Besitzstandsverteilung zwischen den Konfessionen und um die Kompetenzverteilung zwischen den verschiedenen an Reichspolitik beteiligten Instanzen.

Dass der Dreißigjährige als Konfessionskrieg ausgebrochen ist, wurde in Kapitel IV deutlich. Wie sehr er es zunächst geblieben ist, zeigt das Restitutionsedikt. Er hat sich aber danach, in den frühen 1630er Jahren, entkonfessionalisiert und internationalisiert, aus dem *teutschen* Konfessionskrieg wurde ein europäischer Hegemonialkampf. Instruktiv für den Bedeutungsrückgang des konfessionellen Moments ist ein Vergleich zwischen Restitutionsedikt und Prager Frieden. Was ist denn das Tertium Comparationis? Dass sowohl 1629 als auch 1635 der Kaiser (durch katholische Waffen errungener Siege wegen) ungemein mächtig, die Gegenseite aber entscheidend geschlagen schien. Wie nun hat man die militärischen Triumphe jeweils in Politik umzugießen versucht? Als sich am Ende des Niedersächsisch-Dänischen Krieges eine Seite scheinbar auf der ganzen Linie durchgesetzt hatte, sich nun ihre Träume erfüllen (nüchterner formuliert: die Kriegsziele realisieren) konnte, nutzte sie das für ein konfessionspolitisches Revirement. Offensichtlich war man damals der Ansicht, genau dafür so lange gekämpft zu haben – also Oktroi der eigenen Interpretation des Religionsfriedens mit allen konkreten, nämlich territorialen oder vermögensrechtlichen Konsequenzen. 1635 hingegen wurde die konfessionspolitische Frage gewissermaßen eingeklammert, ja, geradezu ausgeklammert – Vertagung des Streits um 40 Jahre. Man vertagt etwas, was man momentan nicht für vordringlich hält. Was aber hielt die siegreiche Seite nun für vordringlich? Die politische Einigung des Reiches und die Beendigung des Krieges! Den Prager Vertrag durchweht reichspatriotisches Pathos: Wir müssen den Reichsboden von fremden Truppen, das Reichssystem von fremder Einmischung befreien. Dafür wird zweierlei für notwendig gehalten: Schulterschluss aller patriotischen, friedliebenden Reichsstände und Stärkung der kaiserlichen Position, jedenfalls (das ist in der Forschung konsensfähig) auf militärischem Gebiet.

Die Prioritäten hatten sich zwischen 1629 und 1635 eklatant verschoben. Mit dem Scheitern des Restitutionsedikts, dem Tod Gustav Adolfs (1611–1632) – den die Protestanten für jenen ersehnten Deus ex Machina gehalten hatten, der endlich die der Gegenseite aus den ideellen und materiellen Ressourcen des Kaisertums zuwachsenden strukturellen Vorteile kompensierte – waren in beiden Lagern inbrünstig gehegte Utopien derart spektakulär zerplatzt, dass das Feuer der religiösen Begeisterung erlosch. Dennoch bestand in Westfalen natürlich konfessionspolitischer Regelungsbedarf – jedermann wusste, dass die konfessionelle Polarisierung des Reichsverbands 1619 den Flächenbrand entzündet hatte, dass die zwischen den Konfessionsparteien strittigen „Gravamina", wie der Vertragstext von 1648 selbst sagt, „zum großen Teil … Ursache und Anlass" des noch tobenden Krieges gewesen sind. Der Religionsfriede von 1555 war so diskreditiert wie seine Zwangsinterpretation von 1629, die Regelung von 1635 aber provisorisch. Bei den Westfälischen Verhandlungen musste der Religionsfriede auf den Prüfstand, musste offenbar nachgebessert werden – wobei man Anleihen bei der interimistischen Prager Lösung nehmen würde.

Regelungsbedarf

b) Das verfassungspolitische Problem

Schon beim Blick auf die konfessionspolitische „Materia Belli" wurde deutlich, dass es daneben eine verfassungspolitische gab – beides hing eben eng miteinander zusammen und kann nur sehr künstlich, der analytischen

Klarheit zuliebe, auseinander dividiert werden. Im Dreißigjährigen Krieg wurde auch zwischen zentralistischem und föderalistischem Verfassungs-verständnis gerungen. Drohten die monarchischen Gehalte in der Misch-verfassung des Reiches, vielleicht auch die oligarchischen (dominantes Kurkolleg) überhand zu nehmen? Viele Zeitgenossen haben das befürchtet, Ersteres wohl mit mehr Recht als Letzteres.

Man könnte den Dreißigjährigen Krieg, anstatt nach dem üblichen Vie-rer-Schema (Pfälzischer, Niedersächsischer, Schwedischer, Französischer Krieg), auch in zwei großen Bögen beschreiben, die die kaiserliche Macht-entfaltung vor 1648 nachzeichnen. In den 1620er Jahren gab es eine ganze Reihe von bedenklichen Zeichen kaiserlicher Selbstherrlichkeit – beispiels-weise irreguläre Versammlungen besonders kaisertreuer Reichsstände, die der Wiener Politik Rückhalt geben sollten (drohten die mittelalterlichen Hoftage wieder aufzuleben?); beispielsweise die ohne Zustimmung des Kurkollegs, also verfassungswidrig vorgenommene Ächtung des Heidelber-ger Kurfürsten Friedrich im Januar 1621, die nicht minder problematische Translation der dadurch vakant gemachten pfälzischen Kur auf den Bayern-herzog, um das militärische Engagement des Ligachefs zu honorieren. Von diesem machte den Kaiser Wallensteins Heer später unabhängig; und wäh-rend nun fast das ganze Reich unter dem Quartier- und Proviantbedarf jenes riesigen Heeres litt, suchte das Reichsoberhaupt Rüstungsanstrengun-gen von Reichsterritorien ohne seine, die kaiserliche Genehmigung als „Ungehorsam" zu diffamieren und zu unterbinden: Wollte er etwa das nir-gends verbriefte, aber traditionelle *ius armorum*, das Recht der Reichs-stände auf eigenständige Rüstungen aushebeln? Blieben interne Wiener Gutachten, die das Reich als „monarchia" definierten und den Kaiser zum Träger einer unteilbaren obersten Souveränität erklärten, außerhalb der Hofburg unbekannt, wurden angebliche Bemerkungen Wallensteins, die die traditionelle *teutsche libertät* verhöhnten, allenthalben kolportiert. Of-fenbar handelten der Kaiser und sein General nach der Devise „Not kennt kein Gesetz", glaubte Ferdinand, unter Berufung auf den 'Staatsnotstand' ihm reichsrechtlich gesetzte Beschränkungen abschütteln, Wallenstein aber, alles den 'Sachzwängen' des Kriegszustands unterordnen zu dürfen.

Erster Scheitelpunkt kaiserlicher Stärke

An ihrem ersten Scheitelpunkt war die Kurve kaiserlicher Machtentfal-tung 1629, mit dem Restitutionsedikt, das kein Reichstag verabschiedet hatte, das der Kaiser selbstherrlich auf den Weg brachte, als Ausführungs-gesetz zu jenem Religionsfrieden, den nur das Reichsoberhaupt authen-tisch interpretieren könne. Es war eine reichsrechtlich prekäre Anmaßung – was sogar der Reichshofrat so empfunden haben muss, denn er bastelte an der Fiktion, Ferdinand II. habe, um eine „erörterung" der allfälligen Grava-mina gebeten, lediglich gerichtet, ein „Urteil" gefällt: schlechte Maskerade, sie kann nicht verhüllen, dass das Restitutionsedikt nach Form und Inhalt legislativen Charakter hat. Es bezeichnet den Kaiser als jenen „Handhaber aller Ordnung und Gesetze", der aufgerufen sei, zu „verordnen", was „zu Fortpflanzung gemeiner Wohlfahrt … ersprießlich" sei. Dass der Souverän als Quelle allen Rechts auf dem Verordnungsweg dem Gemeinwohl Bahn bricht, entspricht absolutistischer Ideologie, die Rhetorik stand einem Reichsoberhaupt nicht gut zu Gesicht. Weil Ferdinand auch in der Außenpolitik und bei der Kriegführung kaum mehr Wert auf Rücksprache mit dem Reich legte, noch nicht einmal die Kurfürsten konsultierte, begannen sich schließlich sogar katholische Reichsstände wegen der unübersehbaren Selbstherrlichkeit der Hofburg Sorgen zu machen – auch das Ligaoberhaupt, Maximilian von Bayern, hatte keine Lust, sich zum „Sklaven" machen zu lassen. Gerade die katholischen Kurfürsten hielten am Regensburger Kollegialtag von 1630 energisch dagegen, indem sie, beispielsweise, die Entlassung Wallensteins erzwangen. Das Pendel war wieder zurückgeschlagen. Die erste der beiden Kurven ist damit durchschritten.

Der Kriegseintritt Schwedens erzwang dann wieder den Schulterschluss zwischen katholischen Reichsständen und katholischem Reichsoberhaupt, indes, der Sieg von Nördlingen (1634) war auch einer Habsburgs über die *teutsche libertät*. Der Prager Friede zeigt den Kaiser erneut auf dem Gipfelpunkt seiner Machtentfaltung. Alle Truppen wurden auf ihn vereidigt, er sollte die unbedingte Verfügungsgewalt über das – indes weiterhin von den Ständen zu unterhaltende – Reichsheer haben.

Zweiter Scheitelpunkt kaiserlicher Stärke

Warum griff die Prager Ordnung nicht, warum ging der Krieg weiter? Zum einen, weil sie eine Ordnung *nur* fürs Reich sein wollte; dieses aber war mittlerweile lediglich wichtiger Nebenkriegsschauplatz, die *teutsche libertät* und die konfessionellen Besitzstände in der Mitte Europas waren zu nachrangigen Themen abgesunken. Frankreich zum Beispiel, das fortan dem Krieg seinen Stempel aufdrücken würde, Frankreich ging es vor allem um die Eindämmung Spaniens.

Zweitens aber war die Prager Ordnung eine *schlechte* Ordnung für das Reich. Sie war nicht fair. Die siegreiche Seite münzte ihre militärischen Triumphe 1635 zwar nicht in konfessionspolitische Gewinne um, aber ganz offensichtlich in andere. Das nach Prager Maßgaben umgebaute Reichssystem hatte mehrere bedenkliche Schlagseiten.

Schon die bislang referierten Bestimmungen müssen nicht als harmlos eingestuft werden. Kaiserliches Militärmonopol, Auflösung der Liga – war das nur militärische Notwendigkeit, waren das reine Organisationsfragen ohne machtpolitischen Hintersinn? Wohl kaum, einhelliger als die moderne Forschung verneinten das die Zeitgenossen, auch katholische. Sie sahen eine eklatante Stärkung des Kaisertums auf Kosten der *teutschen libertät* – wenn sich die Reichsstände nicht mehr zusammentun, wenn sie ohne kaiserliche Erlaubnis keine Truppen mehr aufstellen durften, waren einer Wiener Willkürherrschaft Tür und Tor geöffnet, weil keine Gegenwehr mehr organisiert werden konnte. Dass die Forderung, Bündnisse für aufgehoben zu erklären, offenbar aus Dresden gekommen war (um von der Hofburg freudig begrüßt zu werden), widerspricht dieser Sichtweise nicht, denn die kursächsische Reichspolitik war traditionell forciert prokaiserlich, Dresden hatte einst auch die Union von Auhausen als systemwidrig diffamiert, als Institutionalisierung von Ungehorsam. Die Prager Ordnung barg noch andere Konstruktionsmängel. Der Friede nahm die gewissermaßen 'schlimmsten' Feinde des Kaisers aus, so dass sie nicht auf Amnestie und Restitution hoffen konnten – weshalb eine Fortsetzung des Krieges auch aus reichsinternen Gründen gewährleistet war. Die „nondum reconciliati", wie die zeitgenössischen Akten rubrizieren, die „noch nicht (man ergänze: mit dem Kaiser) Ausgesöhnten" suchten natürlich weiterhin rastlos nach immer neuen Anknüpfungspunkten für antihabsburgische Allianzen, weil sie weiterhin nichts zu verlieren hatten.

Bedenklich auch, dass der Prager Vertrag Gesetzesgeltung für alle Reichsstände beanspruchte, sobald sich ihm eine Mehrheit derselben unterworfen habe. Reichsgesetze durfte eigentlich nur ein Reichstag verabschieden. Nun gut, ein solcher hatte seit 1613 nicht mehr stattgefunden, die Hofburg konnte sich auf eine Art Notrecht berufen. Oder sollte die Versammlung aller Reichsstände auf lange Sicht obsolet gemacht, sollte eine Regierungspraxis ohne Reichstag begründet werden? Diesen Verdacht bestärkt ein häufig übersehener Sachverhalt: der Prager Friede ist auch Steuerbewilligung! Wer ihn unterzeichnete, verpflichtete sich damit zugleich zur Zahlung von 120 Römermonaten. Ein Jahr später bewilligte ein Kurfürstentag (!) dem Kaiser die Einziehung von weiteren 120 Römermonaten. Das Gros der Reichsstände sah sich hilflos, weil mangels Reichstag sprachlos einem Wettlauf zwischen monarchischer und oligarchischer Deformation des Reichssystems ausgesetzt.

E | **Die zentralistische Verbiegung des Reichssystems von 1635**
– Der Prager Friede ist Steuerbewilligung ohne Reichstag;
– er beansprucht Gesetzeskraft ohne Reichstag;
– er schließt dem Kaiser besonders missliebige Reichsstände einfach von Amnestie und Restitution aus;
– schließlich: ohne ihr herkömmliches Bündnisrecht und das Gewohnheitsrecht auf eigenständige Rüstungsmaßnahmen können die Reichsstände fortan kaum noch Widerstand gegen kaiserliche Zumutungen organisieren.

Breit angelegte Gegenwehr war inmitten der immer unerträglicher werdenden Kriegsgräuel kaum zu organisieren. Konfessionelle Solidaritäten und traditionelle Klientelbeziehungen setzten einer Mobilisierung 'des Reiches' enge Grenzen. Aber es musste die Großen – Habsburg, Bourbon, Wasa – doch alarmieren, dass sich ihre Klienten zunehmend durch Separatverträge mit dem Feind der Auseinandersetzung entziehen, in eine bewaffnete Neutralität überwechseln oder – die ganz Kleinen – einfach abtauchen wollten. Unter den wichtigeren Reichsständen machte Brandenburg den Anfang. Im Mai 1641 schloss Kurfürst Friedrich Wilhelm (1640–1688) mit Stockholm einen Waffenstillstand, entließ er einen Großteil seiner Truppen – womit er im Grunde das Prager System aufkündigte. Nach dessen Logik nämlich waren besagte Truppen ja keine brandenburgischen mehr, sondern Teil der Reichsarmee, und der Oberbefehl lag beim Kaiser. Friedrich Wilhelm holte sich zurück, was ihm der Prager Vertrag genommen hatte: außenpolitische Handlungsfreiheit (der Waffenstillstand), das *ius armorum* (Entlassung der Truppen). Andere folgten mit eigenen Waffenstillständen nach: 1645 Kursachsen (mit Schweden), 1647 Kurmainz (mit Frankreich). Mit Frankreich schlossen 1647 sogar die Wittelsbacher in München und Köln ihren Waffenstillstand. Sie kündigten ihn zwar wenig später wieder auf, freilich, um Maximilian von Bayern als Verbündeten wiederzugewinnen, musste ihm der Kaiser den alleinigen Oberbefehl über die bayerischen Truppen zurückgeben – das Prager System knirschte in allen Fugen.

Wirklich ausgehebelt wurde es indes erst im Vorfeld der Westfälischen Verhandlungen, im Kontext der **„Admissionsfrage"**. Wenn Ferdinand III. (1637–1657) der Ansicht war, er selbst und nur er könne in Westfalen fürs Reich sprechen, entsprach das seinem Regierungsstil und dem Geist der Prager Ordnung. Auf den Kaiser war in Prag alles zugeschnitten worden, und Ferdinand III. pflegte in der Außenpolitik nicht weniger selbstherrlich zu agieren denn sein Vorgänger, ohne regelmäßige Rücksprache mit dem Kurkolleg (um von Reichstagen ganz zu schweigen). Ferdinand wünschte die europäischen Fragen von den deutschen Verfassungsproblemen zu trennen, in Westfalen lediglich über Erstere zu reden und diesen europäischen Friedenskongress als alleiniger Vertreter seiner wie der Reichsinteressen, der habsburgischen wie der *teutschen* Anliegen zu bestreiten. Anschließend würde er mit dem Nimbus des Friedensmachers einen Reichstag einberufen, an dem nun, nach dem Friedensschluss, wiederum die auswärtigen Kriegsmächte nichts zu suchen hatten und der die spezifisch *teutschen* Probleme abarbeiten würde. Das Kalkül baute auf die altbewährte Devise „divide et impera": Der Kaiser war nach außen stärker, wenn nur er fürs Reich sprach; und gegenüber den Reichsständen stärker, wenn ihm diese ohne ihre auswärtigen Alliierten aus Kriegszeiten gegenübersaßen.

Admissionsfrage

Wer ist zu den westfälischen Verhandlungstischen zuzulassen (lat. admittere = zulassen): das meint der mysteriöse Ausdruck „Admissionsstreit"; etwas freier und intelligenter übersetzt: Streit darüber, wer das Reich am Kongress vertrat, wer Reiches Stimme führte. Man verhandelte, sich über die *admissio* zankend, implizit auch das künftige Antlitz des Reichssystems. Repräsentierte der Kaiser allein das Reich? Taten es Kaiser plus Kurkolleg (eine Rückzugslinie – aber auch die Kurfürsten standen ja, wegen ihrer dominanten Rolle während der reichstagslosen Jahrzehnte, am Pranger)? Das wäre die monarchische beziehungsweise oligarchische Lösung des Problems gewesen. Oder verkörperten alle Reichsstände zusammen das Reich, hatte jeder das Recht, mitzusprechen, am Verhandlungstisch zu sitzen? Diese Lösung war die der traditionellen *teutschen libertät* gemäße.

Aus durchaus divergierenden Motiven heraus wollten die auswärtigen Siegermächte und viele Reichsstände genau das Gegenteil: keinen Alleinvertretungsanspruch des Kaisers fürs Reich und eine Besprechung auch der deutschen Verfassungsprobleme (einschließlich der konfessionell bedingten) am Friedenskongress. Viele Reichsfürsten waren überzeugt, dass sie ihre *libertät* besser wahren konnten, wenn das Ausland mit am Verhandlungstisch saß; sogar manche katholische Regenten, wie Maximilian von Bayern, sahen in Frankreich einen Garanten ihrer *libertät* gegen habsburgischen Übermut. Die Prager Ordnung hielten sie für so gefährlich, dass sie eine Besprechung der *teutschen* Fragen unter den Augen des Auslandes für das kleinere Übel hielten, vom Ausland nicht allein gelassen werden wollten, wenn sie jenem Kaiser gegenübersaßen, der das Reichssystem zuletzt so stark auf sich hin gepolt, der so vieles in der Reichspolitik an sich gerissen hatte. Der Friedenskongress sollte also auch deutscher Verfassungskongress sein. Aber natürlich: dabei wollte man selbst mitreden!

Am Ende setzte sich vor allem Frankreich mit seinen Vorstellungen vom Verhandlungsmodus durch, auf Kosten Habsburgs, zu Gunsten der Reichs-

Zum westfälischen Verhandlungsmodus

95

stände. Zwei Orte, ein Kongress – schon das war ein Triumph der französischen Diplomatie: Bourbon trat Habsburg nicht vereinzelt gegenüber, die europäischen Verbündeten gegen ein und denselben Feind, Habsburg, nämlich Schweden und die Generalstaaten, waren in die französisch-habsburgischen Verhandlungen institutionell mit eingebunden. Und nicht nur die europäischen Alliierten! Der Wunsch Frankreichs, seine treuen Verbündeten mit am Verhandlungstisch zu sehen, der Wunsch Frankreichs, Habsburg zu schwächen, und der Wunsch vieler Reichsstände, ihre Interessen selbst in Westfalen zu artikulieren, verbanden sich zur Forderung nach der *admissio* aller Reichsstände zu den Kongressen. Die Hofburg musste nachgeben, der an zwei Orten tagende Friedenskongress wurde von einer auf zwei Orte verteilten reichstagsähnlichen Versammlung flankiert, die zu allen *teutschen* Fragen Stellung nahm (ohne den Verhandlungen die Richtung weisen zu können). Dass der Kaiser das Reich nicht allein repräsentierte, war eine auch symbolisch wichtige Niederlage; sie signalisierte, dass die Prager Ordnung zerbrochen war. Der Geist von Prag (der Kaiser allein verkörpert das Reich, schließt Bündnisse, führt Kriege) war in die Flasche zurückgetrieben. Die Gewichte im Reichssystem mussten in Westfalen neu austariert werden.

3. Materia pacis – die Therapie

a) Lösung des Konfessionsproblems, Auflösung des Reichsverbands?

Hat der Westfälische Friede das aus den Fugen geratene Reichssystem saniert? Bis vor kurzem hätte diese Frage in Wissenschaftsbetrieb wie Bildungsbürgertum ein inbrünstiges Nein evoziert. Um Fritz Hartung zu zitieren: „Der Westfälische Friede zerstörte bloß." Warum aber war er so zerstörerisch? Weil er die Libertät der Stände „fast schrankenlos anerkannte" und dem Kaiser „fast jede Handhabe zum Eingreifen im Reich" benahm. Das Reich als ganzes ist tot, es leben seine Teile; Ende einer zusammenhängenden deutschen Geschichte, die von nun an in Landesgeschichten zerbröselt, unter denen eine, die preußische herausragt, die zerfallene deutsche behelfsmäßig substituierend. Reichsgeschichte seit 1648 muss sich, so Hartung, „auf die mehr oder minder ausführliche Erzählung der humoristischen Züge des Erstarrungsprozesses ... beschränken". Viel Schatten also – und ein kleines Lichtlein: „Nur eine Frage wurde durch den Frieden gelöst, die religiöse."

Katastrophenjahr 1648?   Was hier in Worten von Fritz Hartung wiedergegeben wurde, war bis vor kurzem unbestrittener Forschungsstand, wurde von Generationen geglaubt und memoriert. Die bis heute maßgebliche Monographie (von Fritz Dickmann) mündet in folgendes Resümee: „Der Frieden bedeutete für unser Volk ein nationales Unglück und für das Heilige Römische Reich ... den Anfang der tödlichen Krankheit, der es schließlich erlag ... Das Jahr 1648 ist eines der großen Katastrophenjahre unserer Geschichte."

Woher haben das Hartung und all die anderen nur? Aus dem 18. Jahrhundert kommt das stabile, fast unerschütterliche Konstrukt nicht – bei denen, die mit den Folgen des Westfälischen Friedens tagtäglich leben mussten, bei den Reichsbewohnern war er wohlgelitten. Der gute Ruf wurde erst danach ruiniert, durch üble Nachrede des nationalstaatlichen 19. Jahrhunderts. Schaut man in Schulbücher des Deutschen Bundes, des Kaiserreichs, kann man verfolgen, wie das Bild vom Vormärz bis in die 1880er Jahre hinein von Jahrzehnt zu Jahrzehnt finsterer wird, danach gibt es nichts mehr einzuschwärzen. Mit anderen Worten: Als das Schreckens-bild entstand, lag neben dem Farbkasten die preußische Pickelhaube; das Ergebnis dieser Schmiererei hängt bis heute in jeder gutbürgerlichen Stube. Wer im 19. Jahrhundert einen preußisch-kleindeutschen Nationalstaat her-beischreiben, sodann der gewalttätig und abrupt errungenen Reichgrün-dung von 1871 auf dem Wege der Traditionssuggestion lang zurückrei-chende Wurzeln schenken wollte, schätzte den vorgeblichen Zerfall von Kaisertum und Reichsidee als Folie, von der sich Preußens Aufstieg zur deutschen Leitmacht strahlend abheben konnte. Der Mythos vom Reichs-zerfall seit 1648 ist unabdingbares Seitenstück zum Mythos von „Preußens deutscher Sendung" – es ist der Zwillingsmythos der deutschen Historio-graphie. Von den Borussophilen des 19. Jahrhunderts kreiert, hallte er er-schreckend lange nach.

Was nur stellte der Friedensschluss angeblich mit dem Reichsverband an? Er verschuldete seine „innere Auflösung", heißt es allenthalben. Warum aber „splitterte", „bröckelte", „zerriss" da etwas? Weil die Reichs-glieder 1648 für souverän erklärt worden seien – allen Ernstes behaupten das die Schulbücher des Kaiserreichs und unisono; schlimmer, dass es seit-her auch in vielen Handbüchern behauptet wird. „Souveräne" Glieder – da lag dem 19. Jahrhundert ein anderer verfassungsrechtlicher Terminus ganz nahe: Der Westfälische Friede habe das Reich zu einem „Staatenbund" de-gradiert, „entkräftet", „zersetzt". Das war nicht originelle Einzelmeinung, war Grundwissen, abfragbar; schuld war natürlich der „Erbfeind", Frank-reich.

Das alles wirkte lange nach – cum grano salis. Die Klassifizierung als „Staatenbund" verschwand wieder aus den Geschichtsbüchern, weil die präsumtiven Leser mit jenem Terminus immer weniger anfangen konnten. Die Facette „dem Erbfeinde ausgeliefert" wurde bis 1945 mit einer gewis-sen Inbrunst gepflegt (beliebt der Vergleich mit dem anderen „Schmach-frieden", dem von Versailles), um danach, im Zeichen der deutsch-franzö-sischen Freundschaft, getilgt zu werden. Der Rest blieb. Lösung des Kon-fessionsproblems, Auflösung des Reichsverbandes – lassen sich diese Positionen auf dem Stand der Forschung ernsthaft aufrechterhalten?

Langer Nachhall alter Wertungen

b) Der Zweite Religionsfriede

Das *Instrumentum Pacis Osnabrugense* (IPO) bekräftigte die Geltung des Augsburger Religionsfriedens von 1555. Das war nicht einfach nur Forma-lie – denn manche katholische Eiferer hatten ihn seit den 1580er Jahren als bloße Ausnahme- und Notordnung für die Zeit der ärgsten Bedrängnis durch die Ketzer diffamiert. Nein, der Religionsfriede hat Gesetzeskraft, betont das IPO. Und es erklärt sich, weil die strittige Auslegung dieses Gesetzes so viel Unheil gestiftet hatte, zur authentischen Interpretation desselben, zur *perpetua declaratio* (dauerhaft gültigen Erläuterung), wie es 1555 eigentlich gemeint gewesen sei. Nur eine Lesehilfe? Nein, hier machte das IPO in Understatement. Tatsächlich besserte es nämlich gründlich nach, so gründlich, dass am Ende etwas ganz anderes herauskam.

Der Erste Religionsfriede wurde durch den Zweiten kräftig modifiziert – kein Wunder, zu offensichtlich hatten Unschärfen und Einseitigkeiten des Gesetzestextes von 1555 das Reich in den Ruin getrieben! In Kapitel IV wurde gezeigt, welche Aspekte besonders problematisch gewesen sind: die Frage der Einbeziehung der Calvinisten und diverse Ausnahmeregelungen zum *ius reformandi*, die sich überwiegend prokatholisch ausgewirkt und so eine volle **Parität** der Konfessionen verhindert hatten. Die Calvinisten wurden nun ausdrücklich (als vorgebliche Untergruppe der Anhänger der *Confessio Augustana*) ins Schutzversprechen des Religionsfriedens einbezogen; und die Parität wurde ausdrücklich zur obersten Richtschnur des Reichsreligionsrechts gemacht.

E   **Parität**
von lat. par = gleich; meint im Kontext des Reichsreligionsrechts die 1648 verfügte Gleichberechtigung der evangelischen und katholischen Konfession, ihre „aequalitas exacta" (wie das IPO formuliert).

Dass das IPO den konkreten Einzelanweisungen ein hehres Grundprinzip zur Seite stellt, sollte man nicht als Wortgeklingel abtun. Denn nach den Erfahrungen von 1555 war ja keinesfalls auszuschließen, dass auch der Zweite Religionsfriede, wie der Erste, und allen Bemühungen um Klarheit zum Trotz, Auslegungsstreit provozieren würde, durch unklar formulierte Zweifelsfälle, Lücken gar. Diese waren dann im Geiste der Parität aufzufüllen – Juristen sprechen von „Lückenschließungs-Parität". Was wäre denn die Antithese dazu? Nun, es hatte im Konfessionellen Zeitalter Stimmen gegeben, die in allen Zweifelsfällen eine Auffüllung in katholischem Geiste, gar durchs kanonische Recht gefordert hatten, weil das Reich nun einmal im Grundsatz und seinem Wesen nach katholisch sei, der Religionsfriede nur einige Ausnahmeregeln zu Gunsten der Evangelischen formuliere; weil er lediglich eine vorübergehende Konzession an die vorerst geduldete Nebenkonfession durch die Hauptkirche des Reiches sei, von dieser in allen Zweifelsfällen zu interpretieren und zu gegebener Zeit auch zurückzunehmen. Die Maxime der „aequalitas exacta" dementierte diese Ansicht.

Zahlenparität –
Verfahrensparität
Das IPO dekretiert aber nicht nur gleichsam abstrakt, dass künftig Parität zu herrschen habe, sondern sucht das in konkrete Bestimmungen für jene Reichsorgane umzusetzen, deren vom Streit der Konfessionen verschuldete Blockade das Reichssystem in der Vorkriegszeit gelähmt hatte. Die dem Westfälischen Frieden unbekannten Etiketten „Zahlenparität" und „Verfahrensparität" helfen dem modernen Betrachter, den Überblick zu bewahren. Zahlenparität: In manchen Institutionen brauchte man ja nur für eine konfessionell ausgewogene Besetzung zu sorgen (Reichsdeputationen, -kom-

missionen, Kammergericht). Am Reichstag war das nicht praktikabel; da er die Vollversammlung aller Reichsstände war, seine Zusammensetzung mithin nicht disponibel, musste man für ihn eine verfahrensparitätische Lösung finden, die verhinderte, dass die Mehrheit in konfessionspolitisch einschlägigen Fragen die Minderheit einfach niederstimmte – genau das hatte die Institution Reichstag ja im späten 16., frühen 17. Jahrhundert zerrüttet. Deshalb erklärt das IPO, dass in Glaubensfragen nur gütliche Vereinbarung zwischen den beiden konfessionellen Lagern statthaft sei. Diese hatten dann also zunächst jeweils für sich zu beraten, mussten sich danach, gleichsam 'eins zu eins', einigen. Übrigens war man in konfessionellen Streitfragen schon in Westfalen so verfahren: indem man Kompromisse zwischen den hauptsächlich in Münster weilenden katholischen Gesandten und den überwiegend in Osnabrück versammelten evangelischen Emissären suchte – in religionsrechtlichen Fragen überspielte diese konfessionelle Zweiteilung schon in Westfalen die formal nicht aufgegebene Kuriengliederung. Insofern segnete der Westfälische Friede etwas ab, was bereits zu seinem Zustandekommen beigetragen hatte.

Es gab also seit 1648 zwei Modi Procedendi am Reichstag: Beratung in den drei (hierarchisch definierten) Kurien sowie Beratung in den beiden (konfessionell definierten) *Corpora*. Was aber war eine Glaubensangelegenheit? Weise verzichtete das IPO darauf, das spitzfindig zu definieren. Glaubensangelegenheit war, was wenigstens eine Seite geschlossen als solche erachtete. Weil die Katholiken in den ersten beiden Kurien die Mehrheit der Stimmen besaßen, war dieser Minderheitenschutz praktisch vor allem für die evangelische Seite von Belang. Wann immer also aus dem evangelischen Lager laut der Schrei „Glaubenssache!" erscholl, musste man fortan in die beiden Corpora auseinander gehen – in der Terminologie der Zeit: eine *itio in partes* veranstalten und, anstatt der üblichen Abstimmung, die *amicabilis compositio*, sprich, einen zwischen den beiden Corpora konsensfähigen Kompromiss suchen. Tatsächlich würde es nur sehr selten eine *itio in partes* (wörtlich: Auseinandergehen in zwei Teile/Parteien) geben; allein die Drohung reichte vielfach aus, um die katholische Mehrheit davon abzuhalten, den Minderheitenschutz zu missachten und die Evangelischen einfach rücksichtslos niederzustimmen. Vielleicht ist die so schlicht daherkommende *itio in partes* der überzeugendste Einfall der in Westfalen versammelten Diplomaten. Einst hatte der Dreißigjährige Krieg als Ringen zwischen zwei Konfessionsbündnissen begonnen; nun band man diese quasi wild gewordenen, aus dem Reich hinausstrebenden Kräfte in die Verfahrensordnung des wichtigsten politischen Forums im Reich ein, institutionalisierte die Konfessionsparteien und domestizierte sie so. Anstatt Krieg zu führen, sollten sie sich fortan Wortgefechte am Reichstag liefern, nicht um Sieg oder Verderben, sondern um Kompromisse ringend.

Was wissen wir bis jetzt? Der Westfälische hat den Augsburger Religionsfrieden prinzipiell bestätigt, aber auch modifiziert. War 1555 eine recht weitgehende Gleichberechtigung des Luthertums mit der alten Kirche gewährt worden, ohne dabei den Status des Calvinismus zu klären, wurde 1648 die volle Parität der drei reichsrechtlich zugelassenen Konfessionen verfügt. Detailkorrekturen, hie und da nachbessernde Überarbeitung? Ja,

Itio in partes

auch, aber das ist nur die halbe Wahrheit. Denn man hat in Westfalen mit dem *ius reformandi* das Grundprinzip von 1555 ausgehebelt. Der Westfälische Religionsfriede fand nämlich für die hoch brisante Frage der konfessionellen Besitzstandsverteilung im Reich ein anderes Kriterium als der von Augsburg.

Normaljahr 1624   Er nennt ein „Normaljahr", wie das, bekanntlich, schon der Prager Friede vorgesehen hatte, damals noch auf 40 Jahre befristet. Nun galt es unbefristet, und anstelle des für die Katholiken sehr günstigen Jahres 1627 nahm man das den Evangelischen annehmbarere Jahr 1624 – nach dem kaiserlich-katholischen Triumph im Pfälzischen Krieg, aber vor den Siegen Wallensteins im Niedersächsischen. Übrigens galt das Normaljahr für die habsburgischen Erblande nicht, dort blieb das Prinzip des *ius reformandi* konkurrenzlos, uneingeschränkt. Und auch die Oberpfalz blieb, gegen das Normaljahr, katholisch.

E | **Die wichtigsten konfessionspolitischen Novellen von 1648**
- an die Stelle einer weitgehenden Gleichberechtigung des Luthertums mit der alten Kirche tritt die volle Parität der (nunmehr drei) reichsrechtlich zugelassenen Konfessionen
- die konfessionelle Besitzstandsverteilung richtet sich nach dem Normaljahr 1624

Ansonsten aber: eine Normaljahrsregelung – was hatte das für konkrete Folgen? Einmal waren damit alle evangelischen Erwerbungen zwischen 1552 und 1624 endgültig legalisiert, ob es sich nun um reichsmittelbare Klöster handelte oder um einstige Hochstifte. Zweitens aber wurde, wie **Normaljahr und *ius reformandi*** schon angedeutet, das *ius reformandi* relativiert. Denn überall, wo sich die vorherrschende Konfession am 1. Januar 1624 noch nicht hundertprozentig und lückenlos durchgesetzt hatte, anders betrachtet: überall, wo 1624 noch Minderheiten ihre Nischen gefunden hatten, beispielsweise ein Gotteshaus für ihre Andachten, da musste das auch für alle Zukunft so bleiben. Der Landesherr konnte dort den 1624 noch nicht zum Abschluss gebrachten Konfessionalisierungsprozess nicht mehr weiter vorantreiben. Der konfessionelle Zustand am Stichdatum wurde ja gleichsam eingefroren, und zwar in allen Nuancen: Wer 1624 das *exercitium religionis publicum* besessen, also seinen Glauben „öffentlich" (mit Kirchen und Glockengeläut, Glanz und Gloria) ausgeübt hatte, durfte dies weiterhin tun; wo eine Konfession 1624 lediglich in eingezogenerer Form, beispielsweise in Gebetshäusern ohne Türme, aber vielleicht mit Dachreitern praktiziert worden war, da blieb es für alle Zeiten hierbei. Hatte der Erste Religionsfriede die Konfession des Territoriums dem Belieben des Landesherrn überantwortet, schrieb ihm der Zweite vor, dass er Minderheiten, die sich bis 1624 noch gehalten hatten, auf immer und ewig hinnehmen musste. Er *durfte* auch andere hinnehmen, denen dann, noch einmal abgestuft, nur die *devotio domestica*, die Hausandacht zustand. Das war aber kein Muss – wer sich nicht aufs Stichdatum berufen konnte, dem durfte der Landesherr die Emigration auferlegen, noch galt ja das *ius reformandi*. Aber es wurde durch die Normaljahrsregelung vielfach in seiner Tragweite eingeschränkt.

Das zeigt besonders deutlich diese Eventualität: Was, wenn der Landesherr künftig die Konfession wechselte? Dann war das seine private Entscheidung, die die Untertanen nicht mehr mitmachen mussten! Sie konnten sich ja auf den Zustand von 1624 berufen. Keinesfalls graue Theorie! Es gab im späten 17. und im 18. Jahrhundert eine ganze Reihe von Fürstenkonversionen, stets zur katholischen Seite hin – sogar wettinische Kurfürsten wurden katholisch, ein württembergischer Herzog wurde es; die betroffenen Länder wurden es nicht, die Bevölkerung ist den Regenten nicht gefolgt. Übrigens machte diese Regelung in Europa Schule: Es bürgerte sich im 18. Jahrhundert ein, dass man bei Gebietswechseln von einer Regierungsgewalt zu einer anderen die Beibehaltung der seitherigen Religion vereinbarte, ein Brauch, der allmählich Bestandteil des positiven Völkerrechts wurde – an dieser Stelle ist der Westfälische Friede also durchaus avantgardistisch.

Der Zweite Religionsfriede saß über den Ersten zu Gericht, bestätigte ihn zwar formal, machte aber doch etwas ganz anderes daraus. Man diagnostizierte, was seit 1555 falsch gelaufen war, und versuchte eine Therapie. Viele Einzelheiten künden davon, so, um hier nur ein Beispiel herauszugreifen, eine Bestimmung speziell für die Reichsstädte. Bekanntlich bezweifelten ja nach 1555 viele katholische Stimmen, dass ihnen überhaupt das *ius reformandi* zustehe, die Reichsstädte selbst aber haben es für sich beansprucht und teilweise auch praktiziert – indem sie evangelisch wurden: Quelle mancher Querelen. Das IPO erklärt nun ausdrücklich, dass reichsstädtische Magistrate ein *ius reformandi* wie alle anderen territorialen Obrigkeiten besäßen, wie Fürsten oder Grafen. Ein Detail, gewiss – aber es zeigt noch einmal exemplarisch, wie der Zweite Religionsfriede alle Probleme und Tücken des Ersten auf den Prüfstand legte und unter der Etikette der „perpetua declaratio", einer Erläuterung also manches bestätigte, vieles modifizierte.

> **Säulen des Reichsreligionsrechts seit 1648**
> – ein durch das Normaljahr mehr oder weniger relativiertes *ius reformandi* des Landesherrn
> – *innerhalb des einzelnen Reichsterritoriums* dauerhafte Hinnahme von (im Normaljahr 1624 eben vorhandenen) andersgläubigen Minderheiten
> – *innerhalb des Reichsverbands* Parität der drei reichsrechtlich zugelassenen Konfessionen

Den Zweiten Religionsfrieden würdigend, muss man sich vor Anachronismen hüten. Fortschritte für den Toleranzgedanken und für die Idee individueller Menschenrechte beispielsweise hat er, recht besehen, nicht gebracht; so, vom einzelnen Menschen, seinen Gewissensnöten aus dachte man in Westfalen auch nicht, sondern von den bestehenden kirchlichen Großorganisationen her. Ihr weltanschaulicher Absolutheitsanspruch sollte nicht bestritten, ihr Wahrheitsmonopol nicht relativiert – aber doch seiner Konfrontationsdynamik beraubt werden. Ihre Koexistenz auf Reichsgebiet war in juristische Terminologie zu gießen, in stringentere und stichhaltigere als 1555. Nicht die Individualisierung des Religiösen war beabsichtigt und schon gar nicht seine Verdrängung, sondern seine friedensstiftende Verrechtlichung. Nicht Toleranz also und nicht Säkularisierung; Befriedung – das war das große Ziel, daran müssen wir die referierten Bestimmungen messen.

Keine
durchgreifende
Entkonfessionalisie-
rung
der Reichspolitik

Hat der Zweite Religionsfriede dauerhaft befriedet? Kapitel VII wird zeigen: nein! Ganz offensichtlich blieb die Reichspolitik im Bann des konfessionellen Dualismus; die Forschung hat nur bis in die jüngste Gegenwart
hinein nicht so genau hinschauen wollen. Wem Geschichte stets sinnhaf-
ter, fortschrittlicher Prozess ist, dessen Maß Bewegung und Steigerung
seien, kurz, wer den Weltgeist mit den Mitteln des Historismus zum Sprechen bringen möchte, ergötzt sich lieber an „absolutistischer" Staatsmacht
oder aufklärerischer Geistesfreiheit, hat für retardierende Elemente wie den
fortdauernden konfessionellen Hader wenig übrig, womöglich nicht einmal einen Seitenblick, und wird so blind. Gewiss hat man 1648 manche
Schwachstelle des Ersten Religionsfriedens ausgemerzt; aber man hat auch
neue Streitpunkte geschaffen. Nach 1555 war nicht so sehr das klar und
eindeutig formulierte *ius reformandi* des Landesherrn strittig gewesen,
Streit hatte die nur begrenzte Geltung dieses Grundprinzips provoziert, das
unklar formulierte Ausnahmebestimmungen durchlöcherten. 1648 wurde
jenes durchlöcherte *ius reformandi* noch mehr relativiert, wie wir gesehen
haben, durch ein neues Grundprinzip: eine Normaljahrsregelung. Nicht
das klar und eindeutig formulierte Grundprinzip war fortan das Problem,
sondern die nur begrenzte Geltung dieses Grundprinzips; man würde über
„Simultaneum" und „Rijswijker Klausel" streiten – Kapitel VII wird das
noch genauer zeigen. Der Westfälische Friede hat die Reichspolitik gewiss
nicht entkonfessionalisiert, übrigens hat er auch Vertreibungen und Exil-
schicksale nicht verhindert. Wie nach dem Ersten Religionsfrieden wuchsen alsbald wieder Gravaminakataloge an, die protestantische Seite brachte die ihrigen im 18. Jahrhundert mehrmals zur Druckerei. Prozessionen
blieben im Wortsinn lebensgefährlich. Steine flogen dann ziemlich oft,
manchmal auch Gewehrkugeln, in Siegen kosteten sie am Fronleichnams-
fest von 1712 vier Menschenleben.

Natürlich, wir dürfen nicht die Relationen aus den Augen verlieren: Das
Reich sah nach 1648 *keine* glaubensbedingten Verfolgungen vom Ausmaß
der französischen (nachdem Ludwig XIV. 1685 das Edikt von Nantes widerrufen hatte), keine Konfessionsquerelen vom Ausmaß der (bis heute nach-
wirkenden) englisch-irischen. Der konfessionelle Faktor hat das Reich nach
1648 nie mehr, wie 1619, in seiner ganzen Existenz bedroht. Doch liegt
das am IPO? Vermutlich liegt es vor allem an der dreißigjährigen Erfahrung, dass um höchste Werte und letzte Wahrheiten militärisch zu ringen bestenfalls trügerische Scheintriumphe, gewiss aber unermessliches
menschliches Leid eintrug.

c) Die Gewichte im Reichssystem werden austariert

„Lösung des Konfessionsproblems"? Die Reichspolitik hat sich nach 1648
nur graduell entkonfessionalisiert. Nach den traditionell etwas zu hoch ge-
rühmten nun zu den angeblich verderblichen Zügen der Friedensverträge!
Man lokalisiert sie seit den Tagen des Vormärz im achten Artikel des Osna-
brücker Instruments; jener habe Reichspatriotismus und Kaisertum den To-

desstoß versetzt. Tatsächlich waren es nur ein paar Nadelstiche, und Kaisertum wie Reichsidee florierten in den Jahrzehnten nach 1648.

Jenen berüchtigten Artikel ins Visier nehmend, fällt uns zunächst einmal auf, dass es sich um einen sehr kleinen Teil des wortreichen Westfälischen Friedens handelt. So wenig Text und so weitreichende, epochale Folgen? Da muss wohl jede einzelne Aussage spektakulär sein, sollte man meinen, hochbrisant. Was also lesen wir? Zunächst einmal werden alle Reichsstände „in antiquis suis iuribus, praerogativis, libertate, privilegiis, libero iuris territoriali … exercitio, ditionibus, regalibus horumque omnium possessione" (in ihren alten Rechten und Vorrechten, ihrer Freiheit, ihren Privilegien, der freien Ausübung des ius territoriale, ihren überkommenen Herrschaftsrechten, ihren Regalien und im Besitz all dieser Dinge) bestätigt („stabiliti firmatique sunto"). Am Beginn des vermeintlich so umstürzenden Artikels steht – die Bekräftigung des Alten Rechts! Nun hat ein Glied in der Kette dessen, was da bestätigt wird, immer wieder die Phantasie der Leser angeregt: das ominöse „ius territoriale"; ein nicht sehr geläufiger, aber auch keinesfalls singulärer Begriff, den man am besten mit „Landeshoheit" übersetzt. Er wurde freilich generationenlang anders wiedergegeben, vor allem hier haben Legionen von grimmigen Kritikern ihre „Souveränität" lokalisiert. Ist das plausibel? Dagegen spricht schon der Kontext – davor so altertümliche Begriffe wie Prärogativen, danach der wahrlich nicht modischere Terminus Regalien. Um was geht es in dieser Aufzählung, die ja als Ganzes gewürdigt werden muss? Die *teutsche libertät* wird konkretisiert, in verschiedene Einzelfacetten entfaltet. Sicher, der französische Vertragsentwurf kennt die Inhaber eines „droit de souveraineté"; aber genau jenes „droit" (Recht) kam eben nicht in den endgültigen Text! Man hätte es auch nicht mit „ius territoriale" übersetzt, sondern mit „maiestas" – das war der damals geläufigste lateinische Ausdruck für die französische „souveraineté".

Privilegien-
bestätigung

Der berüchtigte Artikel VIII IPO

§ 1: Privilegienbestätigung	Die herkömmliche *teutsche libertät* wird konkretisiert und bekräftigt – Reaktion auf monarchische und oligarchische Deformationen der Kriegsjahre
§ 2: Bündnisrecht	Die Tradition, reichsständische Allianzen einzugehen, wird für legal erklärt – Reaktion auf die 1635 verfügte Auflösung derartiger Bündnisse
„ius suffragii in omnibus deliberationibus super negotiis Imperii"	Bekräftigung, dass der Reichstag das zentrale politische Forum des Reiches ist – Reaktion auf die reichstagslosen Jahre 1613–1640
§ 3: Liste der „negotia remissa"	Aufzählung verfassungspolitischer Themen, deren sich künftige Reichstage annehmen werden – weil innovative Vorstöße in Westfalen nicht mehrheitsfähig sind, schiebt man sie so auf die lange Bank

Erregtheit und Empörung der Interpreten waren haltlos, die ganze Aufregung umsonst: Artikel VIII Paragraph 1 hält nichts Aufregendes bereit, er bekräftigt ‘nur' das Alte Recht, die herkömmlichen Privilegien, gibt den Reichsständen nichts hinzu. Anderswo, nämlich bei den konfessionspolitischen Bestimmungen, ist ihnen sogar etwas weggenommen worden, nicht weniger als die unbedingte Verfügungsmacht über den Glauben der Untertanen – die Normaljahrsregelung unterminierte ja das deklamatorisch hochgehaltene *ius reformandi*. Die Geschichtswissenschaft hat in den letzten 20 Jahren herausgearbeitet, wie wichtig die Konfessionalisierung für die Ausbildung frühmoderner Staatlichkeit gewesen ist; sie aber wurde durch den Zweiten Religionsfrieden vielerorts abgemildert. Not und Problemdruck nach Kriegsende mögen die starke obrigkeitliche Hand und also absolutistische Anklänge befördert haben – aber doch ganz gewiss nicht die Friedensinstrumente, und erst recht brachten diese nicht die Souveränität über die deutschen Fürsten. Die Reichsstände wollten 1648 offensichtlich nicht souverän sein, und natürlich waren sie es auch nicht. Der Terminus fügt sich nicht in die Reichsverfassung. Deshalb war das Reich am Ende, als Napoleon 1805 seine deutschen Verbündeten für souverän erklärte, deshalb verhinderte der Vertrag von Ried, der Bayern 1813 die „souveraineté pleine et entière" (die „volle und ganze Souveränität") zusicherte, eine Neuauflage des Alten Reiches. Denn jenes kannte und vertrug eben keine Souveräne!

Das „ius suffragii"   Bis jetzt: nichts Neues in Westfalen! Was bietet Paragraph 2? Die Reichsstände dürfen untereinander und mit dem Ausland Bündnisse schließen, sofern diese ihrem eigenen Schutz dienen, ferner nicht gegen Kaiser und Reich gerichtet sind. Und sie haben das „ius suffragii in omnibus deliberationibus super negotiis Imperii", das „Stimmrecht in allen Beratungen über Reichsangelegenheiten", kurz: Reichspolitik bedarf ihrer Zustimmung. Von diesen „negotiis" werden einige explizit benannt und hervorgehoben („praesertim") – zum Beispiel Kriegsbeschluss und Friedensverträge, Bündnisse, sodann Reichssteuern und der Erlass oder die Auslegung von Reichsgesetzen: daher also die Mär, 1648 sei der Kaiser entmachtet worden, auf Kosten des Reichstags. Dass dessen Kompetenzen in Westfalen „kräftig ausgeweitet" worden seien, zumal in der Reichsaußenpolitik, ist ein hartnäckiges Gerücht. Stichhaltig ist es mitnichten.

Nach Gusto durfte kein frühneuzeitlicher Kaiser außenpolitisch aktiv werden. Die Wahlkapitulationen seit 1519 postulieren, zum Beispiel, dass das Reichsoberhaupt den Konsens zu Bündnissen „mit fremden Nationen" oder „sonst im reiche" auf Kurfürstentagen einzuholen habe. Jene pflegten wegen irgend wichtiger außenpolitischer Entscheidungen freilich grundsätzlich auf die umfassenderen Kompetenzen der Vollversammlung des Reiches zu verweisen; und Geld, der „nervus rerum", war am Kurfürstentag ohnehin nicht zu holen. Eine Ausnahmesituation indes in den Zwanziger- und Dreißigerjahren des 17. Jahrhunderts: Wegfall des Reichstags, Kriegsnöte, Entscheidungsbedarf in Hülle und Fülle; die Kaiser agieren selbstherrlich oder in Abstimmung mit jenen Kurfürsten, deren Kongresse das Antlitz von europäischen Friedenskongressen gewinnen und die 1636 eine Reichssteuer 'bewilligen'. Einer derart zentralistischen, reichstagslosen Regierungspraxis schiebt der Westfälische Friede den Riegel vor. Er kreiert fiskalisch und im Bereich der Reichsaußenpolitik nichts Neues, aber er kritisiert Auswüchse der jüngsten Vergangenheit. Man bewältigte in Westfalen Kriegsfolgen, räumte Kriegsschäden weg, zu denen auch – kriegsbedingte

– verfassungspolitische Deformationen gehörten. Innovativ war das alles nicht.

Auch das viel zitierte „Bündnisrecht von 1648" hatten die Reichsstände lange schon praktiziert. Der Dreißigjährige Krieg wurde zunächst unter anderem zwischen Union und Liga ausgefochten – zwei reichsständischen Allianzen. Derartige Allianzen, Bündnisse, Einungen hatte es in den Jahrhunderten zuvor dutzendfach gegeben; übrigens auch solche, die das Ausland einbezogen, so hatten die Union Allianzverträge mit England, Frankreich, den Generalstaaten verbunden. Man dachte an diese Reichstradition, als man das *ius foederis* im Friedensinstrument verankerte, und nicht etwa daran, die Reichsterritorien zu Subjekten des (1648 noch embryonalen) Völkerrechts zu machen; an eine lange zurückreichende, fest verwurzelte Tradition – und an die Machtverteilung innerhalb des Reichsverbandes: „pro ... conservatione et securitate" durften Reichsstände Bündnisse schließen, zum Selbstschutz. Das war alles andere als neu und in Westfalen doch aktuell. Der Prager Friede nämlich hatte die Liga für aufgelöst erklärt, Ferdinand II. und sein Nachfolger hatten Zusammenschlüsse ohne ihre Genehmigung immer wieder als Reichsverrat und „Sezession" diffamiert. Auch hier: Man kehrte 1648 zum Normalzustand zurück, räumte Kriegsfolgelasten weg.

Das „ius foederis"

Paragraph 3 schließlich listet die ominösen „negotia remissa" auf: die in Westfalen nicht abgearbeiteten, künftigen Konferenzen „zurückgelassenen" Themen. Es ist ein Programm, eine Absichtserklärung für die nächsten Reichstage: Wahl, Kapitulation, Reichsacht (Faustpfänder der seit geraumer Zeit angeprangerten kurfürstlichen Präeminenz), sodann die Kreisverfassung und einige fiskalische Probleme, mit denen sich schon die Reichstage des 16. Jahrhunderts abgeplagt hatten – darüber „et similibus negotiis" (und ähnliche Materien) müsse man sich einmal unterhalten.

Die „negotia remissa"

„Ergebnisoffen", um es neudeutsch auszudrücken? Oder baute der Vorsatz, zu debattieren, doch Modernisierungsdruck auf, weil er das Eingeständnis des Ungenügens am Status quo mit umfasste? Ein angeblicher Reformzwang wurde nach 1648 bisweilen behauptet, zum Beispiel von jener sich um Hessen-Kassel, Württemberg, Neuburg, die Welfen gruppierenden 'Fürstenpartei', die gegen die traditionellen Bollwerke der kurfürstlichen Präeminenz (wie ein rein kurfürstliches Königswahlrecht oder die ständisch exklusive Neuredaktion der jeweiligen Wahlkapitulation) anrannte. Stringent mit dem Text des Friedensvertrags beweisen ließ sich dieser Zwang zur Novellierung der Reichsverfassung nicht – und selbst wenn man einen Reformauftrag herauslas, war damit für die Praxis doch wenig gewonnen, da Richtung und Ausmaß völlig offen blieben.

Nicht offen blieb, wer einer etwaigen Reform zuzustimmen hatte: nämlich der Reichstag, und also auch seine erste Kurie. Wer enthierarchisierende Novellen wünschte, beispielsweise ein breiter gefasstes Königswahlrecht, musste mithin erst einmal den Kurfürstenrat zur Selbstentmachtung überreden – ein nicht besonders aussichtsreiches Unterfangen! Übrigens glaubten die Kurfürsten ohnehin nicht an den angeblichen Reformauftrag der Friedensinstrumente, und sie würden jener strittigen Lesart von Artikel VIII Paragraph 3 künftig die ganz unzweideutige Privilegienbestätigung von

Artikel VIII Paragraph 1 entgegenhalten. Postulierte der Vertrag denn nun, alles beim Alten zu lassen, oder legte er dem Leser Reformbereitschaft ans Herz? Darüber ließ sich trefflich streiten, und so blieb es praktisch in der Schwebe.

Das Zerrbild vom reichszersetzenden, weil exzessiv föderalistischen Westfälischen Frieden hat sein Seitenstück: das zur Totenstarre verdammte Reich. Versteinert sei es seit 1648, „petrifiziert" – immer neue geriatrische Wendungen oder Fachtermini der Einbalsamierungskunst werden in der Literatur dafür verwendet. Das Friedensinstrument als Scheidewand zwischen dem Reich der Lebenden und der Toten! Hat der Westfälische Friede womöglich weniger wegen des angeblich innovativen Charakters seiner verfassungspolitischen Bestimmungen Epoche gemacht als deshalb, weil die Grundzüge der Reichsverfassung und in diesem Rahmen die Grenzen der kaiserlichen Regierungskompetenz endlich einmal zusammenfassend an einer Stelle schriftlich fixiert worden sind? Da ist was dran – die Tatsache einer Kodifikation der elementaren Grundzüge der Reichsverfassung ist interessanter als der konventionelle Inhalt der einzelnen Bestimmungen. Hat das Reich erst jetzt überhaupt so etwas wie eine „Verfassung" bekommen? Gewiss, der Westfälische Friede bezeichnet sich selbst in Artikel XVII als auf immer gültiges Grundgesetz des Reiches (freilich neben anderen – wir wissen aus Kapitel I, dass es eine ganze Reihe von „leges fundamentales" gab); der nächste Reichsabschied, der von 1654, würde ihn als „Fundamental-Gesetz des Heiligen Reichs und immerwährende Richtschnur" bestätigen; zudem war er ja auch international abgesichert, durch die Garantiemächte Schweden und Frankreich. Freilich, dass das Reich vorher nur eine Summe mehr oder weniger wichtiger Einzelgesetze, nun hingegen eine festgefügte Verfassung besessen habe, dass gar erst der Westfälische Friede das Herkommen verschriftlicht habe: diese bis vor kurzem geläufige Unterstellung konstruiert schon wieder eine nicht vorhandene Zäsur, dafür ist doch alles, was in den Instrumenten über Grenzregelungen und Konfessionsfragen hinausgeht, viel zu allgemein und knapp gehalten! Außerdem hatten die Wahlkapitulationen schon bislang die Grundzüge der Reichsverfassung viel umfassender festgehalten. Immerhin, da bekam jeder Kaiser eine neue, der Westfälische Friede blieb, und natürlich waren die Kapitulationen nicht international garantiert.

Keine Versteinerung des Reichssystems   Sollte die unscheinbare Privilegienbestätigung das Wichtigste am berüchtigten, angeblich umstürzenden achten Artikel des Friedensvertrags sein? Wenn die Mitte Europas 1648 gewissermaßen unter Denkmalschutz gestellt worden wäre – wäre nicht auch das so etwas wie „Zäsur"? Ja, aber wir dürfen nicht übertreiben. Gewiss hat Artikel VIII IPO, recht besehen, eher konservierende Wirkungen gezeigt als reformierende. Aber die Reichsverfassung war doch auch danach noch im Fluss. So änderte sich zwischen den 1630er und den 1680er Jahren das reichspolitische Gewicht der verschiedenen reichsständischen Gruppen; Hauptopfer war das Kurkolleg. Das Friedensinstrument hat da weder beschleunigt noch abgebremst, hat nichts verhindert und nichts vorherbestimmt – noch nicht einmal die Frage der Vertretung des Reiches nach außen; dem berühmten Admissionsstreit vor den Westfälischen Kongressen folgte schon 1649 einer in Nürnberg, am Exekutionstag auf dem Fuße. Höchst dynamisch war nach 1648 die Kreisverfassung – was beispielsweise die Ansätze zu einer Reichsverteidigungsordnung von 1681/82 zeigen oder jene Kreisassoziationen, die sich zumal im späten 17. und frühen 18. Jahrhundert neben die durchs *ius foederis* abgesegneten traditionellen Ständeeinungen stellten und zeitweise sogar beim Konzert der europäischen Großen mitspielen durften (ohne dass die Noten schon 1648 niedergeschrieben worden wären). Wie so viele Komponenten des Reichssystems, ist auch die Kreisverfassung 1648 überhaupt nicht in ihrer weiteren Entwicklung präjudiziert worden.

Der Westfälische Friede ließ beträchtliche Teile der Reichsverfassung unkommentiert, schuf so viele neue Streitfragen, wie er alte bereinigte – wie hätte er da petrifizierend wirken können? Vielleicht ist die Reichsverfassung seit 1648 sogar noch widersprüchlicher, damit (für Auslegungen) offener gewesen als zuvor. Das ganze Reichsverfassungsrecht pflegte ja schon lange bewusst mit mehrdeutigen Begriffen zu jonglieren. Die Verfassung des Alten Reiches war nicht fest gefügt, sondern locker gefugt – das Einleitungskapitel hat darauf hingewiesen. Wenn der Westfälische Friede etwas perpetuiert hat, dann diese Offenheit. Ja, man setzte 1648 noch eins drauf: durch das schon konstatierte Spannungsverhältnis zwischen Privilegienbestätigung und Reformauftrag. Sogar radikale Neuerer konnten sich künftig aufs geschriebene Verfassungsrecht berufen.

Aber dieses war kein neues Recht. Es wurden 1648 noch nicht einmal die Gewichte neu verteilt, vielmehr Patts ausbalanciert, die sich seit dem ausgehenden Mittelalter eingependelt hatten – zwischen Kaiser und Reichsständen, zwischen Kurfürsten und anderen reichsständischen Gruppen. Jene Balance drohte bisweilen dauerhaft zu kippen, zugunsten der monarchischen oder oligarchischen Gehalte des Systems, so zuletzt 1629 und zumal 1635, davor zum Beispiel nach dem Schmalkaldischen Krieg, 1547/48. Man tarierte in Westfalen aus, wieder einmal, zog hier eine Schraube nach und da – keinesfalls allzu fest, das hätte dem skizzierten offenen Charakter der Verfassung widersprochen.

Blicken wir abschließend zurück! Das Reich bekam nach dreißig Kriegsjahren Frieden. Insofern markieren die Instrumente von Münster und Osnabrück eine Zäsur der deutschen Geschichte. Aber sonst? Die Reichspolitik hat sich nach 1648 nicht durchgreifend entkonfessionalisiert. Andererseits haben die (vagen wie auch sehr knappen) Vorgaben für die Kompetenzverteilung zwischen den Reichsorganen den Reichsverband weder zur Erstarrung verdammt noch gesprengt – das sind lange Zeit inbrünstig gehegte Forschungsmythen. Nüchtern betrachtet, verliert der Westfälische Frieden, dieses angebliche nationale Unglück, viel von seinem Schrecken, aber auch viel von seinem vermeintlich epochalen Charakter. Dass er Reichsidee und Kaisertum zerstört habe, das ist das krasseste aller kursierenden Fehlurteile über den Westfälischen Frieden. Der Kaiser bekam 1648 lediglich wieder einmal gesagt, welche vom *herkömmlichen* Reichssystem gesetzten Schranken er unbedingt zu achten habe. Weggenommen hat man ihm nichts. Und die Hofburg konnte mit den Justierungen von 1648 trefflich leben – wie sich spätestens seit den 1660er Jahren herausstellen würde.

VI. Das Reich um 1700

1658–1705 Kaiser Leopold I.
1663 Zusammentreten jenes Reichstags, der dann „immerwährend"
wird
1683 Spektakulärer Sieg über ein osmanisches Heer vor Wien

Im späten 17. Jahrhundert waren die zentrifugalen Strömungen, die eine Transformation des Reiches zum lockeren Staatenbund um 1650 herum immerhin denkbar gemacht hatten, längst wieder versickert; auch hatten sich Ansehen und Autorität des Kaisertums vom Tiefpunkt der späten Kriegsjahre, der westfälischen Verhandlungen erstaunlich gut erholt. Nichts hat in der Nachkriegszeit zunächst darauf hingedeutet – zu vielen politischen Mitspielern hatte sich Habsburg in dreißig Kriegsjahren verhasst gemacht; schon deshalb blieb die Position des Kaisers in den 1650er-Jahren prekär.

1. Schwierige Nachkriegsjahre

Die Reichspolitik des Nachkriegsjahrzehnts war beherrscht vom Gegeneinander zweier Lager, die ganz verschiedene verfassungspolitische Zielvorstellungen hatten. Der strukturkonservativen Allianz Kaiser – Kurkolleg – katholische Kleine stand die Fürstenpartei gegenüber, die sich um einige große altfürstliche Häuser gruppierte (vgl. S. 105). Ihre Anhänger führten in unterschiedlichen Mischungsverhältnissen drei Anliegen zusammen: Da war einmal die Schleifung jener kurfürstlichen Präeminenz, der man seine Forderung nach der Parification entgegenhielt; den Kurverein sollte seit 1658 ein Fürstenverein konterkarieren. Auch dem Kaiser gegenüber blieb man, zweitens, misstrauisch, nicht nur, weil er mit den Kurfürsten eng kooperierte, man unterstellte ihm außerdem, weiterhin mehr für die Interessen seiner Dynastie – und also nicht zuletzt spanische – übrig zu haben als für die des Reiches. Drittens waren die meisten Anhänger der Fürstenpartei evangelisch; zum verfassungspolitischen Anliegen (Reduzierung der oligarchischen und monarchischen Gehalte des Reichssystems) gesellte sich also ein konfessionspolitisches – dass der Kaiser katholisch war und das Kurkolleg mehrheitlich auch, fügte sich in diese Konstellation.

Dass Ferdinand III. ganz eindeutig und einseitig auf die Kurfürsten setzte, hat mit gemeinsam durchlebter Geschichte zu tun, einer Leidensgeschichte: In den letzten zehn Kriegsjahren und in Westfalen waren Kaiser wie Kurfürsten gemeinsam am Pranger gestanden. Dem Kaiser warf man vor, während des Krieges selbstherrlich regiert zu haben, wohl zu Recht. Den Kurfürsten warf man vor, auf ihren glanzvollen Kurfürstentagen Große Politik betrieben zu haben, während das Reich (es hat in dreißig Kriegsjahren ja nur einen Reichstag gegeben, 1640) mundtot gemacht war – übrigens ein unberechtigter Vorwurf, aber der Mythos von einer angeblich drohenden *oligarchia* war der Kitt, der die Fürstenpartei zusammenhielt, und insofern gegen historische Kritik immun.

Im Gegeneinander zwischen Fürstenpartei und Strukturkonservativen blieb Reichspolitik, obwohl ja nun die Waffen schwiegen, doch ein schwieriges Unterfangen. Ein instruktives Beispiel sind die Prager „visiten" von 1652. Einerseits wollten sich die Kurfürsten damals über eine koordinierte Abwehr der Forderungen der Fürstenpartei und über eine Königswahl unterhalten, andererseits wollten sie auf keinen Fall die großen Altfürstlichen reizen. Wie beiden Zielen gerecht werden? Man wich auf Maskerade aus: Angeblich kamen alle Kurfürsten fast zur selben Zeit auf die Idee, man könne doch einmal dem Kaiser in Prag ein Besüchlein abstatten; und siehe da, im Herbst 1652 weilten denn auch alle möglichen Kurfürsten oder kurfürstlichen Räte an der Moldau – zu „visiten", wie es stereotyp hieß, nicht, um etwa einen Kurfürstentag zu veranstalten, sorgfältig achtete man auf eine gewisse Streuung der An- und Abreisedaten. Die aus der Furcht vor der Fürstenpartei geborene Geheimniskrämerei war so groß, dass sich Ablauf und politische Substanz des merkwürdigen Versteckspiels heute kaum mehr rekonstruieren lassen.

Als 1653/54 endlich, viel später als in Westfalen vorgesehen, ein Reichstag beisammen war, herrschte „ein grosser Allarm zwischen dem Churfürstlichen und fürstlichen Collegio". Der Konvent verlief zäh und konfliktreich, am Ende war die Bilanz aus Wiener Sicht gemischt. Rückblickend analysiert, war indes gerade das Ausbleiben spektakulärer Resultate ein Triumph fürs Kaisertum, das Reichssystem wurde eben *nicht* umgestülpt, wie das eine Minderheit in Westfalen geplant hatte – die „negotia remissa" verstaubten auf der langen Bank, die Partei derer, die auf einschneidende Innovationen drängten, wurde nicht Mehrheit. Das herkömmliche Reichssystem blieb unangetastet, was freilich ebenfalls blieb, war das Misstrauen Ferdinand gegenüber, es legte sich wie Mehltau über seine letzten Regierungsjahre. Und es erklärt das erstaunliche Faktum, dass man 1658, nach seinem Tod, zwar wieder einen Habsburger zum Kaiser nahm – aber gleichzeitig, auf dass der nicht zu übermütig werde, im Rheinbund mit Habsburgs Erzfeind Frankreich paktierte.

Einschneidende Reichsreformen bleiben weiterhin aus

2. Leopolds Herrschaftstechniken

Der Gewählte hieß Leopold, er würde das Reich fast ein halbes Jahrhundert lang regieren, und zwar viel erfolgreicher, als sein Ruf im Fach und sein geringer Bekanntheitsgrad außerhalb der Historikerzunft vermuten lassen. Das Wirken dieses klugen Mannes haben die schon skizzierten Fehlurteile zum Westfälischen Frieden überschattet – wenn der Reichsverband seither angeblich zerbröselte und nur noch die traurige Negativfolie für Preußens Aufstieg abgab, konnte wohl auch Leopold kaum erfolgreich agiert haben; wenn seit 1648 eine zusammenhängende deutsche Geschichte angeblich gar nicht mehr erzählt werden konnte, brauchte man auch nicht über diesen Mann zu sprechen. Tatsächlich war Leopold, wenn man das Erreichte an der schwierigen Ausgangslage misst, ein bemerkenswert fähiger Kaiser.

Er hatte sehr ungünstige Startbedingungen. Die Wahlkapitulation war restriktiver denn je formuliert; das Verbot, jetzige oder künftige Feinde Frankreichs zu unterstützen, sollte Leopold sogar jede Hilfeleistung für die (noch mit Frankreich kämpfenden) Verwandten in Madrid, für die spanischen Habsburger unmöglich machen. Hatte der Westfälische Friede den Reichsständen ihr herkömmliches *ius foederis* bestätigt, schränkte die Kapitulation von 1658 das Bündnisrecht ausgerechnet des Reichsoberhaupts ein. Und die heterogene, als „Rheinbund" bekannte Allianz, die seit 1658 zahlreiche der wichtigeren Reichsstände mit den beiden Garantiemächten des Westfälischen Friedens, Frankreich und Schweden verband, hielt nur eines zusammen: Misstrauen gegen Habsburg! Man vereinbarte, die *teutsche libertät* und den Westfälischen Frieden gemeinsam und notfalls militärisch zu verteidigen, fünf von acht Kurfürsten, aber auch mehrere Häupter der Fürstenpartei, katholische wie evangelische Reichsstände traten bei. Der Bundesschluss sollte den jungen Kaiser davor warnen, sich etwa gegen die neue Kapitulation speziell, die *teutsche libertät* im Allgemeinen zu versündigen.

<p style="margin-left:2em">Der (erste) Rhein-
bund

Der Rheinbund war einerseits ein Triumph der Deutschlandpolitik Mazarins. Der Kardinal und leitende Minister Frankreichs hat sich nicht, wie nach ihm Ludwig XIV. (der 1658 noch minderjährig war), einer hemmungslosen Eroberungspolitik verschrieben, sein Ziel war die breit gestreute indirekte Beeinflussung der europäischen Mitspieler, ihm ging es mehr als um territoriale um politische und moralische Eroberungen. Er suchte überall Hebel, um sich in fremde politische Systeme einklinken, ihre Entscheidungsfindungsprozesse manipulieren zu können. Dass sich zahlreiche Reichsstände mit Paris zusammenschlossen, um von dort (nicht vom Kaiser) Ruhe und Stabilität gewährleistet zu bekommen, ja, auch um derart das habsburgische Reichsoberhaupt im Zaum halten zu können, eröffnete Mazarin glänzende Möglichkeiten, sich wieder und wieder in die *teutschen* Verhältnisse einzumischen. Sodann war der Rheinbund ein Triumph der Reichspolitik des Mainzer Kurfürsten Johann Philipp von Schönborn (1647–1673). Der war ein wichtiger Geburtshelfer und übte über den ständig in Frankfurt tagenden Rheinbundrat erheblichen Einfluss aus. Für Johann Philipp gehörten Kaiserwahl, Kapitulation und Rheinbund zusammen, es war sozusagen ein Gesamtkunstwerk. Reichspatriotismus (man wählt mit Leopold einen Kaiser *teutscher zunge*), Gleichgewicht (der darf seinen spanischen Verwandten nicht helfen, und gegen Übermut innerhalb des Reichsverbandes kann das Rheinbundmitglied Frankreich mobilisiert werden), schließlich Friedenssicherung (das Reich soll nicht noch einmal habsburgischer Angelegenheiten wegen in einen Krieg hineingezogen werden) sollten Hand in Hand gehen. Aus mainzischer Sicht begann die Regierungszeit des neuen, jungen Kaisers vielversprechend. Aus Wiener Sicht war es geradezu ein Albtraum.

Als Leopold sein schwerer Amt antrat, war die kaiserliche Konjunkturkurve am Boden – als der Stab an den Nachfolger, Joseph I. (1705–1711), überging, hingegen auf einer in der Neuzeit vielleicht nie überstiegenen Höhe. Leopold halfen, auf den ersten Blick überraschend, schwierige außenpolitische Umstände. Im Westen suchte sich Frankreich nach dem Rhein hin auszudehnen, womit es seinen in Westfalen erworbenen Kredit als Schutzmacht *teutscher libertät* wieder verspielte – schon dass der Rheinbund 1668 nicht mehr verlängert wurde, liegt auch daran. Im Osten ängstigte die Türkengefahr wieder mehr als in den Generationen zuvor. Die Reichsgrenzen waren häufig bedroht, manchmal in West und Ost gleichzeitig. Diese Umklammerung presste territoriale Staatsräson und Reichsräson zur Kongruenz, die Reichsglieder scharten sich um ihr Oberhaupt.

Warum das Reich nicht zum lockeren Staatenbund zerfällt

E

Die auf systemsprengende Innovation drängenden Kräfte bleiben am Reichstag in der Minderheit, vor allem aus drei Gründen:

– Die kleinen, nicht 'staatsfähigen' Reichsglieder wünschen schon ihrer territorialen *ratio status* wegen gar keine weitere Lockerung der Reichsbande – das Reich ist ihnen traditionell Schutzverband, nicht abzustreifende Fessel.
– Die Gefährdung der Reichsgrenzen im Westen (Frankreich unter Ludwig XIV.) wie im Osten (Osmanisches Reich) seit den 1660er-Jahren macht nahezu allen Reichsständen, auch den größeren, auch vielen zuletzt Habsburg fern stehenden, ein hinlänglich geschlossenes Reich unter einer handlungsfähigen Reichsspitze unabdingbar notwendig.
– Leopold gelingt die Gratwanderung, die unter seinen beiden Vorgängern große Sorge um die *teutsche libertät* zu dämpfen, ohne das Reich deshalb führungslos treiben zu lassen.

Dazu kam eine geschickte Kombination verschiedener Herrschaftstechniken, die für sich genommen alle nicht gänzlich neu waren, aber von Leopold virtuos beherrscht wurden. Ein Segment des vormodernen Politikbetriebs war es, zu ehelichen und zu verheiraten. Waren die beiden ersten Ehen Leopolds, in schlechter habsburgischer Tradition, innerdynastische, entdeckte der Kaiser dann die Chancen, die Heiratsbande ins Reich hinein eröffneten. Er nutzte das bald systematisch und so flächendeckend, wie es der Vorrat an Verwandten in heiratsfähigem Alter irgend erlaubte. Sogar die beiden Protagonisten der Fürstenpartei wurden derart der Hofburg verbunden – Leopold selbst heiratete eine Tochter des Pfalzgrafen von Neuburg, der älteste Sohn Joseph eine Welfin. Übrigens rückte Philipp Wilhelm von Pfalz-Neuburg (1653–1690), Ironie der Geschichte, wegen des Aussterbens der Linie Pfalz-Simmern im Mannesstamm dann selbst ins Kurkolleg ein, und den Welfen Ernst August von Hannover (1679–1698) erhob Leopold 1692 zum Kurfürsten – Standeserhöhung wie Heiratspolitik sollten Wien mit dem schon aus geografischen Gründen kaiserfernen Haus der Welfen zusammenbringen.

Standeserhöhungen, auch die Verleihung von allerlei wohlklingenden Titeln: das waren Reservatrechte des Kaisers, und Leopold hat sie sehr bewusst und gezielt eingesetzt. Er war ein Meister des barocken Titelwesens und goss sein Füllhorn reichlich aus – so durfte sich das Patriziat der Reichsstadt Nürnberg seit 1697 als „edel" bezeichnen, und der Fürstabt von Kempten, wahrlich keiner der Großen im Reich, erfreute sich des Ehrenamtes eines Erzmarschalls der Kaiserin. Das Titelwesen sollte doppelt integrieren – die Reichsglieder ins Legitimationsgefüge des Reiches einbinden und zugleich der Klientel der Kaiserdynastie zuführen.

Neben einem um 1680 evident werdenden Generationswechsel – die letzten Fürsten starben weg, für die der Dreißigjährige Krieg noch ein persönliches Trauma gewesen war und bei denen der diesen Krieg zuletzt prägende antihabsburgische Affekt quasi zur emotionalen Grundausstattung gehört hatte – bewirkten die skizzierten Maßnahmen Leopolds einen Stimmungsumschwung. Die kleineren Höfe schauten ja schon aus Selbsterhaltungsgründen nach Wien. Aber nun orientierten sich auch die wichtigeren Residenzen des Reiches fast ausnahmslos wieder dorthin: Der Pfälzer treu ergeben, die Welfen doch zu Dank verpflichtet, ebenso Kurfürst Friedrich III. von Brandenburg (1688–1713), dem Leopold zugestand, auf das nicht zum Reich gehörende Preußen den prestigeträchtigen Königstitel zu gründen, sich seit 1701 (als Friedrich I.) „König in Preußen" zu nennen; dann half der Kaiser 1697 entschieden beim erfolgreichen Versuch des Kurfürsten von Sachsen, Friedrich Augusts I. (1694–1733), als August II. Polenkönig zu werden. Man mag sich darüber mokieren, dass die großen Dynastien reichspolitische Fügsamkeit extra honoriert sehen wollten, gewissermaßen ihre Rechnungen aufmachten, mag darin gar die Ankündigung der Reichskrise des 18. Jahrhunderts sehen. Vorerst griffen die Arrangements, mit denen sich Leopold zu behelfen wusste, die rechtlichen Bindungen der Reichsverfassung wurden flankiert durch persönliche Loyalitäten.

Gezielte Adelspolitik Hochzeiten und Standeserhöhungen waren nicht die einzigen Instrumente einer gezielten Adelspolitik, die Leopold diese vormoderne politische Elite zuführen sollte. Er ließ Wien zum Barockzentrum ausbauen, der Wiener Hof sollte ähnlich dem in Versailles den maßgeblichen Adel persönlich heranlocken, so der Suggestivkraft kaiserlicher Präsenz aussetzen. Tatsächlich schauten die maßgeblichen Hochadelskreise im Reich zunehmend nach Wien, dort wirkte die für sie maßgebliche Prestigezuteilungs-Maschinerie. Die Wiener Reichsbehörden und die Generalität im kaiserlichen Heer boten Pöstchen, die attraktiv genug waren, um die Reichsaristokratie auch aus Karrieregründen nach Wien zu locken. Den niederen Reichsadel zog das Heer der Türkenkriege an; und die Eroberungen seit den späten 1680er-Jahren eröffneten ihm vor allem in Ungarn viele Chancen zum Landerwerb.

Einerseits also sollten die verschiedenen Adelskreise auf Wien hin gepolt werden. Andererseits versuchte der oberste Lehnsherr des Reiches, erbländischen, besonders habsburgtreuen Adel im Reich zu begütern, den Reichsadel so gewissermaßen mit erbländischem zu durchsetzen. Das konnte in Einzelfällen sogar auf die Zusammensetzung des Fürstenrats am Reichstag durchschlagen, allerdings suchten das die Altfürstlichen zunehmend zu verhindern. Immerhin, nachdem Leopold 1662 der ostfriesischen Dynastie der Cirksena den erblichen Fürstentitel verliehen hatte, erhielt Ostfriesland fünf Jahre später eine Virilstimme im Fürstenrat, genauso wie der neu gefürstete Fürstenberger: schon wieder zwei neue Klienten für den Kaiser, ein Neugefürsteter von seinen Gnaden, ein altehrwürdiges, nun aber sozusagen befördertes Geschlecht ganz an der kaiserfernen Peripherie des Reiches – nur zwei Beispiele, aber für die leopoldinische Herrschaftstechnik typische.

Zur bewussten Adelspolitik kam bewusste Reichskirchenpolitik. An sich waren die geistlichen Territorien ja schon deshalb auf Wien verwiesen, weil sie machtpolitisch unerheblich und alleine nicht 'staatsfähig' waren, doch Leopold suchte diese strukturell im Reichssystem angelegte Disposition in engste Loyalität zu verwandeln, so eine bis in die Spätphase des Reiches reichende Tradition besonderer Anhänglichkeit begründend. Und er sorgte erstmals systematisch durch 'Personalpolitik' für Wien genehme Besetzungen – entsandte bei Vakanzen kaiserliche Wahlgesandtschaften an die geistlichen Residenzen, die das jeweilige Domkapitel bearbeiteten, betrieb 'Wahlkampf' für habsburgtreue Kandidaten, drohte umgekehrt auch schon einmal mit der Verweigerung der Belehnung, so ihm unliebsame Personen gekürt würden. Am Ende der langen Regierungszeit war seine Autorität so gefestigt, das Verhältnis zur Reichskirche so innig, dass Leopold sogar Verwandte auf wichtige Schlüsselpositionen (wie geistliche Kurfürstentümer) hieven konnte.

Leopold und die Reichskirche

Nicht nur der Reichskirche bediente sich der Kaiser, um seinen Einfluss aufs Reichssystem zu steigern, er nutzte auch die Kreisverfassung sehr gezielt. Dass die Reichsverteidigungsordnung von 1681/82 auf die Reichskreise baute (deren Kontingente die Reichsarmee erst bildeten und denen Festlegung wie Überwachung der Beiträge der einzelnen Kreisstände übertragen war), ist zwar an sich nicht als Triumph Leopolds zu werten, sondern als Kompromiss, der den föderativen Charakter des Reiches unterstrich. Der Kaiser hätte am liebsten eine zentrale, von den Reichsständen zu füllende Kasse gesehen, mittels deren dann er eine einheitliche Reichsarmee aufstellte; doch frommte das der *teutschen libertät* nicht besser als der Vorschlag der **armierten** Reichsterritorien, mit ihren eigenen Truppen die Reichsverteidigung zu übernehmen, sich dieses eigennützige Engagement von den nichtarmierten Reichsständen mitfinanzieren zu lassen. Dem Wesen der Reichsverfassung entsprach nur ein Heer, zu dem jeder beitrug, und zwar durch Soldaten, weil diese nicht in krassem Widerspruch zu den Interessen des Entsenderlandes verwendet werden konnten. Leicht einsetzbar war eine so vielgliedrige Armee nicht.

Verteidigung der Reichsgrenzen

„Armierte" Reichsstände

So nannte man Reichsstände, die „stehende Truppen" unterhielten. Absolutistische Herrscher mieteten nicht mehr von Söldnerführern kommandierte Kontingente für einen Kriegszug oder eine Saison an, stellten vielmehr ihnen selbst gehörende „stehende" Truppen auf – die Soldaten (oder doch die Führungsstäbe und eine Kerntruppe) blieben unter Waffen, sogar in Friedenszeiten, standen dann in der Kaserne und wurden für den nächsten Krieg gedrillt. Kleinere Reichsstände konnten sich kein stehendes Heer leisten, was das machtpolitische Gefälle im Reich objektiv vergrößert hat, vor allem aber erst so recht ins Auge springen ließ.

Leopold baute bei der Sicherung der Westgrenze des Reiches denn auch mehr auf die freiwilligen Beiträge einiger verbündeter Kreise als auf den 1681 postulierten Zwangsbeitrag aller, er suchte die Schwächen des damals festgezurrten Kompromisses zwischen Effektivität und Libertät durch Kreisassoziationen zu kompensieren. Der Assoziationsgedanke, die Idee des freiwilligen Zusammenschlusses mehrerer Reichskreise zum Zwecke der regionalen Selbstverteidigung (der Schutz der Reichsgrenze war erfreu-

liches Nebenprodukt) – an sich, ohne oder gar gegen den Kaiser organisiert, durchaus der Ansatzpunkt für eine förderative Umgestaltung des Reiches – war dann, wenn der Kaiser initiierte und dominierte, ein Mittel zur
zeitweiligen Kräftigung seines reichspolitischen Einflusses. Deshalb unterstützte Leopold die Assoziations-Mode. Bei der Laxenburger Allianz des
Oberrheinischen, des Schwäbischen und des Fränkischen Kreises von
1682 und der modifizierten Neuauflage dieses Bündnisses von 1686
(Augsburger Allianz) war er selbst mit von der Partie; die in der Schlussphase des Pfälzischen Erbfolgekrieges, 1697, in Frankfurt gegründete Assozia-
tion und die anlässlich des Spanischen Erbfolgekrieges 1702 in Nördlingen
formierte sahen sich „sub auspiciis Caesaris" (wörtlich übersetzt: unter
kaiserlicher Oberaufsicht), kooperierten eng mit der Hofburg. Leopolds
Nachfolger im 18. Jahrhundert würden ständige Vertretungen bei den
Reichskreisen unterhalten. In den Hauptstädten der wichtigsten Reichsterritorien installierte schon Leopold selbst solche Einrichtungen, um die Kommunikationsströme zu verstetigen.

3. Der Immerwährende Reichstag

Dieser Verstetigung und Verdichtung war aber vor allem das Permanent-
werden des Reichstags förderlich. Nicht, dass der im Januar 1663 eröffnete
Reichstag von vornherein als „immer währender" geplant gewesen wäre!
Anlass war 1663 die Türkengefahr, der Kaiser brauchte Geld; neben dieses
Thema schob sich freilich von Anfang an die Debatte über die „Remissa",
also der notorisch werdende Streit zwischen Fürstenpartei und Kurfürstlichen um das Königswahlrecht und andere Pfeiler des hierarchischen
Reichsaufbaus. Der größte Zankapfel war die Wahlkapitulation. Weil in ihr
„die Grundzüge der Reichsverfassung überhaupt schriftlich festgelegt"
waren (Fritz Hartung), ließ sich der immer während werdende Verfassungskampf als Streit um die Wahlkapitulation führen. Er besaß zwei Teilaspekte,
umstritten war das *ius adcapitulandi* (wer formuliert die Kapitulation?) und
war dann natürlich auch die inhaltliche Ausgestaltung (was steht drin?).

Streit um die
Wahlkapitulation

Das *ius adcapitulandi* verbürgte, so es exklusiv kurfürstlich blieb, eine
kurfürstliche Gesetzgebungskompetenz am Reichstag vorbei. Nach fürstlicher Auffassung aber konnte Reichsgesetze – und also erst recht ein
Grundgesetz wie die Kapitulation! – nur und ausschließlich der Reichstag
verabschieden. Der Einfachheit halber (Reichstagsdebatten zogen sich bekanntlich lange hin) sollte die Vollversammlung der Reichsstände einmal
für immer, für alle künftigen Könige und Kaiser, eine Kapitulation verabschieden, eine *Capitulatio perpetua*. Die Kurfürsten beharrten darauf, dass
jeder König eine neue bekam, die nur die Königswähler, also sie selbst aus-
arbeiteten. Das war der eine Teilaspekt, der Streit ums *ius adcapitulandi*,
der natürlich auch einer um den Führungsanspruch der Kurfürsten war und
um ihr Selbstverständnis als „vorderiste glieder" des Reiches. Wenn man
über die inhaltliche Ausgestaltung der Kapitulation stritt, so ließ sich hier
alles Weitere bis hin zur Steuerbewilligungskompetenz oder den Modalitä-

ten der Erklärung in die Reichsacht unterbringen. Anhand der Wahlkapitulation konnte man sowohl ausfechten, wer Gesetze erließ, als auch, wie diese Gesetze im Einzelnen aussahen. Das eine „Remissum" umfasste alle weiteren „Remissa".

Was aber hat das mit der **Permanenz des Reichstags** zu tun? Nun, man wurde sich einfach nicht einig, nicht 1663, nicht 1664, nicht im Folgejahr, und fand sich schließlich damit ab, dass man in Regensburg wohl lange noch beisammensitzen würde. Der Reichstag wurde als Verfassungskongress immer während – als, seit den 1670er-Jahren, wegen des französischen Drucks auf die Westgrenze des Reiches auch wieder andere wichtige Themen auf die Regensburger Tagesordnung kamen, waren die Weichen zur Permanenz längst gestellt. Sie hatte natürlich Konsequenzen für die Reichstagsarbeit – im Einleitungskapitel wurde schon darauf hingewiesen. Beispielsweise produzierte der Reichstag nun keine Reichsabschiede mehr, der von 1654 ging daher als „Jüngster Reichsabschied" (meint: letzter) in die Geschichte ein.

Soviel zu den Gründen der Permanenz; was aber hat sie für die Machtlagerung im Reichssystem bedeutet? Der Immerwährende Reichstag wurde zum idealen Herrschaftsinstrument Leopolds. Das könnte überraschen – wenn Vertreter der Reichsstände ständig beisammensaßen, war das nicht der ideale Nährboden für kräftige antikaiserliche Opposition? Neben abstrakter Überlegung konnten auch Erfahrungen der damals noch nicht vergessenen dreißig Kriegsjahre zu dieser Annahme verleiten – als das Reich mangels Reichstag mundtot gemacht war, eben deshalb die beiden Ferdinande einerseits ziemlich selbstherrlich, andererseits, wenn es denn nicht anders ging, in exklusiver Abstimmung nur mit den Kurfürsten regiert hatten. Dieser Erfahrungen wegen hatten Mitglieder der Fürstenpartei nach 1648 die Periodizität für den Reichstag gefordert – alle zwei oder drei Jahre müsse einer stattfinden. Häufige Reichstage sollten verhindern, dass die monarchischen und die oligarchischen Züge in der Mischverfassung des Reiches je wieder so hervortraten wie in den Jahrzehnten nach 1608. Und wenn dann erst der Reichstag immer tagte … Aber es ist anders gekommen, nicht für die Kurfürsten (denen hat der Immerwährende Reichstag immens geschadet), aber für den Kaiser (ihm hat er am meisten genützt).

Das Warum ist gar nicht so einfach zu verstehen (und muss auch noch genauer erforscht werden). Zunächst einmal fällt auf, dass Leopold radikal mit dem Regierungsstil Ferdinands III. gebrochen hat. Hatte der auf den Schulterschluss mit den Kurfürsten gesetzt, profilierte sich Leopold als Schiedsrichter über den Fronten. Er ließ sich dauerhaft keiner Gruppierung zurechnen, weder der kurfürstlichen noch der mehrheitlich evangelischen altfürstlichen, sah vielmehr zu, wie sich diese Lager aufrieben und gegenseitig paralysierten, um den Prestigegewinn dessen einzustreichen, der am Ende immer wieder über den toten Punkt hinweghalf, als Schlichter. Einer der scharfsinnigsten Beobachter des damaligen Politikbetriebs, der heute zu Unrecht nur als Philosoph bekannte Gottfried Wilhelm Leibniz, hat es so analysiert: Habe sich Ferdinand („der zu sehr auf die Kurfürsten gehört hat") dem Verdacht ausgesetzt, „die Oligarchie" aufrichten zu wollen, stelle es Leopold („der sich allen gegenüber gleichmäßig gefällig zeigt") nun

Folgen
fürs reichspolitische
Kräftespiel

klüger an. Er habe erkannt, „dass es in seinem Interesse liegt, wenn ein Gleichgewicht gewahrt bleibt", bei dem er selbst das Zünglein an der Waage sei. Einem Kaiser zieme die Pose des Schiedsrichters, der nach Belieben mal diese, mal jene Waagschale beschweren könne, aber im Prinzip über die Balance wache.

Da die vielen Kleinen ohnehin nach Wien schauten, forciert kaisertreu waren, die meisten katholischen auch, die sowohl katholischen als auch kleinen Hochstifte sowieso und die Neugefürsteten von kaiserlichen Gnaden erst recht: kurz, da sich die Mehrheit schon aus strukturellen Gründen an der Hofburg orientierte und da sich die Größeren – Altfürstliche, Kurfürstliche – gegenseitig in Grabenkämpfen aufrieben, war Leopold Herr der Lage. Jederzeit mögliche Mobilisierung der vielen Kleinen als kaisertreue Klientel, immer während Rivalität der Großen: vermutlich hat Leopold um diese sich ihm aufgrund der Permanenz bietenden Chancen nicht von Anfang an gewusst, sie in den ersten Reichstagsjahren zunehmend erkannt.

E

Warum die Permanenz des Reichstags führungsstarken Kaisern nützt
- Die vielen kleinen, tendenziell kaiserhörigen Reichsstände sind nun jederzeit mobilisierbar.
- Mit dem Permanentwerden des Reichstags werden Querelen zwischen verschiedenen reichsständischen Gruppen immer während – Dauerbedarf an Schlichtung; so er es geschickt anstellt, ist der Kaiser der gegebene Schiedsrichter.
- Die Hofburg kann ihre Reichspolitik kontinuierlich erklären, für sie werben, aufs Feedback achten: erhält einen Resonanzboden für ihr Tun und einen vorgeschobenen Horchposten.

Hat der Immerwährende Reichstag starken Kaisern wie Leopold oder Joseph genützt, ging er andererseits vor allem auf Kosten der Leitfunktion des Kurkollegs. Bislang waren die Kurfürsten, so nicht gerade Reichstag war, also meistens, der einzige rasch mobilisierbare, handlungsfähige Kern des Reichssystems gewesen, zumal sie ihr Kurverein zu reichspolitischem Engagement wie zu enger Zusammenarbeit dabei anhielt und zumal sie sich als einzige reichsständische Gruppe außerhalb des Reichstags zu eigenen Versammlungen, zu Kurfürstentagen trafen. Wenn der Kaiser Rücksprache mit dem Reich brauchte oder doch suchte, wandte er sich eben an seine „innersten räte", die so in reichstagslosen Zeiten als „vorderiste glieder" des Reichssystems Reiches Stimme führten, stellvertretend handelten für die unübersehbar große, nicht dauernd befragbare Masse der Reichsstände. Nun saßen deren Vertreter freilich permanent in Regensburg beisammen: Das machte die Leitfunktion der Kurfürsten entbehrlicher, nützte hingegen dem Kaiser. Die Hofburg rückte über den permanenten Reichstag mittelbar von der Peripherie ins Herz des Reiches hinein – Regensburg wurde Relaisstation, vorgeschobener Horchposten.

Vorhersehen konnte das 1663 wohl niemand. Im Gegenteil, einer der klügsten Köpfe der Zeit, der Jurist und Historiker Samuel von Pufendorf, hat 1667 pseudonym eine harsche antikaiserliche Polemik („De statu Imperii Germanici") publiziert und dort prophezeit, man werde das Reich nicht ohne die größten Erschütterungen zu einer monarchischen Staatsform zurückzwingen können, zum Staatenbund hingegen entwickle es sich von selbst. Auch Frankreich hat das Reich nach 1648 penetrant als „confédération germanique" bezeichnet, als deutsche Konföderation, als lockeren Staatenbund eben. Aber genau das ist das Reich nicht geworden. Die Ohnmacht der vielen Kleinen hielt das System zusammen, und der Kaiser wurde wieder einflussreich wie selten zuvor.

4. Phasen des Wiederaufstiegs des Kaisertums

Der Kursanstieg des Kaisertums nach der Baisse der Jahrhundertmitte verlief nicht gradlinig. In den ersten Jahren war die leopoldinische Reichspolitik ziemlich konturenlos, doch fand der Mann dann im Reichstag sein ideales Herrschaftsinstrument – über den Fronten stehend, jeden gegen jeden ausspielend, im Zweifelsfall auf der Seite der Kleinen im Reich; nicht die Jahre 1658 oder 1663 sind als Ausgangspunkt für die Konsolidierung des angeschlagenen Kaisertums anzusetzen, jene begann in den späten 1660er-Jahren.

Eine zweite Schlüsselzeit waren die Jahre um 1680. Seit 1679 betrieb Ludwig XIV. seine **„Reunionspolitik"**, 1681 annektierte er die Reichsstadt Straßburg. Während sich nun alle reichspatriotischen Kräfte über Frankreichs Expansionsdrang empörten, war die Mehrzahl der Kurfürsten im Schlepptau der Pariser Politik. Den Kurfürsten von Brandenburg hat Ludwig schlicht gekauft; auf Mainz, Köln, Trier und die Pfalz aber, alle am Rhein gelegen, ließ sich trefflich Druck ausüben, die Regenten dieser Territorien hat Ludwig gezielt eingeschüchtert. Das forcierte die Einsicht der Hofburg, dass sich Reichspolitik wesentlich aus der Loyalität der vielen Kleinen speiste. Leopold fand nun vollends zu seinem Politikstil.

> **Reunionspolitik**   E
> Vor von ihm selbst eingerichteten Reunionskammern klagte Ludwig XIV. zwischen 1679 und 1681 auf die angebliche Heimholung von Gebieten, die mit den 1648 und 1679 (Friede von Nimwegen) an Frankreich gefallenen oder von Ludwig eroberten irgendwann einmal in irgendeinem Abhängigkeitsverhältnis gestanden hätten, von ihnen „dependierten" – mittelalterliche Lehnsbande beispielsweise reichten schon hin, irgendetwas gaben die Akten fast immer her; übrigens hat man sie, auch ganz mittelalterlich, zur Not schon mal rasch gefälscht. War Ludwig ein bestimmter Landstrich von einer seiner Reunionskammern programmgemäß zugesprochen worden, ließ er ihn unverzüglich einziehen, mit Frankreich „wieder vereinigen". Das Königreich wuchs so immer weiter ostwärts dem Rhein zu. Reichspolitisch war der in den Reunionen gipfelnde Expansionsdrang Ludwigs kontraproduktiv: Die Reichsstände, die nach den Erfahrungen des Dreißigjährigen Krieges Habsburg gegenüber sehr misstrauisch gewesen waren, wurden geradezu zum Schulterschluss mit der Hofburg getrieben; Frankreich hatte als selbst ernannte Schutzmacht *teutscher libertät* ausgespielt.

Seine Position im Reichsgefüge verstärkte sich zwischen 1679 und 1683 deutlich. Hatten sich im Holländischen Krieg (1672–1678) die Empörung über Ludwigs Aggression und Misstrauen Wien gegenüber noch die Waage gehalten, trieb die Reunionspolitik die meisten, nämlich die von Frankreich nicht gekauften Reichsstände dem Kaiser geradezu in die Arme. Vor allem

aber kleidete diesen die Rolle eines Beschützers des christlichen Abendlandes vortrefflich: 1683 stand ein großes türkisches Heer vor Wien, die
Rettung der Stadt aus höchster Not markiert spektakulär das Ende einer
zwei Jahrhunderte überschattenden Grundangst des christlichen Europa
und leitete die Gegenoffensive ein. Endlich waren Kaiser und Reich, seit
Generationen vom Nimbus chronischer Erfolglosigkeit gezeichnet, einmal
siegreich, das befreite Reichspatriotismus vom Ruch nostalgischer Anhänglichkeit an einen Traditionstatbestand. Der Reichstag, eigentlich als Verfassungskongress permanent geworden, wurde nun zur Bühne, um antifran-
zösische Empörung und manchmal auch nationales Pathos zu artikulieren,
zum patriotischen Forum, das über die Rettung des Reiches, den Schutz
seiner Grenzen im Westen wie im Osten beratschlagte. Sicher, sein legisla-
tiver Output war gering (und würde es im 18. Jahrhundert bleiben); aber
kein Mensch hätte 1683, zwanzig Jahre nach seiner Einberufung, in diesem Reichstag noch ein Instrument gesehen, um den Kaiser zu attackieren
und kleinzuhalten.

Dass sich Leopold nicht mit der Verteidigung der Ostgrenzen begnügte,
auf Ungarn konzentrierte, dass er sich durchaus auch der Reunionspolitik
entgegenstemmte, bezeugt, dass diesem Habsburger Reichspolitik noch
nicht, wie seinen Nachfolgern im 18. Jahrhundert, Anhängsel der österreichischen Großmachtpolitik geworden war. Freilich würden ausgerechnet
die Siege an der „Türkenfront" eine Herausentwicklung Habsburgs aus
dem Reich einleiten; das war um 1700 noch nicht absehbar, doch ist es
symptomatisch für die Janusköpfigkeit der Situation des damaligen Reiches. Leopold suchte sich Welfen, Wettiner und brandenburgische Hohenzollern gewogen zu machen und begünstigte zugleich ihren Aufstieg zu
reichsintern nur schwer noch domestizierbarer Größe; er kooperierte mit
Kreisassoziationen, die von Reichspatriotismus künden und doch auch
davon, dass sich die vielen Kleinen nur noch im Verbund der Willkür der
armierten „potentiores" (wörtlich übersetzt: „Mächtigeren") gewachsen
sahen. Alle Symptome der nächsten – und finalen – Krise der Reiches, die
Kapitel VII analysieren wird, wurzeln schon im ausgehenden 17. Jahrhundert, doch waren sie nur wenigen hellsichtigen Zeitgenossen erahnbar.
Scheinbar stand das weniger reformierte denn revitalisierte Reich um 1700
herum glänzend da. Auch der Reichsverrat der bayerischen Wittelsbacher
im Spanischen Erbfolgekrieg (vgl. S. 122) konnte die wiedererrungene
Autorität der Reichsspitze nicht ernsthaft gefährden.

E   **Die kaiserliche Konjunkturkurve nach dem Westfälischen Frieden**

späte 1660er-Jahre	Beginn des Wiederanstiegs
frühe 1680er-Jahre	Beginn einer langjährigen Hausse
1711	mit Karl VI. beginnt ein schleichender Kursverfall
1740er-Jahre	das desaströse Wittelsbacherkaisertum Karls VII. und der Be-
ginn des Dauerkonflikts der Hofburg mit Preußen verschul-
den den irreversiblen Crash

VII. Das Reich um 1750

1740   Friedrich II. von Preußen fällt in Schlesien ein
1742–45 mit Karl VII. trägt ein Wittelsbacher die Kaiserkrone
1756–63 Siebenjähriger Krieg
1779   Friede von Teschen
1785   Fürstenbund

1. Ist das Alte Reich noch auf der Höhe der Zeit?

a) Was dem Zeitgeist am Reich nicht gefällt

Ansehen des Kaisertums, Strahlkraft der Reichsidee, Reichspatriotismus befanden sich im ausgehenden 17. Jahrhundert auf ihrem Scheitelpunkt. Im 18. Jahrhundert setzte ein zunächst schleichender Kursverfall ein, in den vierziger Jahren erfolgte der Crash. Das Kaisertum hat sich nicht mehr davon erholt, das Reich war um 1750 schon in seiner finalen Krise – unter dem Druck der französischen Waffen würde um und nach 1800 zusammenbrechen, was längst innerlich ausgehöhlt war.

Dass 1806 ein Schutthaufen die Mitte Europas bedeckte, liegt wesentlich daran, dass sich die beiden größten Quader des Reichsgebäudes nicht mehr ins Mauerwerk einfügen wollten: Brandenburg-Preußen, Österreich. Die Abrissarbeiten beschleunigt hat ihre Rivalität. Das gleich aus zwei Gründen: Sie zwang Berlin und Wien zu besonderen staatlichen Innovationsanstrengungen, zu einem Modernisierungswettlauf, der den Abstand zur reichischen Umgebung vergrößert hat. Und diese reichische Umgebung wurde zum Kampfplatz gemacht, vor allem dort wurde die Rivalität ausgetragen. Virulent gemacht hat den **Dualismus** Friedrich II. von Preußen (1740–1786). „Männer machen Geschichte"? Nicht ein einzelner Reichsfürst allein hat den Reichsverband ruiniert, es sind auch langfristige Trends zu beleuchten, politische und geistesgeschichtliche Entwicklungen, die mit der Reichsidee inkommensurabel waren.

> **Dualismus**
> von lat. duo = zwei: spannungsvolle österreichisch-preußische Doppelhegemonie, die das Reich seit 1740, danach den Deutschen Bund bis 1866 im Bann hielt

E

So ist das in Rechnung zu stellen, was Heinz Schilling einmal das „neuzeitliche Gesetz von Fläche und Zahl" genannt hat, eigentlich ein Gesetz der zweiten Hälfte der Frühen Neuzeit ist. Die Formel will auf den Begriff bringen, dass nicht mehr altehrwürdige Rechtstitel, die Platzierung in der überkommenen europäischen Staatenpyramide oder der Rang in der hierarchisch geordneten Reichspyramide zählen, was zählt, sind die Ressour-

„Gesetz von Fläche und Zahl"

cen eines Territoriums: Menschenreichtum, Wirtschaftskraft, Wehrkraft. Diese Faktoren und nur sie machen seine „Macht" aus, und letztlich ist alles in der Politik eine Machtfrage.

Warum dieses Denken eine Plausibilität gewann, die es in den Köpfen der Regenten zum „Gesetz", zum vermeintlichen Axiom allen politischen Handelns werden ließ, ist gar nicht so leicht zu beantworten. Vielleicht haben in Mitteleuropa die dreißigjährigen Kriegswirren eine Rolle gespielt, als so manches stattliche Reichsterritorium völlig hilflos, weil wehrlos Spielball geworden war, als noch so altehrwürdige Rechtspositionen vor den dreist behaupteten Sachzwängen des 'Kriegsrechts' zerstoben waren – die Elementargewalt des Krieges stieß die Territorialherren auf ihre elementaren Daseinsbedingungen, bläute ihnen ein, dass Macht und Selbstbehauptung eng miteinander zusammenhingen.

Der absolutistische Zeitgeist wehte in dieselbe Richtung – es war ja ein mathematischer Geist, der die Epoche prägte, mit ihren abgezirkelten Schlossanlagen, ja, mit ganzen Städten, die wie steingewordene Geometrie wirken. Man suchte das Gemeinwesen im Innern genauso rational und ebenmäßig zu organisieren, wie der Kosmos vermeintlich war, deshalb begann sich der Staat in seinem absolutistischen Stadium auch systematisch und planend um die Wirtschaft zu kümmern (für die vorabsolutistische Zeit sollte man noch nicht von „Wirtschaftspolitik" sprechen), sein wichtigstes Erfolgskriterium war eine exakt messbare Größe: eine aktive Handelsbilanz. Sogar die Außenpolitik folgte dem neuen mathematischen Geist, wenn sie – dafür notwendig messbare! – Gewichte austarierte, Gleichgewicht und „Konvenienz" (lat. convenire = sich einigen) suchte, so die unübersichtliche europäische Staatenwelt in Reih und Glied bringend. Vernunft und Kalkül sollten unnütze Leidenschaften verbannen, Berechenbarkeit gewährleisten – die Urfurcht der Epoche, das überall zu Überwindende war Unübersichtlichkeit.

Dass alles genau quantifizierbar war und zu sein hatte, dass sich die Bedeutung eines Gemeinwesens nicht mehr nach Alter, Würde, Tradition bemaß, sondern nach Quadratmeilen, Einwohnerzahlen und Truppenstärke errechenbar wurde, dass allein die daraus resultierende Macht zähle: dieser die Ratsstuben erobernde Denkstil war fürs Reich à la longue gefährlich, denn jener Rechtsschutzverband musste das Recht nicht zuletzt vor dem Übermut der Macht schützen. Macht und Größe waren dem Reichssystem inkompatible Kategorien.

Die Kategorie „Macht"

Es lässt sich anhand des Reichstags illustrieren. Dieser machte die Struktur des neuzeitlichen Reichssystems, seine Binnengliederung lange Zeit konkurrenzlos sinnfällig, so wurde im Einleitungskapitel gesagt. Aber stimmte die Abbildung noch, als der Reichstag als nun permanenter endgültig das legislative Monopol errang? Den Machtzuwachs verschiedener, zumeist evangelischer Dynastien des Reiches (etwa der brandenburgischen Hohenzollern, später der Welfen, zeitweise auch der Wettiner) vermochte er nicht zu honorieren. Mit Augen des 16. Jahrhunderts betrachtet, spiegelte er den Reichsverband trotzdem ziemlich getreu wider – nach den Maßstäben der Zeitgenossen eben, zu denen im 16. Jahrhundert offensichtlich nicht das militärische Gewicht eines Reichsstandes gehört hatte oder das ökonomische: Niemand hatte ja damals eine Platzierung am Reichstag nach diesen Kriterien, etwa nach Zahlungsfähigkeit oder Bruttosozialprodukt gefordert. Der Reichstag, ein Spiegel – aber die durch territoriale, ökonomische, militärische Ressourcen bedingte Macht war sein blinder Fleck. Er unterschied wohl zwischen Kurfürsten und Fürsten, zwischen Hocharistokratie und städtischen Magistraten, aber nicht zwischen „Armierten" und „Nichtarmierten", zwischen *Potentiores* und Ohnmächtigen.

Nachdem der Reichstag wegen der konfessionellen Polarisierung des Reichsverbands im frühen 17. Jahrhundert in die Krise geraten war, hatte man die konfessionelle Binnengliederung des Reiches 1648 ins Verfahren eingebaut, sie institutionell eingebunden und damit entschärft – *itio in partes, amicabilis compositio*; das gelang nicht mit jenem Machtgefälle, das immer größer, vor allem aber von den Zeitgenossen seit der zweiten Hälfte des 17. Jahrhunderts immer schärfer wahrgenommen wurde. Die Diskrepanz zwischen besagtem Machtgefälle und der traditionellen, am Reichstag abgebildeten Prestigehierarchie musste auf Dauer die Verfahrensautonomie dieser Institution überfordern. Da auch das (nicht zufällig im Barockzeitalter besonders heftig umstrittene!) Zeremoniell auf Dauer mit der Aufgabe, elastisch zwischen unveränderlichem Rang und verändertem machtpolitischem Gewicht auszugleichen, überfordert sein musste, stauten sich Frustrationen. Die *Potentiores* gaben sich schließlich nicht mehr mit symbolischen Genugtuungen zufrieden, ihr wachsender Unmut entlud sich nicht mehr nur in Zeremonialkriegen, sie begannen die eingespielten politischen Verfahren des Reichssystems zu hinterfragen – dienten sie nicht nur der Einbindung, ja, der schikanösen Fesselung von Gemeinwesen, die alleine lebensfähig waren? Man wollte sich von den vielen Mindermächtigen nicht mehr gängeln lassen, wünschte mehr Handlungsspielräume innerhalb des Reichsverbandes, also dessen Lockerung.

Das „Gesetz von Fläche und Zahl" passte schlecht zum Reichsverband, aber gut zum absolutistischen Zeitgeist. Andere Faktoren kamen hinzu. Absolutistische Regenten (des höfischen wie des aufgeklärten Typs) waren zumeist dynamisch, ehrgeizig, keinesfalls mit der Verwaltung des Bestehenden zufrieden. Die schon länger im Anwachsen begriffene Staatsgewalt versuchte tendenziell allmächtig zu werden. Der „Staat" griff gewissermaßen nach unten (Beseitigung konkurrierender regionaler und lokaler Herrschaftsträger, Sozialdisziplinierung der Untertanen) aus wie auch nach oben. Überstaatliche Sinnzusammenhänge verblassten – etwa die Idee des „christlichen Abendlandes", der von Kaiser und Papst zusammengehaltenen *christianitas*; wohl wehten Reste noch bisweilen über der Türkenfront. Diese *christianitas* verblasste politisch – der souveräne Nationalstaat akzeptiert keine maßgebliche Instanz über sich, das macht gerade seine Souveränität aus; er handelt nach seiner Staatsräson, erzieht die Untertanen zu Verehrern und Anbetern seiner selbst, zu Patriotismus. Die *christianitas*-Idee verblasste religiös – der absolutistische Regent versucht, die Kirche seines Territoriums weitgehend aus der universalen herauszulösen, will sich nichts mehr von ausländischen Bischöfen und noch nicht einmal mehr gerne etwas vom Papst sagen lassen. Und vom Reich? Legte nicht gerade dieses der „Staatlichkeit" seiner Territorien einschneidende Fesseln an? Da baute sich ein latentes Spannungsver-

Der Absolutismus

121

hältnis auf. So beförderten viele Reichsfürsten gezielt partikulare Patriotismen: keinen Reichs-Patriotismus, sondern bayerischen, ansbachischen, wied-runkelschen; Friedrich II. von Preußen wird seinen Untertanen das sonntägliche Fürbittgebet für den Kaiser verbieten.

Die Aufklärung Jene Aufklärung, von der sich der Absolutismus im 18. Jahrhundert neue Ziele, vor allem aber neue Legitimationsmuster geborgt hat, setzte Reichspatrioten, Anhänger der gewachsenen und altehrwürdigen Reichsidee unter Begründungsdruck. Der Reichsverband schützte Gewordenes und Gewachsenes vor willkürlicher Änderung, ja, das war sein vornehmster Zweck. Nun war die Aufklärung zwar trotz ihres frappierenden anthropologischen Optimismus und ihres der Moderne hinterlassenen Zukunftsoptimismus nicht eigentlich geschichtsfeindlich; freilich schützten Alter und Tradition am wenigsten vor ihrem allumfassenden Anspruch auf kritische Prüfung. Der Daseinszweck des Reichsverbands war ein konservativer, das von der Aufklärung geprägte geistige Klima der Zeit innovationsfreundlich. Das Reichsgebäude war verwinkelt und verschnörkelt, Aufklärer liebten Klarheit, denunzierten Komplexität allzu gerne als „unnatürlich". Aufklärer forderten die Gleichheit aller vor dem Gesetz und trafen sich in manchen ihrer Sozietäten über Standesschranken hinweg. Hingegen waren nicht nur die einzelnen Territorien des Reiches ständisch gegliedert, auch der Reichsverband als ganzer war es. Das Reich war eine Privilegienordnung, sollte nicht allen Bewohnern das Gleiche bescheren, sondern jedem Stand das seine sichern. Kurz, aus vielerlei Gründen genügte das Alte Reich nicht mehr dem geistigen Mainstream der Zeit.

b) Die Handlungsmaximen der europäischen Großmachtpolitik kontaminieren die Reichspolitik

Der Zement, der das Reichsgebäude zusammenhielt, das war die kartografisch gar nicht darstellbare Masse der Kleinen und ganz Kleinen, der nicht Staatsfähigen, der nur unter dem schützenden Reichsdach Lebensfähigen. Aber um 1700 waren einige Quader so groß geworden, dass fraglich wurde, ob sie der Mörtel noch umfassen und festhalten konnte, dass ihr Eigengewicht die Statik des Ganzen gefährdete. So ein Quader war Kurhannover – Vereinigung Braunschweig-Lüneburgs mit Kalenberg sowie Zugewinn von Bremen und Verden; Kurwürde, schließlich wird Kurfürst Georg Ludwig (1698–1727) 1714 als Georg I. König von England. Die Wettiner Friedrich August I. („den Starken", 1694–1733) und Friedrich August II. (1733–1763) zierte nicht nur der sächsische Kurhut, sondern auch die polnische Königskrone. Sogar die bayerischen Wittelsbacher versuchten sich zeitweise in europäischer Großmachtpolitik, so koalierte Kurfürst Max Emanuel (1679–1726) im Spanischen Erbfolgekrieg (1701–1714) gegen Kaiser und Reich mit Frankreich; freilich, dass da ein Reichsstand wie ein europäischer Souverän agierte, die Spielregeln des Reichsverbandes bewusst und kalkuliert missachtete, hat sich damals, im anhebenden

18. Jahrhundert, noch nicht ausgezahlt. Würde das so bleiben? Jedenfalls gab sich auch der Nachfolger Max Emanuels, Karl Albrecht (1726–1745), keinesfalls mit der Rolle irgendeines Reichsstandes zufrieden, zeitgemäßer Ausdruck seines politischen Ehrgeizes war ein ambitioniertes Bau- und Kulturprogramm: München sollte als kulturelle Hauptstadt des Reiches profiliert werden. Auch der Ehrgeiz der Welfen und der Wettiner ist Stein geworden – so legten Erstere den „Großen Garten" in Herrenhausen an, bauten Letztere Dresden zum viel bestaunten europäischen Reiseziel aus.

Ausdehnung, politische Bedeutung, kulturelle Prätention – einige Quader waren bedenklich gewichtig geworden. Einige Fürsten sahen sich weniger als Reichsstände denn als Akteure im Theatrum Europaeum, das Reich war ihnen Neben- oder Provinzbühne geworden, Reichspolitik zur etwas skurrilen Geheimwissenschaft einiger Reichstagsgesandten heruntergekommen – nicht aus Böswilligkeit, sondern aus Selbsterhaltungstrieb und weil das Sein das Bewusstsein prägte. Man verstand die kleineren Reichsstände immer weniger, und diese immer weniger das Handeln der unheimlich Großgewordenen in ihrem Kreis. Dass Erbprinz Friedrich von Hessen-Kassel 1720 Schwedenkönig wurde, hat die Sache nicht viel schlimmer, aber natürlich auch nicht besser gemacht. Brauchten diese Großen das Reich noch, sicherte das Regulativ der europäischen Großmachtpolitik, das Gleichgewichtsprinzip, diejenigen Reichsstände, die Sprechrollen auf der Bühne des Theatrum Europaeum bekleideten, nicht genauso zuverlässig wie der Rechtsschutzverband Reich?

Die im europäischen Maßstab geltenden Handlungsmaximen, Machtsteigerung und Expansion: sie vertrugen sich nicht mit den Spielregeln des Reiches, das ja gerade den Status quo und damit faktisch vor allem die Schwächeren, Kleineren schützte. Auch das Gleichgewichtsprinzip passte nicht zum Reichsverband. Dieser konservierte jahrhundertealte Privilegien, garantierte das jedem von Rechts wegen Zustehende; nach Machtlage alle paar Jahre neu austarieren, sprich: Länder und Ressourcen hin- und herschieben, wollte und konnte er nicht. Die auf der Bühne des Theatrum Europaeum maßgeblichen Regeln waren nicht die des Reiches; doch wirkten sie à la longue destruktiv auf dieses zurück. Wie, wenn größere Reichsglieder meinten, ihre Position im Reich ausbauen zu müssen, um auf der europäischen Bühne mithalten zu können? Und wie, wenn der nach Habsburg zweitmächtigste Reichsfürst, der Brandenburger, meinte, sich deshalb auf Kosten anderer Reichsstände ausdehnen zu müssen, weil er nur so der Kaiserdynastie das Gleichgewicht halten konnte? Das an den wichtigsten Residenzen des Reiches obwaltende politische Denken ließ sich mit den überkommenen Spielregeln der Reichspolitik immer schwerer vereinbaren.

c) Zwei Quader des Reichsgebäudes werden riesengroß

Hatten einige Quader des Reichsgebäudes an der Wende zum 18. Jahrhundert ein gefährliches Eigengewicht gewonnen, wurden zwei von ihnen riesengroß. Die österreichischen Habsburger wie die brandenburgischen Ho-

Habsburg

henzollern geboten schon lange erstens über weitläufige Gebiete, zweitens auch über solche, die nicht zum Reich gehörten, sodass die jeweiligen Herrscher dort souverän waren. Freilich handelte es sich bei beiden Großreichen nicht um homogene Länder, es waren Konglomerate aus vielen ererbten und erheirateten Regionen mit je eigener Tradition, Kultur, Selbstverwaltung, die zunächst weder mental noch administrativ eine kompakte Einheit bildeten, sondern lediglich an der Spitze, durch die regierende Dynastie, zusammengehalten wurden. Doch packten Habsburger wie Hohenzollern früh und dynamisch Vereinheitlichung wie Modernisierung an, die Habsburger zeitiger, die Hohenzollern besonders energisch. Bei ersteren spielte für die untypisch frühe Zurückdrängung von politischen Partizipationsansprüchen der regionalen Honoratioren (der „Landstände") der konfessionelle Gesichtspunkt eine Rolle – der landständische Adel sympathisierte vielerorts mit dem Luthertum. Das frühe 18. Jahrhundert sah dann, österreichischer Siege über osmanische Truppen und des Aussterbens der spanischen Habsburger wegen, noch einmal beträchtlichen äußeren Zuwachs, und zwar außerhalb des Reichsgebiets, auf dem Balkan und auf der Apenninhalbinsel. Im 18. Jahrhundert hatte der Chef des Hauses Habsburg über so viele nichtreichische Gebiete zu herrschen, wurde er mit so vielen Problemen konfrontiert, die keine *teutschen* waren, dass im Ensemble seiner Herrscherpflichten der Rolle Reichsoberhaupt ein nur noch recht kleiner Part zukam. Reichspolitik ließ sich nicht nebenbei betreiben – dazu waren die Spielregeln zu kompliziert, die Spielfiguren zu zahlreich; Habsburgs Kaiser indes würden im Lauf des 18. Jahrhunderts immer weniger bereit sein, das eigentlich unabdingbare Maß an Energie, Aufmerksamkeit, Präsenz ins Reich zu investieren.

Brandenburg-Preußen   Die brandenburgischen Hohenzollern herrschten seit der zweiten Dekade des 17. Jahrhunderts, als am Niederrhein Kleve mit Mark und Ravensberg, im Osten Preußen ererbt wurden, über Territorien, die von der Maas bis an die Memel reichten, freilich untereinander unverbunden waren. Das war zunächst einmal eine deutschlandpolitische Herausforderung für alle Nachfolger. Da es auch mittelfristig illusorisch schien, die dazwischenliegenden Länder der Norddeutschen Tiefebene zu erwerben oder zu erobern, wies die Staatsräson den Weg zu informeller Herrschaft: also zum Versuch, Vormacht der nördlichen Reichshälfte zu werden – eine Konsequenz, die Friedrich II. ziehen würde, mit großer Entschiedenheit und mit einer scharf antiösterreichischen Wendung, die sich auf den Reichsverband schlimm auswirken sollte. Das waren die deutschlandpolitischen Fernwirkungen. Sogar rascher hat man die europäischen Dimensionen der Erbfälle des frühen 17. Jahrhunderts klar erkannt: Mit seinen niederrheinischen Besitzungen ragte das Länderkonglomerat der Hohenzollern in einen Brennpunkt der notorischen westeuropäischen Auseinandersetzungen (zwischen Spaniern, Holländern, Franzosen) hinein; Preußen aber war für mehrere nord- und osteuropäische Länder interessant, zumal für die häufig genug miteinander verfeindeten Mächte Polen und Schweden. Wollte man da nicht Spielball werden, hieß es, sich selbst zum Akteur auf der europäischen Bühne aufzuschwingen, wofür wiederum innere Reformen notwendig schienen, von einer Zurückdrängung der Landtage mit ihrem lediglich regionalen Horizont bis hin zur Aufstellung eines Heeres, das im Theatrum

Europaeum Ehre einlegen konnte – der Große Kurfürst, Friedrich Wilhelm I. (1640–1688), hat dies so gesehen.

Er hat die Weichen schon in den vierziger Jahren gestellt, indem er ein „stehendes Heer" für alle Landesteile schuf. Das war außenpolitisch motiviert und doch auch innenpolitisch sehr folgenreich – denn es vertrug sich nicht mit den bestehenden dezentralen und ständischen Strukturen des zusammengeerbten Länderkonglomerats. Die zu Landtagen versammelten regionalen Honoratioren hatten für gesamtstaatliche Interessen nicht viel übrig, für Außenpolitik besonders wenig und schon gar kein Geld. Ein stehendes Heer aber bedarf stetiger Finanzierung. Auch in Brandenburg-Preußen also wurde relativ früh und sehr konsequent die Macht der Landstände gebrochen. Die für Preußen später so charakteristische innere Militarisierung ist das Werk Friedrich Wilhelms II., des so genannten Soldatenkönigs (1713–1740). Der jähzornige Rabauke (gern malte er an den Rand ihm unliebsamer Vorlagen von Mitarbeitern kleine Galgen) brach den höfischen Wettlauf mit Wien ab, setzte anstatt auf höfische Anziehung kraft kulturellen Glanzes ganz auf Bürokratie und Armee, kreierte damit eine zeituntypische militaristische Abart des Absolutismus. „Andere Staaten besitzen eine Armee, Preußen ist eine Armee", würde der französische Publizist und Politiker Mirabeau einmal treffend auf den Punkt bringen. Beim Tod des Soldatenkönigs galt die preußische Armee als die bestqualifizierte in Europa, und jenes Territorium, das all seine Kraft in die Truppe steckte, als 'Schwellenland' mit Großmachtpotenzial.

Brandenburg-Preußen und Österreich passten im 18. Jahrhundert nicht mehr recht zum Reichsverband, und das nicht nur wegen ihrer schieren Größe, auch der inneren Strukturen halben. Beide hatten sich vom Reichsterritorium zum „Staat" entwickelt, damit einen Weg beschritten, der anderen Territorien versperrt war, nicht gangbar aus zwei Gründen: zu geringer Größe, zu geringer Ressourcen; und der konservierenden Wirkungen des Reichsverbands wegen. Hätten sich kleinere Reichsglieder reformieren wollen wie Österreich, wie Brandenburg, hätte sie das in unzählige Prozesse mit den Reichsgerichten verwickelt, die den jeweiligen Landständen beigesprungen wären, die jedem beigesprungen wären, gegen dessen Privilegien der Landesherr bei seiner Reformarbeit notwendig verstoßen musste. Wenn der Kaiser in einer seiner anderen Rollen, als Landesherr Österreichs, reformierte, fiel ihm der kaiserliche Reichshofrat natürlich nicht so entschieden in den Arm wie irgendeinem Reichsstand, Berlin aber kümmerte sich um die Reichsgerichte kaum, und wie hätte man dem Landesherrn unliebsame Urteile dort exekutieren wollen? Auch in ihrem inneren Aufbau glichen die beiden Größten immer weniger den vielen anderen, Mindermächtigen, was Entfremdungsprozesse vom Reich beschleunigt hat.

2. Schleichender Kursverfall: das Reich 1710–1740

a) Reichspolitik wird Nebensache

Schon für Joseph I. (1705–1711), erst recht für Karl VI. (bis 1740) war Reichspolitik nicht mehr Dreh- und Angelpunkt ihrer Regierungstätigkeit. Die Großmacht Österreich erforderte so viel Aufmerksamkeit, dass Reichspolitik zur Nebensache verkam, bei Karl auch emotional.

Natürlich lassen sich Reichs- und Hausmachtpolitik nicht sauber voneinander separieren und dann exakt quantifizieren. Vertrat Joseph Reiches Interessen, eher seine eigenen, wenn er auf der Apenninhalbinsel längst verschüttete Reichsrechte zu revitalisieren, aus der Lehnshoheit über oberitalienische Gebiete wieder ganz praktisch etwas zu machen suchte? Nicht nur, dass er jahrelang Kontributionen von den vorgeblichen Reichsvasallen in Italien einzog, die den Spanischen Erbfolgekrieg mitfinanziert haben; er verhängte, wegen angeblicher Felonie, vasallitischer Untreue dem Reichsoberhaupt und obersten Lehnsherrn gegenüber, die Reichsacht über eine Reihe von italienischen Regenten – die Herzöge von Mantua, Mirandola und Piombino waren die wichtigsten. Wurde Piombino neu verliehen, behielt Joseph Mantua selbst, um es mit dem schon von Leopold eingezogenen Mailand zu vereinigen; Mirandola und verschiedene kleinere Lehen aber wurden zu Geld gemacht. Das war wenig reichspatriotisch – hat Joseph demnach österreichische Großmachtpolitik lediglich durch salbungsvolle reichspatriotische Rhetorik beschönigt, gar, wie einst Ludwig XIV. bei seiner Reunionspolitik, aggressive Machtgier mit fadenscheinigen lehnrechtlichen Titeln drapiert?

Insgesamt ist der Terrainverlust der Reichspolitik in Wien unübersehbar. Bezeichnend, von wem sich die beiden Nachfolger Leopolds beraten ließen! Unter Joseph amtierte zwar der profilierteste aller **Reichsvizekanzler**, der intelligente und ehrgeizige Friedrich Karl von Schönborn (1674–1746). Freilich, ausgerechnet unter ihm verlor die Reichshofkanzlei gegenüber der österreichischen Hofkanzlei an Boden. Überhaupt würde sich die Reichshofkanzlei im Lauf des 18. Jahrhunderts immer schwerer gegen die Behörden der Großmacht Österreich behaupten können, sogar in der Abwicklung reichspolitischer Geschäfte – ein aufschlussreicher Indikator. Außerdem fand Schönborn kaum Zugang in den engsten Beraterkreis um Joseph, und Karl VI. würde fast nur auf seine bekannt unfähige spanische Entourage hören. Reichspolitik hatte in Wien keine starke Lobby mehr.

E | **Reichsvizekanzler**
Diesen Titel trug der tatsächliche Leiter der Reichshofkanzlei in Wien. Formal war der Kurfürst von Mainz, in seiner Eigenschaft als Erzkanzler des Reiches, Direktor jener Behörde, die den für die Reichspolitik relevanten Schriftverkehr abwickelte; doch hatte er als Landesherr und Erzbischof natürlich anderes zu tun, er weilte ja auch fast nie in Wien – vor Ort vertrat ihn deshalb der Reichsvizekanzler.

b) Reichspolitik im Spannungsfeld der alten konfessionellen und einer anhebenden machtpolitischen Rivalität

Diese Reichspolitik war aber auch mittlerweile ein vermintes Feld geworden. Wenn im Folgenden der Konfessionsstreit der Jahre um 1720 analysiert wird, soll das nicht suggerieren, dass die drei Jahrzehnte Karls VI. für diesen reichspolitisch durchgehend so mühsam gewesen wären und die 1720 evidente Rekonfessionalisierung der Reichspolitik dauerhaft derart massiv; aber die damaligen Querelen lassen doch wie im Brennspiegel einige der Grundprobleme des Reichsverbands im Vorhof des 1740 virulent werdenden Dualismus in ihrem Zusammenspiel erkennen.

Auslöser der Krise, die das Reich an den Rand der Kriegsgefahr brachte, waren regionale Streitereien in der Rheinpfalz, wo ein eifernd katholischer Landesherr seine überwiegend reformierten Untertanen zu schikanieren schien – so jedenfalls die Sicht der evangelischen Reichsstände. Es begann im Herbst 1718, als ein reformierter Pfarrer für sieben Monate ins Gefängnis wanderte, weil er sich geweigert hatte, ein Fürbittgebet für seinen katholischen Landesherrn zu sprechen. Dann entdeckte Kurfürst Karl Philipp (1716–1742) im Heidelberger Katechismus eine Passage, die in seinen Augen den Katholizismus verunglimpfte, weshalb er alle Ausgaben, die diese Stelle enthielten, kurzerhand einziehen ließ; außerdem beanspruchte er die bislang von beiden Konfessionen genutzte Heilig-Geist-Kirche in Heidelberg als rein katholische Hofkirche für sich, die Trennwand zwischen Chor und Schiff fiel.

Die pfälzischen Religionsquerelen

Der reformierte Kirchenrat wandte sich daraufhin ans *Corpus Evangelicorum*, die Organisation der evangelischen Reichstagsgesandten, die den vermeintlichen Skandal zum Thema des Reichstags machen sollten – überhaupt sei die Kurpfalz ein evangelisches Land, man müsse die dem Protestantismus dort rechtswidrig entzogenen Besitzstände restituieren. Da wollten die Herren in Regensburg nicht Nein sagen, sie überreichten dem Prinzipalkommissar eine Denkschrift, die die zügige Abstellung der dort aufgelisteten Gravamina fordert und für den anderen Fall Gewalt androht; die Konfessionsverhältnisse in der Pfalz seien nach dem Normaljahr des Westfälischen Friedens einzurichten. Außerdem griffen die Kurfürsten von Brandenburg und Hannover rechtswidrig zu demonstrativen Repressalien gegen katholische Minderheiten in ihren Territorien. Ging der Hannoveraner vergleichsweise vorsichtig vor, kann man das vom Soldatenkönig nicht sagen – der beispielsweise Grenadiere vor dem Kloster Hamersleben aufmarschieren ließ, die die Mönche unter allerlei Schabernack hinausjagten und das Kloster erst plünderten, dann schlossen.

Der Konflikt eskalierte, verlor seinen nur regionalen Charakter. Überall im Reich wetterten die Geistlichen von den Kanzeln, ein Flugschriftenstreit entbrannte. Auf evangelischer Seite hieß es, der Papst und die Jesuiten hätten sich verschworen, um die Protestanten auszurotten, auszurotten zuerst in der Pfalz, dann im ganzen Reich. Aus Berlin, London und Kassel waren kriegerische Töne zu hören, doch was dort nur als Ultima Ratio galt, schien dem hannoveranischen Reichstagsgesandten Johann von Wrisberg grimmig angesteuertes Ziel zu sein – er also faselte eigentlich ständig von einem nun unausweichlichen neuen Religionskrieg. Die Hofburg wollte sich trotzdem nicht einschüchtern lassen, verbat sich das „freche Vorgehen" jenes *Corpus Evangelicorum*, das ohnehin eine illegale Vereinigung sei. Der Stein, den man in Heidelberg ins Wasser geworfen hatte, zog weite Kreise. Wir können uns indes an dieser Stelle ausklinken, um statt einer detailreichen Verlaufsschilderung Ursachenforschung zu betreiben. Warum konnte eine doch eigentlich regionale Angelegenheit die Stimmung derart anheizen, dass man ernsthaft einen neuen Konfessionskrieg im Reich befürchten musste?

Es lag offensichtlich daran, dass die ungeschickten Maßnahmen des Kurpfälzers gleich an mehrere hoch brisante konfessionspolitische Fragen rührten, dass sozusagen Symbolthemen hereinspielten. Die skizzierten Querelen stoßen uns auf mehrere Dauerprobleme des Reichsverbands nach 1648.

Streit um den Zweiten Religionsfrieden

Zunächst einmal bestätigen sie, was schon in Kapitel V behauptet wurde: dass der Zweite Religionsfriede von 1648 die Reichspolitik keinesfalls dauerhaft entkonfessionalisiert hat. Er enthielt kaum weniger Unschärfen und Lücken als der Erste von 1555. Jene Protestanten, die im politischen System des Reiches strukturell benachteiligt waren, aber im Jahrhundert der Aufklärung die kulturelle Hegemonie errangen und auch die Reichspublizistik dominierten, entwickelten in Auseinandersetzung mit den konfessionspolitischen Bestimmungen von 1648 eine spezifische, von den Katholiken in Bausch und Bogen verworfene Sicht aufs Reich, die zeitgenössisch unter *Principia Evangelicorum* firmierte. Wie im letzten Drittel des 16. Jahrhunderts, wenn auch nicht in vergleichbar verheerendem Ausmaß, schwand der Konsens über die Spielregeln des politischen Systems.

Die Protestanten fürchteten, von einer erdrückenden katholischen Übermacht marginalisiert zu werden: katholischer Kaiser, katholischer Erzkanzler, katholische Majorität im Kurfürstenrat, deutliche katholische Majorität im Fürstenrat; dazu kam nun die für eifrige Protestanten überaus ärgerliche, in Adelskreisen grassierende 'Mode', katholisch zu werden, weil die Hofburg nur dann Karrieren in der kaiserlichen Verwaltung oder im Heer eröffnete (natürlich macht dieser gleichsam instrumentelle Umgang mit dem Glauben deutlich, dass das Konfessionelle Zeitalter vorbei war). Weil besagte Mode katholische Nebenlinien in evangelischen Dynastien hervorbrachte, ja, sogar Fürsten beziehungsweise Thronfolger konvertierten, befürchteten die Protestanten einen schleichenden Terrainverlust in der Reichspolitik (wiewohl katholische Regenten evangelischer Territorien dieses Politiksegment protestantischen Räten zu überlassen pflegten).

Problem Simultaneum

Das Land musste den Konfessionswechsel an der Spitze bekanntlich nicht mitmachen, konnte sich aufs Normaljahr 1624 berufen – es regieren dann eben katholische Landesherren über überwiegend evangelische Untertanen. Das war konfliktträchtig. Pochten die Protestanten auf die strikte Beibehaltung der Zustände im Normaljahr, betonten die Katholiken das vom Zweiten Religionsfrieden ja nicht aufgehobene Reformationsrecht stärker. Für sie war es unproblematisch, eine zweite Konfession im Lande einzuführen (zeitgenössisch hieß das: ein *Simultaneum* zu etablieren), wenn dadurch der Besitzstand der anderen nicht angetastet, die Glaubensausübung der Untertanen nicht beeinträchtigt werde – es entstehe so der vom Normaljahr geschützten Konfession ja kein Nachteil (ihr etwas wegzunehmen, ein *simultaneum crudum* anstatt eines *simultaneum innoxium* zu etablieren, war auch nach Ansicht der meisten Katholiken unzulässig).

Die Protestanten hielten dagegen, der katholische Glaube wirke im Gegensatz zu ihrem eigenen, gleichsam verinnerlichten, durch „äußere Gebräuche" und störe so unvermeidlich in einem überwiegend evangelischen Gemeinwesen. „Unschädlich" (*innoxium*) könne ein *Simultaneum* zugunsten des Katholizismus deshalb gar nicht sein. Konversionen wie Simultaneen verstärkten auf evangelischer Seite den Eindruck, allenthalben in die Ecke gedrängt zu werden. Auch in der Kurpfalz, einst Bollwerk des Calvinismus im Reich und überwiegend von reformierten Menschen bewohnt, regierten seit 1685 katholische Regenten – allerdings nicht auf Grund einer Konversion: Die reformierte Linie Pfalz-Simmern war im Mannesstamm ausgestorben, im Erbgang die katholische Linie Pfalz-Neuburg ans Ruder gelangt.

Simultaneum

Eigentlich: *simultaneum religionis exercitium* – zwei (oder auch alle drei reichsrechtlich zulässigen) Konfessionen dürfen in einem Territorium praktiziert werden; sie können gleichberechtigt sein (paritätisch, vgl. S. 98), waren es häufig keinesfalls, doch reichte nach frühneuzeitlicher Auffassung die Gewährung nur der Hausandacht für die etwa schlechter gestellte(n) nicht hin, um von einem *Simultaneum* sprechen zu können. Da verschiedene evangelische Reichsterritorien durch Konversion oder Erbgang unter katholische Landesherren gerieten und diese dann die begrenzte Duldung der eigenen Konfession zu praktizieren, ihr zuletzt nicht genutzte Kirchen zuzuführen oder neue zu erbauen pflegten, kurz: ein *Simultaneum* etablierten, wurde diese Vokabel im 18. Jahrhundert zum Reizwort für die protestantischen Reichsstände. Sie hielten jede nicht durch das Normaljahr abgestützte katholische Glaubensausübung, die über die Hausandacht hinausging, für illegal.

Ein weiteres Grundsatzproblem tangierte auch, ja, vor allem die Kurpfalz: der Streit um die **Rijswijker Klausel**. Die Rheinpfalz war der am meisten von ihr betroffene Landstrich, viele Zeitgenossen – und seither viele Historiker – argwöhnten sogar (vermutlich zu Unrecht), Frankreich sei zu dieser Klausel vom katholischen Kurfürsten von der Pfalz und von der Hofburg ermutigt worden. Sie vergiftete, seit sie 1697 formuliert worden war, für Generationen das ohnehin schon angespannte Verhältnis zwischen den Konfessionen im Reich zusätzlich. Als die gebildeten Eliten Europas längst „aufgeklärt" waren – und der Aufklärung war Kampf gegen „Schwärmerei", religiösen Fanatismus und doktrinäre Abgrenzung ein Kernanliegen, sie predigte Toleranz, fahndete nach gemeinsamen „Urwahrheiten" in allen Religionen –, da erfuhr die Reichspolitik nicht zuletzt wegen der Rijswijker Klausel eine Rekonfessionalisierung. Das *Corpus Evangelicorum* hoffte 1719/20, über die Konfrontation in der Kurpfalz den Fall der Klausel überhaupt erzwingen zu können.

Problem Rijswijker Klausel

E

Rijswijker Klausel
Ludwig XIV. rückte 1697 im Frieden von Rijswijk alle Reunionsgewinne außerhalb des Elsass wieder heraus, aber in Artikel 4 des Vertrags wurde festgelegt, dass von Ludwig angeordnete Rekatholisierungsmaßnahmen in den von ihm annektierten oder mit Frankreich „reunierten" Gebieten nach der Rückgabe ans Reich nicht revidiert werden durften, mit anderen Worten: Wo Ludwig dafür gesorgt hatte, dass wieder katholische Gottesdienste stattfanden, mussten diese auch weiterhin geduldet werden (galt ein *Simultaneum*).

Das *Corpus Evangelicorum*

Im Rahmen des Streits um Simultaneen und Rijswijker Klausel war zuletzt häufig vom *Corpus Evangelicorum* die Rede; doch war dieses selbst höchst strittig! Der Kaiser und die katholischen Reichsstände sahen natürlich ein, dass die 1648 vorgesehene *itio in partes* ab und an das konfessionsspezifische Zusammentreten der Reichstagsgesandten erforderlich machte. Was beunruhigte, war, dass sich das *Corpus Evangelicorum* rasch zu einer Dauereinrichtung, zu einer Quasi-Reichsinstitution verfestigte, zur Organisation des evangelischen Reichsteils. Man wählte einen Direktor, den Kurfürsten von Sachsen, und traf sich recht häufig am Rand des permanent werdenden Reichstags, um die Reichstagsarbeit der verschiedenen evangelischen Gesandten aufeinander abzustimmen, das Auftreten in den Kurien zu homogenisieren.

Die Rijswijker Klausel verlieh der Verdichtung des *Corpus* einen deutlichen Schub. Man begann Mehrheitsbeschlüsse des *Corpus* als verbindlich zu erachten, Abweichungen vom dort vorgegebenen Stimmverhalten am Reichstag als Verrat am wahren Glauben zu diffamieren. Vor allem aber reichte die Wirksamkeit des *Corpus* weit über Regensburg hinaus: Es gerierte sich als oberste Kontroll- und Schutzinstanz für alle Protestanten im Reich, berufen, *Gravamina* bedrängter Glaubensgenossen aufzugreifen, befugt, sich mit Eingaben an den Kaiser, die Reichsgerichte, einzelne Reichsstände zu wenden, der verfolgten Unschuld diplomatischen Beistand zu leisten – oder ihr gar im Falle äußerster Not durch militärische Exekution zur Seite zu springen. Immer wieder versuchten die im *Corpus Evangelicorum* zusammengefassten Reichstagsgesandten, ihre Regierungen zu konsequentem und geschlossenem Handeln im Interesse des Protestantismus anzuhalten, die an den verschiedenen Residenzen des Reiches betriebene Politik gewissermaßen konfessionell aufzuladen – was dem Geist der auf Ausgleich hin angelegten Reichsverfassung widersprach.

Für die katholischen Reichsstände war das *Corpus Evangelicorum*, so, wie es sich verdichtet und institutionalisiert hatte, sogar rechtswidrig, die Reichsverfassung sehe derartige Einrichtungen nicht vor. Außer in ganz seltenen Ausnahmesituationen (denn die Katholiken stellten an eine *itio in partes* strenge Vorbedingungen) sei das *Corpus* kein Akteur im Reichssystem. Man akzeptierte das *Corpus Evangelicorum* als Abstimmungskörper zur Herbeiführung einer *amicabilis compositio*, aber nicht als politisches Gremium. Faktisch musste man es natürlich doch als solches zur Kenntnis nehmen; um sich theoretisch nichts zu vergeben, sprach man dann gern vom „so genannten Corpus".

Problematik der Rekurse

War das *Corpus Evangelicorum* wirklich die Organisation des evangelischen Reichsteils? Subjektiv gesehen schon, man steigerte sich ja in immer neue antikatholische Tiraden hinein, wollte den finsteren Umtrieben der Jesuiten, des Papstes, seiner Marionetten in der Reichskirche die Stirn bieten. Zugleich aber führten im *Corpus* einige mächtige Dynastien das große Wort: Hannover-England, Brandenburg-Preußen, Sachsen-Polen. Und so wurde es mit der Zeit immer deutlicher auch das Forum der Interessen jener 'staatsfähigen' Territorien, denen das Reich vom Schutzverband zur Fessel geworden war. Dass die großen evangelischen Quader des Reichsgebäudes in den Reichstagskurien problemlos überstimmt werden konnten, aber das *Corpus Evangelicorum* beherrschten, war eine kräftige Triebfeder, politische Minderheitenpositionen konfessionell aufzuladen. Sie konnten dann am Reichstag nicht mehr majorisiert, mussten *de corpore ad corpus* ausgehandelt werden – was die katholische Reichstagsmehrheit politisch unschädlich machen sollte. Die oberstrichterliche Position des katholischen Kaisers suchten die Protestanten dadurch zu entwerten, dass sie sich immer wieder mit **„Rekursen"** an den Reichstag wandten. Der bekannte Reichspublizist Johann Jakob Moser hat Rekurse einmal so definiert: „Beschwerden, welche gegen eines der beyden derer höchsten Reichs-Gerichte" am Reichstag „zu dem Ende angebracht werden, damit solche entweder in Ansehung des Vergangenen, oder des Zukünfftigen, oder beyder … abgestellet und verhütet werden". Man wollte als wichtig erachtete Konflikte nicht von den (vorgeblich prokatholischen) Reichsgerichten behandelt sehen, wollte sie lieber am Reichstag besprechen, am liebsten natürlich wiederum *de corpore ad corpus*. Legislative wie Jurisdiktion wurden so aus evangelischer Perspektive ihrer prokatholischen Schlagseiten beraubt, in katholischer Sicht lahm gelegt.

> **Die Rekurspraxis der Protestanten**
> Nicht nur, aber vor allem größere protestantische Reichsstände wandten sich im späten 17. und im 18. Jahrhundert immer wieder mit „Rekursen" an den Reichstag, um sich in diesem oder jenem Konflikt der Zuständigkeit oder auch dem schon gefällten Urteil eines Reichsgerichts zu entwinden. Gerne argumentierten sie dabei so: Der Westfälische Friede hat die zuvor bisweilen umstrittene Frage, wer Reichsgesetze authentisch interpretieren dürfe, definitiv zugunsten der Gesamtheit der Reichsstände entschieden (Artikel VIII § 2 IPO); also sind Konflikte, in die irgendwelche nach evangelischer Ansicht interpretationsbedürftige Bestimmungen beispielsweise des Zweiten Religionsfriedens hereinspielen, grundsätzlich am Reichstag auszuhandeln. Rekurse waren nicht nur dem oberstrichterlichen Nimbus des Kaisers abträglich, sie verzögerten die Lösung von Konflikten und politisierten diese zudem, womöglich kamen die *Corpora* ins Spiel, womit notorische Verfassungsprobleme des Reiches aufgerührt – und zügige Urteilsvollstreckungen vollends unmöglich wurden.

Hielt das *Corpus Evangelicorum* evangelische Interessen und die *teutsche libertät* hoch, vereinte das viel lockerer gefugte, nur sporadisch zusammentretende *Corpus Catholicorum* zwar einerseits katholische Reichsstände, aber zudem, von Bayern abgesehen, lauter Mindermächtige, die auf kaiserliche Protektion angewiesen waren und zu deren Lebensbedingungen ein funktionierender Reichsverband gehörte. Zum Konfessionsdissens kamen tendenziell unterschiedliche verfassungspolitische Ordnungskonzepte – eine gefährliche Mischung!

Bei genauem Hinsehen prägte diese Melange schon die Querelen der

Interessen des Corpus Catholicorum

Jahre um 1720. Gewiss, sie waren zunächst einmal deshalb brisant, weil sie mehrere notorisch problematische konfessionspolitische Grundsatzfragen aufrührten – das *Simultaneum* in einem Reichsterritorium, gemeinsam genutzte einzelne „Simultankirchen", die Rijswijker Klausel. Insofern wurde deutlich, dass der Konfessionszwiespalt weiterhin die Reichspolitik belastet hat. Hinzu kam aber 1719 bis 1721 offensichtlich ein Grundsatzstreit über den Charakter des Reichsverbands, zwischen der Hofburg und den Welfen, zwischen der Hofburg und Brandenburg-Preußen. Aufschlussreich, dass nicht irgendwelche kleineren Duodezfürsten, sondern die beiden mächtigsten evangelischen Reichsstände die Scharfmacher waren! Nicht minder aufschlussreich ist es, wie die Hofburg die Dinge seit 1721 allmählich wieder zu beruhigen verstand: Sie zog die traditionell kaiserhörigen kleineren Reichsstände wieder zu sich herüber. Den Mindermächtigen wurde das riskante Treiben Hannovers und Berlins auf die Dauer unheimlich. Hatte der Pfälzer die Heilig-Geist-Kirche nicht wieder herausgegeben? Ging es gar nicht um Kirchen, sondern darum, den Kaiser vorzuführen? War weniger eine finstere Verschwörung des Papstes und der Jesuiten zu befürchten denn eine Demontage des Reiches? Wrisberg entglitten die Zügel im *Corpus Evangelicorum*, dieses machte seine Konfrontationsstrategie nicht mehr mit, weil schon den Zeitgenossen aufging, dass da offenbar ein Machtkampf entbrannt war – dass sich die großen Reichsstände dem Griff des Kaisers entziehen, der aber demonstrieren wollte, dass sich die kaiserliche Oberhoheit auch über Reichsfürsten erstreckte, die als Könige von England oder Preußen dort Souveräne gewesen sind.

Als die Auseinandersetzung noch am Siedepunkt war, warf der Reichsvizekanzler, Friedrich Karl von Schönborn, dem Soldatenkönig vor, er handle nicht reichsverträglich: halte sich ein so überdimensioniertes Heer, dass das die friedlichen Reichsstände ängstigen müsse, versuche, „im Reich statum in statu zu formieren" und des Kaisers „Amt außer Acht und Gehorsam" zu setzen. Das mag übertrieben sein, zumal Schönborn den „Polterkönig", wie er ihn nannte, nicht mochte. Aber es war doch was dran, und auf den Nachfolger des „Polterkönigs" hätte es glänzend gepasst. Schon der Soldatenkönig übte 1719 auf einer Klaviatur, die Friedrich II. nach 1740 virtuos beherrschen wird: sich unter Ausnutzung konfessioneller Solidaritäten als Gegenspieler der Hofburg aufzuplustern und breiten reichsständischen Widerstand gegen den Kaiser zu mobilisieren. Insofern waren die Querelen der Jahre um 1720 ein Wetterleuchten am Horizont, das heranziehende Unwetter ankündigte. Zunächst einmal kehrte wieder die sprichwörtliche Ruhe vor dem Sturm ein. Der Soldatenkönig rückte von seiner Fundamentalopposition gegen Wien ab, nutzte die so gewonnene außenpolitische Entlastung für eine Fortführung der inneren Konsolidierung des Landes und den Aufbau jenes riesigen Heeres, das dem Sohn die Wiederaufnahme einer aggressiv antihabsburgischen Politik erleichtern würde.

3. Die erste Phase des Dualismus – Friedrich von Preußen blockiert das Reichssystem

a) Der Dualismus wird virulent

Die länger schon latent angelegte, die gelegentlich (am deutlichsten 1720) gleichsam hervorlugende Rivalität der beiden Großen des Reiches machte Friedrich von Preußen 1740 zum dauerhaft virulenten Kernproblem der Reichsgeschichte. Der vermeintliche „Roi philosophe" suchte nämlich die vom Soldatenkönig ins Werk gesetzte innere Militarisierung nicht etwa abzumildern, er wollte die in Jahrzehnten gesammelte, geballte innere Kraft in äußere Expansion umsetzen, raubte Habsburg Schlesien. Aus dem preußisch-österreichischen Konflikt seit 1740 erwuchsen, zeittypisch, Kriege zwischen feindlichen Koalitionen, der Kampf um Schlesien (Erster Schlesischer Krieg 1740–1742, Zweiter Schlesischer Krieg 1744/45) verband sich mit dem ums ganze habsburgische Erbe, dem Wahlkampf ums Kaisertum, sogar mit Kolonialrivalitäten. Wie ging die Sache, kurz gesagt, aus? Friedrich behielt Schlesien, Maria Theresia behauptete ihr restliches Erbe – sie verlor die Schlesischen Kriege, gewann den Österreichischen Erbfolgekrieg (1741–1748). Und das Kaisertum? Zunächst wurde ein Wittelsbacher gewählt, aus Karl Albrecht von Bayern wurde Kaiser Karl VII. Aber das Experiment eines Kaisertums ohne die Ressourcen der Großmacht Habsburg war im Grunde schon gescheitert, ehe Karl VII. 1745 starb. Danach kam wieder Habsburg zum Zuge, die Kurfürsten wählten den Gemahl Maria Theresias, Franz Stephan von Lothringen.

Genug der ereignisgeschichtlichen Daten und militärischen Fakten! Hier muss interessieren, wie sich der nun virulente preußisch-österreichische Dualismus auf den Reichsverband ausgewirkt hat. Er verschärfte die skizzierten, schon länger untergründig rumorenden konfessions- wie verfassungspolitischen Spannungen zu einer bedrohlichen Polarisierung des ganzen Systems, wie sie, unter anderen Vorzeichen, schon einmal seit dem späten 16. Jahrhundert eingetreten war; und wie damals litt die Funktionsfähigkeit des politischen Systems bald erkennbar unter dieser Polarisierung. Der Preußenkönig wollte das Reich nicht stärken, sondern für seine Großmachtambitionen missbrauchen; Habsburg, tief getroffen vom vermeintlichen Verrat der frühen 1740er-Jahre, als es viele Reichsstände mit dem Landfriedensbrecher in Berlin gehalten, als die Kurfürsten einen nichthabsburgischen Kaiser gewählt hatten, setzte jetzt erst recht und viel eindeutiger als bislang die Priorität auf österreichische Großmachtpolitik, auch der traditionellen Kaiserdynastie verkamen die Institutionen des Reiches zu Nebenbühnen im Machtkampf mit Preußen. Obwohl die Normen die gleichen blieben, änderte sich doch das Reichssystem zutiefst, obwohl das Verfassungsrecht dasselbe blieb, war die Verfassungswirklichkeit bald nicht wieder zu erkennen.

Die preußisch-österreichische Rivalität war im Kern keine konfessionelle, doch wurde sie reichspolitisch häufig so ausgetragen. War Maria There-

Polarisierung des politischen Systems

sia eine zutiefst fromme Frau, hat Religiosität Friedrichs Handeln gewiss nicht bestimmt; doch machte er sich die religiösen Gefühle der anderen geschickt zu Nutze, wenn er immer wieder evangelische Solidarität gegen Habsburg einforderte, mit guter Resonanz: Die norddeutsche Großmacht schien geeignet, die strukturellen Defizite des Protestantismus im Reichsverband machtpolitisch zu kompensieren und so das Paritätsgebot des Westfälischen Friedens endlich politische Realität werden zu lassen. Der Publizist Wilhelm Ludwig Wekherlin wird 1786, im Todesjahr Friedrichs, konstatieren: „Für Katholik und Protestant ist itzt die Losung: Österreicher oder Preuß!"

b) Friedrichs politische Maximen und das Reichssystem

Denken und Handeln Friedrichs vertrugen sich nicht mit dem Reichssystem. Als er Schlesien raubte, agierte er nicht als respektabler Reichsstand, sondern als Regent der kleinsten europäischen Großmacht, die zu den anderen aufschließen wollte. Friedrich brannte vor Ehrgeiz, wollte als Schlachtenlenker und Eroberer in die Geschichte eingehen; das Reich indes konservierte, schützte den Status quo, damit noch den kleinsten Reichsritter, der seinem bösen Nachbarn nicht gefiel und dessen Ländchen von diesem ohne den Rechtsschutz des Reiches an einem Tag geschluckt worden wäre. Das Reich bremste nach innen politische Dynamik und territorialen Ehrgeiz ab, nach außen hin war es expansionsunfähig. „Hingebung", „Demut" und „Langmut" wird ihm Joseph Görres 1798, als es unter dem Druck der napoleonischen Waffen vollends zu bröckeln beginnt, spöttisch in einer nur wenig verfrühten 'Trauerrede' attestieren. „Ach Gott! Warum musstest du denn deinen Zorn zuerst über das gutmütige Geschöpf ausgießen; es graste ja so harmlos und so genügsam auf den Weiden seiner Väter, ließ sich so schafsmäßig zehnmal im Jahre die Wolle abscheren, war immer so sanft, so geduldig … Warum traf dein Blitz nicht lieber eines jener benachbarten Raubtiere, die sich vom Gute derjenigen mästen, die das Unglück haben, schwächer als sie zu sein?" Das Reichsgebäude, ein Schafstall – und in diesem Schafstall wütete seit 1740 ein Wolf, für den es Herrscherpflicht war, „eine Provinz zu erobern" (so das ›Politische Testament‹ Friedrichs von 1752).

Bewusste Reichspolitik   Man darf sich nicht von der Geringschätzung täuschen lassen, mit der Friedrich jenes Reich verspottete, das „weder römisch noch heilig" sei. Gewiss ließ er sich „von diesem Chaos kleiner Gemeinwesen" nicht die Koordinaten seiner Politik vorschreiben. Hineinregieren ließ er sich erst recht nicht – Friedrich errichtete auf dem Boden des Reiches ein faktisch vom Reich unabhängiges Staatswesen. Aber dass alle einschlägigen Friedrich-Biographien die Reichspolitik übergehen, ist ein Fehler – denn eine solche hat es gegeben. Sie war sogar geschickt und erfolgreich, von der Warte der preußischen Staatsräson aus geurteilt; in reichspatriotischer Perspektive war sie destruktiv.

c) Unterstützung für Kaiser Karl VII.

Friedrich hatte sein Mütchen an Schlesien gekühlt, weil es ihm so gefiel, ohne triftige Rechtsansprüche: Demonstration eines neuen Politikverständnisses. Diese Eroberung galt es nun abzusichern, indem man Habsburg schwächte. Habsburg war die traditionelle Kaiserdynastie, das Amt war allen Widrigkeiten der Reichspolitik zum Trotz ein Kraftquell, brachte Autorität ein, Charisma, verschaffte Respekt. Diese Quelle sollte versiegen. Berlin unterstützte also das Wittelsbacherkaisertum Karls VII., politisch wie militärisch. Es war eine für Friedrich scheinbar ideale Konstellation: Der Kaisertitel war dem Gegner der Schlesischen Kriege, Habsburg, entrissen, man hatte ein legitimes Reichsoberhaupt (von preußischen Gnaden) auf seiner Seite, ohne selbst durch die Spielregeln gefesselt zu sein, an die sich der Kaiser, der Garant der Stabilität, der Hüter von Recht und Ordnung im Reich, zu halten hatte.

Mit dem Wittelsbacherkaisertum hatten sich anfangs auch anderswo im Reich einige Hoffnungen verknüpft: endlich einmal kein Habsburger – man demonstrierte, dass das Reich kein Erbstück dieser Dynastie war, sondern ein Wahlreich. Eigentlich war natürlich auch Franz Stephan, der Gemahl Maria Theresias, kein Habsburger, sondern Lothringer. Aber über seine Frau hätte er sich doch der Ressourcen Habsburgs bedienen und wie zuletzt üblich habsburgische Großmachtpolitik betreiben können. Dem war bei Karl Albrecht nicht so. Endlich einmal kein Kaiser, der schon seiner Erbländer wegen in europäische Großmachthändel verstrickt war!

Die anfänglichen Hoffnungen haben sich nicht erfüllt, weil das Reich von Karl VII. nicht wirklich regiert wurde. Zwei Tage nach der pompös inszenierten Kaiserkrönung besetzten österreichische Truppen München, anschließend das ganze Kurfürstentum. Zwar würde sich das Kriegsglück noch mehrmals wenden, nicht zuletzt mit den wechselhaften Konjunkturen des preußischen Engagements für den Wittelsbacher, doch im Grunde war Karl ein Kaiser ohne Land – eine prekäre Konstellation, da sich ja das Kaiseramt nicht selbst trug, es brachte materiell nichts ein. Dieser Kaiser war ganz und gar abhängig von anderen, von Frankreich vor allem, auch von Preußen, er residierte im Exil, in Frankfurt, wohin auch der Reichstag umzog. Das Personal in den Reichsbehörden war nicht durchgehend loyal, konnte aber auch nicht flugs qualifiziert ersetzt werden, Maria Theresia verweigerte die Herausgabe des Reicharchivs: „Die Kaiserkrone wurde rasch zur Dornenkrone" (Alois Schmid). Um dem ihnen reichspolitisch so nützlichen Wittelsbacherkaiser auf die Sprünge zu helfen, ventilierten die Berliner Säkularisations- und Mediatisierungspläne, Karl sollte sich süddeutsche Hochstifte und Reichsstädte nehmen. Der fand den Ansatz interessant, nur, die traditionelle Klientel des Kaisertums im Reich war natürlich entsetzt. Es war ein Fiasko, eine Katastrophe nicht nur für Karl, sondern fürs Kaisertum überhaupt.

Scheitern Karls VII.

d) Das Kaisertum Franz' I. soll blockiert werden

Ein Kaiser von Preußens Gnaden – diese Kalkulation war nicht aufgegangen. Weil das nächste Reichsoberhaupt zwar streng genommen auch kein Habsburger war, aber eben doch mit Maria Theresia verheiratet, hieß es nun aus preußischer Sicht das Kaisertum überhaupt zu schwächen. Am gründlichsten schwächte man die Reichsspitze, wenn man den ganzen Reichsverband lähmte. Also betrieb Friedrich fortan konsequente Obstruktionspolitik am Reichstag und in jenen Reichskreisen, in denen er vertreten war – das waren außer dem Obersächsischen noch der Niederrheinisch-Westfälische und der Niedersächsische, über die fränkischen Hohenzollern gewann Berlin auch zunehmend Einfluss auf den Fränkischen Kreis. Oft spielte Friedrich, der doch für den christlichen Glauben intern nur Hohn und Spott übrig hatte, dabei die protestantische Melodie. An den wichtigeren Fürstenhöfen suchte er 'preußische Parteien' aufzurichten, eine zielgenaue Heiratspolitik sollte dies abstützen – nicht nur das politische System also wurde polarisiert, auch die informellen Beziehungsgeflechte und Klientelverbände wurden es. Und sogar die Loyalitäten des gemeinen Mannes: Es gehörte in evangelischen Kreisen auch Süddeutschlands bald zum guten Ton, seine „fritzische" Einstellung zu bekunden.

Kein Geringerer als Goethe hat in ›Dichtung und Wahrheit‹ geschildert, wie die Polarisierung des Reichsverbands sogar Familienbande strapazieren konnte. Er erinnert sich, wie der Dualismus dem Knaben das sonntägliche Mittagsmahl bei den „österreichisch" eingestellten Großeltern, bis dahin seine „vergnügtesten Stunden", verdarb: „Man stritt, man überwarf sich, man schwieg, man brach los. Der Großvater, sonst ein heiterer, ruhiger und bequemer Mann, ward ungeduldig. Die Frauen suchten vergebens das Feuer zu tüschen, und nach einigen unangenehmen Szenen blieb mein Vater zuerst aus der Gesellschaft" – denn er war „fritzischen" Sinns. „Alles, was zum Vorteil der Gegner angeführt werden konnte, wurde geleugnet oder vekleinert; und da die entgegengesetzten Familienglieder das Gleiche taten, so konnten sie einander nicht auf der Straße begegnen, ohne dass es Händel setzte."

Polarisierung der deutschen Öffentlichkeit

Beim Versuch, gegen den Kaiser Stimmung zu machen, half Friedrich, dass im Jahrhundert der Aufklärung immer mehr Menschen lesen konnten und dass der literarische Markt expandierte. Gleich mehrere Faktoren ließen Preußen von diesem Umstand profitieren.

Erstens agitierte die preußische Propaganda skrupelloser und geschickter – sogar billig angebotene Tabaksdosen mit Fritz-Bildern gehörten zur Werbekampagne. Über Ungereimtheiten wie die, dass Friedrich 1756 ins Territorium des Leiters des *Corpus Evangelicorum* (Kursachsen) einmarschierte und anschließend vom Religionskrieg faselte, haben viele im Reich nur allzu gern hinweggesehen, weil die gerissen inszenierte „Fritz"-Begeisterung die Sinne vernebelt hat.

Sehr geschickt stilisierte sich Friedrich zweitens als „Roi philosophe", als Aufklärer auf dem Königsthron. Er dilettierte als Schriftsteller, hielt sich als aufgeklärte Variante des Hofnarren mit Voltaire einen prominenten Autor. Dass dieser Aufklärer ein Franzose war, dass der vermeintliche Aufklärer Friedrich die deutsche Aufklärungsliteratur nicht zur Kenntnis nahm und einmal versicherte, er habe „von Jugend auf kein deutsch Buch gelesen"; dass sich die pechschwarze Weltsicht und die zynische Menschenverachtung Friedrichs so gar nicht zum anthropologischen Optimismus der Aufklärung und ihrem Glauben an die „beste aller möglichen Welten" fügen wollten: man hat es nicht sehen wollen.

Drittens wurde die deutsche Aufklärung überproportional von evangelischen Autoren hochgehalten. Der Protestant Friedrich konnte ausnutzen, dass die Protestanten ohnehin die kulturelle Hegemonie im Reich errungen hatten – sogar Katholiken hielten ja ihre Kirche, die geistlichen Fürstentümer und das strukturell katholisch dominierte Reich gleichermaßen für veraltet; dass Friedrich sein angebliches Aufgeklärtsein vor allem dadurch zu demonstrieren pflegte, dass er abschätzige Sottisen über den Glauben ausstreute, auch darüber hat man in forciert protestantischen Kreisen gerne hinweggesehen.

Ein Viertes kam dazu: Angesichts des dynamischen Fortschrittsoptimismus der Aufklärung sowie jahrzehntelanger Misshelligkeiten einer sich quälend dahinschleppenden Reichspolitik assoziierten mittlerweile viele gebildete Zeitgenossen mit dem Reich weniger Schutz und Behaglichkeit denn Immobilismus. Sollten die bleiernen Zeiten der „Reichsmüdigkeit" (Hans Schmidt) denn nie enden? Einer musste doch einmal den Gordischen Knoten durchschlagen! Genau das tat der Preußenkönig für viele 1740, zwar mit dem Schwert, aber den blutigen Preis seiner Aggression sah man weniger scharf als den Friedrichs Dreistigkeit belohnenden Triumph am Ende. Es hatte sich im morschen Reichsgebäude endlich überhaupt einmal etwas getan! Weil dieses Reichsgebäude die Mitte Europas vor den Stürmen ringsum schützte, war die Luft vielen Bewohnern zuletzt arg stickig geworden – brachte Friedrich nicht endlich einen frischen Zug hinein? Nach Jahrzehnten dichterisch nicht ausbeutbaren kleinlichen Haders hatte sich endlich Großes getan, heroische Heldentaten ließen sich feiern, das gab sogar als Stoff für Poeten etwas her, gewissermaßen aus ästhetischen Gründen sympathisierten auch diese überwiegend mit Friedrich, „Oden an die preußische Armee" und „Preußische Kriegslieder" machten die Runde.

Die wichtigste Bühne für den konfessionell verbrämten diplomatischen Kampf gegen Habsburg war der Reichstag. Brandenburg-Preußen profilierte sich dort als Sprachrohr des evangelischen Deutschland; so brachte es – um ein konkretes Beispiel zu skizzieren – im Mai 1750 mit einem Paukenschlag das zuletzt vor sich hindämmernde *Corpus Evangelicorum* in die Reichspolitik zurück. Anlass waren Religionsquerelen im Hohenlohischen, wo die katholischen Grafen ihre mehrheitlich evangelischen Untertanen schikanierten.

Dualismus und Reichstag

Was gingen regional begrenzte Streitereien eigentlich das *Corpus Evangelicorum* an? Nun, es verstand sich eben, wie wir schon gesehen haben, als Interessenvertretung aller „bedrängten Glaubensgenossen im ganzen Römischen Reich" (Johann Jakob Moser). Wann und wo auch immer diese in Not schienen, wandte sich das *Corpus* mit der Forderung an den Kaiser, für zügige Abstellung zu sorgen. Der akzeptierte bekanntlich noch nicht einmal das *Corpus*, geschweige denn dessen angebliches *Interzessionsrecht* (lat. intercedere = Einspruch erheben, dazwischengehen), und legte die oft zeternden Beschwerden zu den Akten. Das wiederum gab dem *Corpus* in dessen Augen ein Selbsthilferecht; man setzte Mahnschreiben auf, ernannte Kommissionen, die vor Ort Druck machen sollten – was auch dann dem oberstrichterlichen Amt des Kaisers abträglich war, wenn keine gewaltsame Exekution erfolgte. Im Jahr 1750 aber ging das *Corpus* so weit – es sei unzumutbar, im Hohenlohischen noch länger zuzusehen; der Markgraf von Ansbach wurde beauftragt, ein den katholischen Grafen ungünstiges, von diesen durch Rekurs blockiertes Urteil des Reichshofrats zu exekutieren. Am 13. Oktober 1750 marschierten 104 ansbachische Grenadiere im Hohenlohischen ein, um die Rücknahme der in den letzten Jahren angeordneten Schikanen zu erzwingen. Jenes *Corpus*, das es nach katholischer Rechtsauffassung gar nicht gab, spielte sich eigenmächtig als Reichsexekutive auf, gestützt auf eine Art von Notrecht angesichts des angeblichen Versagens eines amtsvergessenen Kaisers, der die Protestanten im Reich nicht mehr zu schützen willens sei. Keck erklärte das *Corpus*, es werde jederzeit wieder so handeln, so der am Normaljahr 1624 bemessene evangelische Besitzstand im Reich akut gefährdet sei.

Friedrich mobilisierte das uralte konfessionspolitische Konfliktpotenzial der Reichspolitik für seine ganz und gar säkularen Ziele. Waren Glaube und Politik bei den konfessionspolitischen Auseinandersetzungen zwischen 1580 und 1630 so ineinander verschränkt gewesen, dass man beide Aspekte gar nicht voneinander trennen kann, wurde die Konfession nun, im 18. Jahrhundert, zynisch instrumentalisiert. Der österreichische Diplomat und Reichskenner Ferdinand von Trauttmansdorff schrieb einmal: „Meiner Meinung nach ist seit geraumer Zeit schon in Deutschland der Religionsunterschied dergestalt bloß zum politischen Vorwand und Losungswort geworden", dass, wenn heute die Hofburg evangelisch werde, „morgen die Protestanten die katholische Religion annehmen würden".

Nicht, dass es seit 1740 neben oder im Schatten der Rivalität der beiden Großen keine konstruktiven reichspolitischen Resultate, keine Reichstagsarbeit mehr gegeben hätte, als ob das Reich jene vielen Mittleren und Kleinen gar nicht mehr interessiert hätte, die die Stürme der aggressiven europäischen Großmachtpolitik ohne schützendes Reichsdach sofort weggeblasen hätten! Sie unterhielten brav ihre teuren Reichstagsvertretungen, ihre Residenten am Kaiserhof, dieser umgekehrt seine Gesandtschaften bei den wichtigeren Reichsständen und zu Zeiten auch bei den Kreisen, zahlreiche kaiserliche Kommissionen schlichteten dort Händel, hier lästige Querelen. Der Reichstag beriet, jahraus und jahrein, beschloss sogar gelegentlich etwas, aber es verfestigte sich doch immer mehr als Grundregel, dass nur dann etwas herauskommen konnte, wenn keine der beiden Hegemonialmächte eine Gelegenheit witterte, der anderen eins auszuwischen – Rahmengesetze für Handel und Wandel beispielsweise wurden weiterhin verabschiedet, weil Münz- oder Handwerksordnungen machtpolitisch unergiebig schienen.

e) Siebenjähriger Krieg und Reichssystem

Der berühmte Siebenjährige Krieg (1756–1763) ist nicht nur militärgeschichtlich interessant, aufschlussreich auch, wie da beide Seiten versuchten, das Reich für ihre ureigenen Ziele einzuspannen! Die Hofburg wollte den Hegemonialkrieg als Reichsexekution gegen einen Landfriedensbrecher führen, Friedrich seine Polarisierungstaktik dagegensetzen, also jenen norddeutschen Reichsteil, über den er die machtpolitische Hegemonie, jenen evangelischen Reichsteil, über den er die kulturelle Hegemonie besaß, gegen Wien mobilisieren.

Das diplomatische wie militärische Hin und Her, es kann hier kaum angedeutet werden – Friedrich eröffnete die Kampfhandlungen durch den Einmarsch ins Kurfürstentum Sachsen, erneut waren die preußisch-österreichischen Kämpfe eingebettet in andere europäische wie überseeische Konflikte; behaupten konnte sich Preußen in diesem selbstverschuldeten Existenzkampf nicht wegen dieses und jenes militärischen Bravurstückes, sondern weil Friedrich halsstarrig, eigentlich wider jede Vernunft und auch ohne jede Rücksicht auf seine Untertanen, durchhielt, so lange, bis das Zusammentreffen einer Reihe von ganz unkalkulierbaren Zufällen (wer konnte zum Beispiel darauf rechnen, dass in Russland die Zarin sterben würde?) den Kriegsverlauf auf den Kopf gestellt hat: Kriegsmüdigkeit an wichtigen europäischen Höfen, Kolonialstreitigkeiten entschieden, Kassen leer. Zerfall der Siegerallianz, ein Ermattungsfriede am Ende – der Friede von Hubertusburg bringt Preußen 1763 'nur', angesichts des Kriegsverlaufs aber muss man formulieren: immerhin!, den Status quo ante. Mehr als eine halbe Million Menschen sind dafür verblutet. Der noch junge Großmachtstatus Preußens ist in den Augen der europäischen Mitspieler bestätigt.

Der Siebenjährige Krieg soll uns hier nicht als Reihung denkwürdiger Schlachten beschäftigen, sondern als Indikator der neuen politischen Konstellationen. Schon das unmittelbar vorangehende **Renversement des alliances** kann man auch als europäische Verankerung der neuen Polarität des Reichsverbandes mit einem süddeutschen und einem nördlichen Brennpunkt interpretieren – Friedrich versuchte ja jenen deutschen Norden, der noch bis weit ins 16. Jahrhundert hinein reichs- und kaiserfern gewesen, dann aber recht fest eingebunden worden war, antikaiserlich zu formieren; mit London war nun Hannover sein Partner, Preußen agierte im Siebenjährigen Krieg als Englands Festlandsdegen, Österreich aber nahm den Süden des Reiches unter seine Fittiche. Genauso plausibel ist es, das *Renversement des alliances* als internationale Verankerung des konfessionellen Dualismus im Reich zu lesen: Nach dem sensationellen Frontwechsel Frankreichs verliefen die europäischen Konstellationen entlang der konfessionellen Trennlinie.

Das bestärkte die Berliner in der verwegenen Absicht, einen Krieg, den sie mit dem Einmarsch in das evangelische Kursachsen eröffnet hatten, in aufwändigen Propagandakampagnen zum Religionskrieg zu stilisieren, genauer: zur präventiven Abwehr eines von der Hofburg geplanten Religionskriegs. Dass es Wien mit Frankreich, dem „Erzfeind deutschen Wesens",

Ein Religionskrieg?

hielt (wie gerne hätte Friedrich diesen Verbündeten gehabt!), wurde ebenfalls ausgeschlachtet, war hilfreiches propagandistisches Nebenmotiv. Friedrich versuchte, einen evangelischen Fürstenbund zu gründen (daraus allerdings wurde nichts). Wiener Pläne, den Preußenkönig als Landfriedensstörer in die Reichsacht zu erklären, provozierten heftigen Widerspruch des *Corpus Evangelicorum* und mussten deshalb fallen gelassen werden. Als der Reichstag 1761 über die Zusammensetzung einer Delegation zum in Augsburg angesetzten Friedenskongress befinden musste, beantragte Berlin, wegen der „in dieser Sache öffentlich am Tag liegenden Trennung beider Religions-Teile" eine *itio in partes* zu veranstalten, und die meisten evangelischen Fürsten stimmten zu!

E | ### Renversement des alliances

So etikettierte man in der damaligen Diplomatensprache, also auf Französisch, eine dem Siebenjährigen Krieg vorangehende epochale Umstrukturierung des Systems der europäischen Großmächte. Seit dem späten 15. Jahrhundert galt als eine, vielleicht als die Grundkonstante im europäischen Mächtekonzert die Dissonanz zwischen dem Haus Habsburg und der französischen Königsdynastie (also den Valois, später den Bourbonen); das *Renversement des alliances* von 1756 nun machte Frankreich zum Verbündeten der Hofburg, auch, weil das als Kolonialmacht mit Frankreich rivalisierende England mit Österreichs reichspolitischem Rivalen Preußen paktierte.

Wien argumentierte mehr mit Reichs- und Völkerrecht, das es gegen das preußische „Canonen-Recht" hochzuhalten gelte; immerhin schrieb Maria Theresia 1759 an Feldmarschall Daun, es gehe in diesem Krieg auch um die „Aufrechterhaltung unserer heiligen Religion, von welcher Ich in Teutschland fast die alleinige Stütze abgebe". Eine Denkschrift des österreichischen Diplomaten Johann Ferdinand von Pergen beurteilte die Rivalität kurz nach Kriegsende so: Es habe sich um eine „Prüfung der Kräfte der protestantischen Nation gegen jene der catholischen" gehandelt. Der Reichshofrat stellte seine Behandlung der (zumeist von evangelischen Reichsständen vorgebrachten) Religionsbeschwerden ein. Die Kurie sprang bei, ein päpstliches Breve wies den Klerus an, den Zehnten seiner Einkünfte an die Reichskriegskasse abzuführen, da es jetzt darum gehe, den „Gräuel akatholischen Unglaubens aus den christlichen Ländern" zu tilgen.

Auch wenn die Verhängung der Reichsacht misslang, Reichstruppen marschierten schließlich doch gegen Friedrich, mehrheitlich hat es der Reichstag beschlossen. Selbst manche evangelische Fürsten ängstigten sich vor der Eroberungslust des „bösen Manns von Sanssouci", die geistlichen Fürsten waren, wohl zu Recht, davon überzeugt, dass der Preußenkönig nach einem militärischen Triumph seine und die welfische Expansionsgier nicht zuletzt durch Säkularisationen sättigen und so dem Reichssystem den Garaus machen werde. Friedrich konterte den Mehrheitsbeschluss des Reichstags mit der Aufforderung an die unterlegene Minderheit, sich zu einem Gegenreichstag in Mühlhausen, Nordhausen oder Goslar zu versammeln, also in einer Stadt seiner Einflusszone; ja, schließlich erklärte der Preußenkönig gar Franz I. für abgesetzt, die Kurfürsten möchten doch bitte ein neues Reichsoberhaupt wählen! Friedrich hielt eben nicht nur militarisch dagegen, er suchte das Reich zu polarisieren, tagespolitisch, verfassungsrechtlich, emotional.

Es wirkte – im Reichsheer wie an manchen truppenstellenden Höfen griff der Eindruck um sich, eigentlich auf der falschen Seite zu kämpfen; die zu einem Gutteil mit Friedrich sympathisierenden oder doch von der preußischen Propaganda verwirrten Soldaten der darob oft als „Reißausarmee" verspotteten Reichsarmee waren immer schwerer bei der Stange zu halten. Die europäische Großmacht Brandenburg-Preußen konnte man mit den herkömmlichen Mitteln der Reichsverfassung nicht mehr in die Knie zwingen. Dass in der Schlussphase des Siebenjährigen Krieges nacheinander alle möglichen Reichsfürsten separate Waffenstillstandsverträge mit Preußen signierten, mit anderen Worten: auf eigene Faust ihre Mitarbeit an einer vom Reichstag beschlossenen Militäraktion einstellten, war ein schwerer Schlag für die Reichsverfassung. Im Februar 1763 erklärte der Reichstag das Reich für neutral – in einem gewaltsam ausgetragenen Konflikt zwischen dem Reichsoberhaupt und einem Landfriedensbrecher! Der Siebenjährige Krieg hat nicht nur unzählige Menschenleben gekostet, er hat auch das strapazierte Reichssystem weiter zerrüttet.

Beschädigung des Reichsverbandes

f) Gegenwehr Franz' I.

Alle Versuche der Hofburg, die kaiserliche Konjunkturkurve nach dem Quasi-Interregnum unter dem unglücklichen Karl Albrecht wieder emporzubringen, mussten unter preußischem Dauerdruck scheitern. Wie beherzt und geschickt hat Franz I. dabei agiert? Es ist angesichts des Forschungsstandes schwer zu sagen, sicher scheint der gute Wille – Franz hatte schon die Absicht, Kaisertum und Reichsidee wieder emporzubringen, die Reichsinstitutionen zu revitalisieren, Reichspatriotismus zu befördern. Glänzende Erfolge freilich hat er nicht feiern können. Demoralisierend schon, dass alle Versuche scheiterten, das Reich für die Rückgewinnung Schlesiens zu mobilisieren – wiewohl Friedrichs Raub ja unzweifelhaft rechtswidrig war. Den Enttäuschungen der Jahre 1762/63 gingen solche im Zweiten Schlesischen Krieg voraus. Franz wollte damals Preußens Verbündeten Frankreich mit Reichstruppen oder doch solchen einer Kreisassoziation in Schach halten; freilich, noch nicht einmal die traditionell von der Hofburg ansprechbaren Reichskreise unternahmen etwas: sie verschleppten die Angelegenheit so lange, bis der Friede von Aachen 1748 den Krieg beendete.

Nicht nur auf dem Schlachtfeld musste Franz I. Schlappen einstecken. So weigerten sich viele Reichsfürsten, nach seinem Regierungsantritt den Lehnsempfang in Wien bestätigen zu lassen, vorgeblich, weil der dabei von ihren Gesandten zu leistende Kniefall vor dem Kaiserthron anstößig sei. Bis zum Ende des Reiches würde es nun dabei bleiben: Nur noch geistliche Reichsfürsten (und die verbliebenen italienischen Vasallen) suchten um die Investitur nach, leisteten den Lehnseid. Es war ein Triumph Berlins (das den Boykott gegen Franz I. auch mitinitiiert hatte): Das Reichsoberhaupt konnte seinen Vorrang als oberster Lehnsherr des Reiches nicht mehr geltend machen! Bezeichnend, dass Franz angesichts so frustrierender Erfahrungen Gutachten in Auftrag gab, die analysieren sollten, ob es sich angesichts des Dahinschwindens der Kohäsionskräfte im Reichsverband überhaupt noch lohne, an der Kaiserkrone festzuhalten – ein Wetterleuchten auch das; dem endgültigen Untergang des Reiches im Sommer 1806 würde ein ähnlicher Auftrag an zwei Ratgeber des dann regierenden Kaisers unmittelbar vorausgehen.

Gewisse Erfolge heimste Franz in der Reichskirchenpolitik ein, wo Habsburg die konkurrierenden 'Bischofsdynastien' Wittelsbach und Schönborn öfters ausstach, sogar auf dem anderthalb Jahrhunderte lang von Wittelsbacherprinzen besetzten Kölner Erzstuhl; der Kinderreichtum Maria Theresias war hilfreich. Habsburg setzte also mehr denn je auf die Kleinen, die geistlichen Reichsfürsten insbesondere. Die *Germania sacra* als Klammer des Reichsverbands – ob das eine tragfähige Konstruktion war, ob Franz die entscheidenden Schlachten gewann? Schlug er sie als Kaiser, schlug er sie für Österreich? Das ist nicht in Prozenten zu gewichten, doch spricht vieles dafür, dass auch Franz, vielleicht nicht so eindeutig wie Karl VI., in erster Linie an Österreich gedacht hat. Ziel war die Konsolidierung Habsburgs mithilfe des Reichsverbandes. Schon im Sommer 1745 wurde der englische Gesandte am Wiener Hof gefragt: „Ist denn die Kaiserkrone mit dem Verlust Schlesiens zu vergleichen?"

4. Die zweite Phase des Dualismus – Friedrich als 'Gegenkaiser'

a) Joseph II. und das Reich

Ganz eindeutig war österreichische Großmachtpolitik Dreh- und Angelpunkt der Regierungszeit Josephs II. In den Erblanden bis 1780 nur Mitregent seiner dominanten Mutter, Maria Theresias, erst danach Alleinherrscher, übte er das Kaiseramt von 1765 bis 1790 aus. Zunächst nicht ohne Schwung – zu seinem Bedauern auf dieses Politiksegment verwiesen, wollte er eigene Akzente setzen. Er befand, die Reform des wenig effektiven Reichskammergerichts sei eine dankbare Aufgabe, also steckte er viel Eifer in dessen „Visitation". Die entsprechende Kommission hat am Ende neun Jahre lang getagt, von 1767 bis 1776, und Josephs anfänglichen reichspolitischen Elan gründlich zerschlissen.

Zermürbende Kammergerichtsvisitation

Es hätte an sich ein lohnendes Unterfangen sein können. Unübersehbar war in Wetzlar zuletzt Korruption eingerissen. Schon länger schwelte sodann das Problem der grassierenden Rekurse. Drittens war die Unterfinanzierung des Gerichts ein Dauerproblem, zu wenige Beisitzer arbeiteten sich an zu vielen Streitfällen ab. Obwohl Reformbedarf also an sich klar auf der Hand lag, kam die Visitationskommission jahrelang nicht voran. Sie rührte nämlich, was sich Joseph zunächst nicht klar gemacht hatte, an notorische Grundprobleme der Reichspolitik – so den Unwillen der großen, sich vom Reich freischwimmenden Territorien, sich von den Reichsgerichten in ihre „Staatsangelegenheiten" hineinpfuschen zu lassen, so die Zweifel des *Corpus Evangelicorum* an den Kompetenzen dieser Gerichte in „Religionssachen". Josephs Eifer weckte deshalb anstatt Dankbarkeit allenthalben Misstrauen, und weil England (damit Kurhannover) noch immer über das *Renversement des alliances* erbost war, suchte sich neben dem konfessionspolitischen und dem hierarchischen Konfliktpotenzial des Reichssystems auch noch die europäische Mächterivalität ungut in der Visitationskommission auszutoben. Das war zu viel. Verschleppungstaktik und latente Obstruktion machten inhaltliche Fortschritte jahrelang unmöglich, um von wechselseitigen Beleidigungen und gezielten Provokationen, von Ultimaten und den üblichen flankierenden Flugschriftenkriegen gar nicht zu sprechen; sogar nach der *itio in partes* hat man gerufen, ferner allen Ernstes gefordert, die evangelischen Mitglieder der Kommission seien mit einem imperativen Mandat des *Corpus Evangelicorum* auszustatten.

Nach acht Jahren kam dann doch noch etwas heraus dabei – eine Erhöhung der Kammerzieler wurde beschlossen, womit sich auch die Zahl der Assessoren von zuletzt meist 17 auf 27 erhöhen ließ. Das Kammergericht konnte nun mit den Eingängen Schritt halten, würde in der Schlussphase des Reiches jährlich über hundert Urteile fällen. Über die Rekurse an den Reichstag stritt man weiter, und schließlich wurde es Joseph zu bunt: Als am 8. Mai 1776 die evangelischen Mitglieder der Visitationskommission gegen die umstrittene konfessionelle Zusammensetzung der Senate des Gerichts protestierten, anschließend drei Subdelegierte demonstrativ den Raum verließen, erklärte der Vertreter des Kaisers zur allgemeinen Überraschung die Visitation für beendet.

Joseph hatte genug, offensichtlich war Reichspolitik nicht das Feld, auf dem sich aufzureiben lohnte. Er hat diesen Politikbereich, der ihm nie Herzensangelegenheit gewesen war, schon in den späten 1770er-Jahren innerlich aufgegeben; nach 1780 stand er vollkommen im Schatten der Politik für die Erblande. Die Bindungen ans Reich, die Möglichkeiten, die das Kaisertum eröffnete, wurden dem instrumentell zugeordnet – das war eine zusätzliche Ressource, die man gelegentlich anzapfte, doch sollte umgekehrt möglichst wenig Energie und Geld ins Reich abfließen. Bezeichnenderweise strich Joseph im Januar 1782 die vom Kaiser im Reich gewährten Pensionen, was seinem legendären Geiz entgegenkam, aber doch nicht den wohlverstandenen Interessen der Hofburg, denn sie war fortan vom Informationsstrom, den diese Pensionen geschmiert hatten, abgeschnitten, bekam viel von dem, was sich da im Reich (beispielsweise an Ärger über Joseph) zusammenbraute, gar nicht mehr mit.

Nicht nur, dass sie Joseph wie nebenbei betrieb, war seiner Reichspolitik abträglich; sondern auch, dass da ein rigoroser Reformer das Kaiseramt bekleidete: ein Amt, dessen Inhaber doch der Hüter des Rechts in Mitteleuropa zu sein hatte, der Garant des Status quo, der Beschützer der Kleinen und Schwachgebliebenen, der Modernisierungsverlierer unter den Reichsterritorien. Mehr als einmal schadete der Reformeifer des Landesherrn Joseph dem Kaiser Joseph. So, beispielsweise, im Fall der Diözesanreform. Joseph schwebte wie vielen aufgeklärten Absolutisten eine Art Landeskirche, eine österreichische „Nationalkirche" vor – auch die Kirche war der

Rollenkonflikte

staatlichen Allzuständigkeit unterzuordnen: das war das Fernziel. Zunächst einmal störte es Josephs Verständnis von österreichischer „Staatssouveränität", dass da Bischöfe, die gar nicht im Land residierten, die geistliche Jurisdiktionsgewalt über Teile seines Erbbesitzes ausübten; was er unter wenig pietätvoller Ausnutzung von Todesfällen in Salzburg, Passau, Regensburg abzustellen suchte, beispielsweise errichtete er für die bislang der Diözese Passau zugehörenden habsburgischen Gebiete die Landesbistümer St. Pölten und Linz. Die Diözesanreform war für den Landesherrn ein Teilerfolg, für den Kaiser indes ein Debakel, weil es seine gegebene Klientel, die geistlichen Reichsfürsten, vor den Kopf stieß. Bezeichnend übrigens, dass sich mehrere der wichtigeren evangelischen Reichsstände, so natürlich auch Brandenburg, mit den betroffenen Fürstbischöfen solidarisierten und am Reichstag gegen die Verletzung ihrer Rechte polemisierten! Die traditionellen politischen Handlungsmuster im Reichsverband wurden vom Dualismus verformt, dieser schlug voll auf die Verfassungswirklichkeit des Reiches durch.

Zu den zeittypischen, freilich von Joseph ungewöhnlich energisch verfochtenen inneren Reformvorstößen kam die zeittypische Expansionspolitik. Auch Joseph wollte, wie Friedrich (wenn auch möglichst unblutig), „eine Provinz erobern", und so beteiligte er sich, beispielsweise, an der Ersten Polnischen Teilung von 1772, die ihm Galizien einbrachte. Es war ein krasser Rollenkonflikt: der Kaiser, der Beschützer der Kleinen, der Hüter des Gewachsenen und Gewordenen, reißt in seiner Rolle als österreichischer Landesherr einen Teil aus dem Königreich Polen heraus. Joseph litt gar nicht unter diesem Konflikt – zu sehr hatte er die Priorität österreichischer Großmachtinteressen verinnerlicht. Aber im Reich, zumal an den vielen kleineren Höfen, war man entsetzt. Was hatte man von diesem Kaiser noch zu erwarten?

Diese Missstimmung nutzte der Rivale in Berlin clever aus. Josephs wenig engagierte und vor allem ungeschickte Reichspolitik half Friedrich, aus der Ecke des Nörglers und Querulanten herauszukommen, der nur immer destruktiv ausbremste, lahm legte, blockierte. Wiewohl der Reichsidee so wenig herzlich verbunden wie Joseph, profilierte sich Friedrich nun als derjenige, der die Reichsstände gegen die Regelverstöße eines amtsvergessenen Kaisers schütze, als Hüter der Reichsverfassung, als 'Gegenkaiser'.

b) Das Reichssystem im Bayerischen Erbfolgekrieg

Geradezu eine Steilvorlage für Friedrichs reichspolitische Offensive war Josephs Versuch, Bayern den Habsburgerlanden einzuverleiben. Wenn sich der Kaiser anderswo und in einer anderen Rolle am zeittypischen Länderschacher, der mittlerweile üblichen Tauschmanie beteiligte, mochte das in den Augen der wenig erbauten Reichsfürsten ja so gerade noch angehen, aber Bayern war als Reichsterritorium kaiserlichem Schutz anvertraut.

Musste man jetzt nicht den Teufel mit Beelzebub austreiben, sich nolens volens Preußen in die Arme werfen?

Das im Vorhof Habsburgs gelegene Bayern stach Joseph lange schon in die Augen. Im Jahr 1777 schien sich eine günstige Möglichkeit zum Zugriff zu bieten. Die bayerische Linie der Wittelsbacher starb aus, Kurfürst Karl Theodor (1742–1799) aus der pfälzischen Linie zog, eher widerwillig, von Mannheim nach München. Das neu hinzugewonnene Land lag ihm nicht wirklich am Herzen, im Falle ernsthafter Schwierigkeiten war er durchaus bereit, auf Teile Bayerns zu verzichten – das er ohnehin am liebsten gegen die Österreichischen Niederlande (ungefähr das heutige Belgien) getauscht hätte. Solche Schwierigkeiten stellten sich tatsächlich ein, Wien erhob Ansprüche auf Teile des Erbes. Sie waren juristisch fragwürdig, mehr als irgendein Rechtstitel war der Wunsch maßgeblich, den Verlust Schlesiens zu kompensieren.

Die Hofburg übte massiven Druck aus, schließlich unterzeichnete ein Emissär Karl Theodors am 3. Januar 1778 die Wiener Konvention, die Österreich Teile Bayerns zusprach; freilich, er tat es unter der Voraussetzung, dass dies die Ouvertüre zum eigentlich anvisierten, anschließend zügig abzuwickelnden Tausch mit den Österreichischen Niederlanden sei. Dies suggerierend, hatten die Wiener die Unterschrift unter den Vertrag bekommen, doch Joseph, geizig wie immer und in dieser Frage allzu schlau, wollte davon nun nichts mehr wissen, wollte den Wittelsbacher mit Brosamen anderswo abspeisen und ließ, um vollendete Tatsachen zu schaffen, die beanspruchten bayerischen Gebiete einfach militärisch besetzen. Um es anders und pointierter zu formulieren: das Reichsoberhaupt vergriff sich an einem Reichsterritorium! Weil man sich Josephs Pfennigfuchserei wegen weiterhin diplomatisch nicht einigen konnte, wurde die als Faustpfandpolitik gedachte Militäraktion zum Desaster, der Kaiser stand als Okkupator da.

Das nun war *die* Chance für Friedrich, sich als Beschützer der *teutschen libertät* gegen habsburgische Despotie zu profilieren. Er wollte Joseph eine moralische Niederlage bereiten, ihn diskreditieren, das war ihm sogar mehr wert als eigener Landgewinn (die Gebiete der fränkischen Hohenzollern wären in Frage gekommen), wie ihn ein zeitübliches Arrangement von Großmacht zu Großmacht auf Kosten Dritter hätte eintragen können. Wie passend, dass der präsumtive Gesamterbe des Wittelsbacherbesitzes – Karl Theodor hatte keine erbberechtigten Nachkommen –, Karl August von Pfalz-Zweibrücken (1775–1795), am Reichstag gegen die Annexion protestierte und ausgerechnet Friedrich von Preußen um Schutz und Hilfe anrief!

Friedrich hielt propagandistisch dagegen wie militärisch – preußische und kursächsische Truppen marschierten in Böhmen ein, der so genannte **Bayerische Erbfolgekrieg** nahm seinen Lauf; dass er auch als „Kartoffelkrieg" beziehungsweise, in Österreich, als „Zwetschenrummel" in die Geschichte eingegangen ist, deutet schon darauf hin, dass kriegerische Glanztaten selten waren, heroisch hat man den Bauern die Kartoffeln von den Feldern gestohlen und offenbar auch so manchen Obstbaum erobert. Wichtiger ist der Friedensschluss von Teschen (Mai 1779). Er brachte Fried-

Reichspolitische
Steilvorlage
für Friedrich

rich die Sicherheit, dass nach dem Tod des letzten fränkischen Hohenzollern Ansbach und Bayreuth mit Preußen vereinigt würden, brachte aber auch Österreich ein klein wenig: Es durfte ein Zipfelchen Bayerns behalten, das so genannte Innviertel.

Trotzdem war Joseph der eigentliche Verlierer, gleich aus mehreren Gründen. Erstens war Teschen ein vom Ausland vermittelter Friede, fast ein Diktatfriede, Russland zumal hatte ihn regelrecht erzwungen. Zweitens wurde Russland durch den Teschener Frieden auf eine etwas verwickelte, in manchen juristischen Details auch umstrittene Art und Weise Garantiemacht der Reichsverfassung. Die Konstruktion war die Folgende: Frankreich wie Russland würden als Garantiemächte die Einhaltung der Teschener Lösung überwachen. In den Teschener Vertrag wurde aber ausdrücklich auch der Westfälische Friede aufgenommen – damit konnte Russland beanspruchen, Garant der Westfälischen Ordnung zu sein; und weil die Instrumente von 1648 ja viele Grundzüge der Reichsverfassung festhielten, auch so etwas wie Garant der Reichsverfassung. War nicht eigentlich der Kaiser der Hüter des Rechts, der Verfassung? Es wiederholte sich das für die Hofburg beschämende Schauspiel von 1648, dass in diese Rolle ausländische Mächte einrückten; natürlich eröffnete es diesen Einflussmöglichkeiten – der russische Gesandte Romanzoff galt alsbald als bestinformierter Diplomat auf Reichsboden. Um nach diesem zeitlichen Rückgriff ins Jahr 1648 noch kurz vorauszublicken: Die nach der Abtretung der linksrheinischen Reichsteile an Frankreich 1801 in Angriff genommene territoriale Neuordnung des Reiches (siehe Kapitel VIII) wurde wesentlich von Paris und Petersburg aus gesteuert, erfolgte nach französischen und russischen Vorgaben, man könnte auch sagen: denen der Garantiemächte von Teschen. Es war ein Menetekel, dass es 1779 nicht gelungen ist, eine rein innerdeutsche Angelegenheit wie die bayerische Erbfolge ohne auswärtigen 'Beistand' zu regeln.

E   **Der Bayerische Erbfolgekrieg (1778/79) – ein Desaster fürs Kaisertum:**
- nicht der Kaiser profiliert sich als Hüter der Reichsverfassung, sondern sein preußischer Gegenspieler, während Joseph selbst als Okkupator dasteht
- nicht der Kaiser bringt dem Reich den Frieden, sondern das Ausland (Teschener Lösung nahe an einem Diktatfrieden)

Der gegebene Beschützer der Reichsverfassung wie derjenige, der eigentlich innerreichische Konflikte auszubalancieren hatte: das war der Kaiser. Teschen demontierte das Kaisertum, während Friedrichs Attitüde als 'Gegenkaiser' den reichspolitischen Mitspielern glaubwürdig geworden war. „Wir gewinnen den großen Vorteil, dass man uns im Reich als nützliches Gegengewicht gegen den österreichischen Despotismus betrachten wird", hatte Friedrich schon im März, noch vor dem Abschluss der Friedensverhandlungen, triumphierend seinem Bruder Heinrich gemeldet. Den Außenstehenden bot sich die Lage so dar: Preußen, Frankreich, Russland schützen das Reich vor seinem Oberhaupt – Josephs Autorität war ruiniert. Freilich, mit dem Kaisertum siechte das Reich dahin. Friedrich hat das nicht gestört, er wollte jenes Reich nicht konsolidieren, er wollte es gegen Habsburg mobilisieren. Die ihm später oft angedichtete „deutsche Sendung" lag dem Mann fern.

c) Fürstenbund und Reichssystem

Wie zerrüttet Josephs Position im Reich war, zeigt die Geschichte des Fürstenbunds von 1785. Er hat zwei Wurzeln, eine kräftigere kurfürstliche und die namengebende fürstliche. Letztere reicht zeitlich weiter zurück. Seit den späten siebziger Jahren ventilierten verschiedene kleinere Reichsfürsten – Karl August von Sachsen-Weimar-Eisenach (1775–1828) und Karl Friedrich von Baden-Durlach (1746–1811) verdienen erwähnt zu werden – Bundespläne, die recht disparat waren, aber um ein gemeinsames Anliegen kreisten: wie verhindern, dass die vielen Kleinen zwischen den beiden großen Mühlsteinen zerrieben wurden? All diejenigen, die aktiv vorsorgen wollten, nicht Opfer der auf Reichsboden ausgetragenen Großmachtrivalität zu werden, sollten sich zu einem **„Dritten Deutschland"** zusammenschließen und so gestärkt die aggressiven Großen in die Schranken weisen. Die Erste Polnische Teilung, mehr noch Josephs Tauschpläne hatten die kleineren Residenzen alarmiert – welches Reichsterritorium würde in Wien oder auch in Berlin als Nächstes ins Auge stechen? Selbstbehauptung der Schwächeren durch ihren Schulterschluss, das war der Kern der fürstlichen Bundespläne. Ob dieser Bund auch dem im Dualismus zerschlissenen Reichskörper wieder auf die Beine helfen sollte, indem er revitalisierende Reformen auf den Weg brachte; und welche Reformen dies sein könnten: schon das war durchaus umstritten.

Drittes Deutschland, Trias

Das Projekt, die kleineren Reichsstände, dann die „Mittelmächte" des Deutschen Bundes so weit zusammenzufassen, dass sie reichs- bzw. bundespolitisch mit einer Zunge sprachen, im Chor für die beiden deutschen Großmächte unüberhörbar wurden, ist eine viel diskutierte, aber nie effektiv und dauerhaft realisierte Option der deutschen Geschichte. Die Idee eines Dritten Deutschland bzw. (wie es im 19. Jahrhundert häufiger hieß) der Trias würde bis zur militärischen Beendigung des Dualismus im Jahr 1866 ihr leises Begleitkonzert spielen zum lautstarken Getöse, mit dem die beiden Großen ihren Interessen Bahn verschafften, aber nie die Melodie vorgeben können. Obwohl das Dritte Deutschland doch den Einfluss der beiden Großen auf die deutsche Politik begrenzen wollte, hing sogar die wechselvolle Konjunktur der Triaside vom Verhalten dieser Großen ab; sie bedurfte eines optimalen, gewissermaßen mittleren Spannungsgrades zwischen den Hegemonialmächten, sonst ließen es diese entweder, gerade leidlich kooperierend, nicht zu, dass sich andere, Dritte derart wichtig machten, zu einem politischen Faktor aufplusterten; oder aber, sie formierten ihre jeweiligen Klientelen zur offenen Konfrontation. Im 19. Jahrhundert würde insbesondere Wien öfters die Mittelmächte gegen Preußen in Stellung bringen – um sie dann durch bilaterale Vereinbarungen von Großmacht zu Großmacht Mal für Mal zu düpieren. In den 1780er-Jahren war es Preußen, das bei den reichspolitisch engagierten unter den kleinen Reichsständen erst Hoffnungen geweckt und diese dann bitter enttäuscht hat (Fürstenbund).

Wie kamen nun die angedeuteten Bundesprojekte und die norddeutsche Militärmacht Preußen zusammen, da doch der Idee eines Dritten Deutschland eigentlich die Äquidistanz zu beiden Polen des Dualismus immanent ist? Durch Josephs unsensible Reichspolitik, insbesondere aber durch neue

Tauschpläne wurden die Kleineren geradezu ins Kielwasser der Berliner Politik getrieben. Wollte nun der Preußenkönig eine die Kohäsionskräfte stärkende Reichsreform? Mitnichten, nur, er brauchte Bündnispartner, zur Not sogar die seither verachteten „kleinen Gemeinwesen" des Reichsverbandes.

Die preußischen Motive

Denn 1784 schienen die immer wieder ventilierten bayerisch-belgischen Tauschprojekte ihrer Realisierung nahe. Russland machte sich dafür stark, großes Gezeter im Reich und helle Empörung über die Hofburg; auch Friedrich war alarmiert – nicht nur wegen der Tauschpläne selbst, die, realisiert, Habsburgs Übergewicht in Süddeutschland erdrückend machen mussten; ihm wurde deutlich, dass er ohne europäische Verbündete dastand. Russland wie Frankreich verbanden Allianzverträge mit Wien, ihn selbst machte sein hohes Alter gewissermaßen bündnisunfähig – das Ausland wollte keine Verpflichtungen über seinen Tod hinaus eingehen und wohl auch erst einmal abwarten, wie sich die kleinste Großmacht ohne ihren machiavellistischen Zwingherrn halten würde.

Friedrich wurde wieder, wie schon 1778, von seinem Schützling aus Zweibrücken um Hilfe angerufen, und er wollte Habsburg erneut ein moralisches Desaster bereiten. Aber mithilfe des Auslands, internationalen Drucks auf die Hofburg, gar Truppenmacht war das nun angesichts der europäischen Konstellationen, seiner eigenen Bündnislosigkeit nicht zu bewerkstelligen. Friedrich musste sich des Reiches bedienen, eine reichsständische Allianz gegen Josephs Tauschpläne zu Stande bringen. Er griff daher die bereits durchs Reich geisternden Bündnispläne auf und stellte sich an die Spitze der Bewegung. Bildlich könnte man es auch so ausdrücken: Er sprang auf einen schon fahrenden Zug auf und änderte dann die Richtung.

Was zunächst einmal realisiert wurde, war ein Dreikurfürstenbündnis. Brandenburg-Preußen und Kurhannover hatten gerade kongruente politische Ziele, von den weltlichen, also machtpolitisch relevanten Kurfürsten war ansonsten nur noch der Dresdner zu mobilisieren. Diese drei Kurfürsten vereinbarten nun eine koordinierte Zusammenarbeit zur Sicherung des Status quo im Reich und insbesondere gegen Josephs Tauschpläne, die nicht zuletzt – Bayern war bekanntlich ein Kurfürstentum – die Zusammensetzung des Kurkollegs zu verändern drohten. Wenn sie sich außerdem vornahmen, gemeinsam für die Aufrechterhaltung der kurfürstlichen Präeminenz im Reichsverband zu sorgen, liest sich das eher als Nachhall alter, in den beiden letzten Dritteln des 17. Jahrhunderts ausgetragener Schlachten um die oligarchischen Gehalte in der Mischverfassung des Reiches denn als Ouvertüre zu innovativen Reichsreformen. Mit Hannover glaubte Friedrich außerdem indirekt auch England mit im Bündnis zu haben, was die europäische Isolation Preußens etwas abmilderte und ihm allemal wichtiger war als das ganze reichspatriotische Gefasel der kleineren Reichsstände. Die durften immerhin beitreten – was die meisten mitteldeutschen, einige süddeutsche Territorien auch taten. Man band die allzu reformeifrigen Höfe damit ein, absorbierte die Triasidee und gewann nützliche Reichstagsstimmen, die mithelfen konnten, Joseph in Regensburg auszubremsen. Ein großer propagandistischer Erfolg war der Beitritt von Kurmainz – womit der Erzkanzler des Reiches in einem tendenziell antikaiserlichen Bündnis stand, und ein Erzbischof dazu. Ein weiteres Ausgreifen in die *Germania sacra* hinein gelang freilich nicht: Joseph mochte diese noch so gereizt haben, was sollte sie an der Seite des protestantischen Königs von Preußen? So werden die Grenzen deutlich, die einer preußischen Reichspolitik gesetzt waren.

Die deutsche Historiographie hat im Fürstenbund lange eine Antizipation der kleindeutschen Reichsgründung von 1871 sehen wollen, die erste nationale Großtat Preußens – der Fürstenbund gebar ihr, um ein Schulbuch des Kaiserreichs zu zitieren, „den Gedanken einer Einigung der deutschen Stämme mit Ausschluss Österreichs unter Preußens Führung"; dieser „trieb nun immer tiefere Wurzeln, bis er 1871 Verwirklichung fand". Tatsächlich suchte Friedrich damals ein Surrogat für nicht realisierbare europäische Allianzen; an den kleineren Reichsständen interessierte ihn lediglich, dass auf ihnen der Einfluss der Hofburg im Reichssystem beruhte, er suchte ihr diese Klientel zu entfremden, ohne doch selbst viel mit ihr anfangen zu können.

Antizipation der kleindeutschen Reichsgründung?

Würde der Fürstenbund konservieren oder reformieren? Die Bundessatzung spricht von der „Erhaltung des teutschen Reichs-Systems", seiner Grundgesetze, seiner Institutionen; um diese schlichte Zielvorgabe rankt sich eine salbungsvolle patriotische Rhetorik, aber konkrete Reformvorhaben fehlen. Wirklich konkret wird die Satzung nur in einigen geheimen Zusatzbestimmungen, die nicht einmal alle Mitglieder kannten – es werden dort militärische Einzelheiten für den Kriegsfall geregelt, wie ihn insbesondere neue österreichische Tauschgeschäfte befürchten ließen. Mit anderen Worten, eigentlicher Bundeszweck war die Verhinderung der Tauschpläne Josephs. Auf diesen machtpolitischen Kern reduziert, war der Fürstenbund erfolgreich – er machte den Dualismus wieder derart virulent, dass Wien den Erwerb Bayerns nicht mehr ernsthaft zu betreiben wagte. So weit war es im Reich schon gekommen: dass man dort ein Arrangement der beiden Großen auf Kosten anderer Reichsstände mehr fürchten musste als ihre quälende Dauerrivalität. Der Fürstenbund war, solange er in Preußen ernst genommen wurde, eine Gewähr für den Fortbestand der Spannungen zur Hofburg, das viele Deutsche ängstigende Schreckgespenst einer Einigung Preußens und Österreichs auf dem Rücken des Reiches, einer „polnischen Lösung" verflüchtigte sich. Insofern hat der Fürstenbund den Status quo konserviert.

Neue Wege hat er dem Reich nicht gewiesen. Wohl ventilierten einige kleinere Fürsten (wie auch eine den Fürstenbund enthusiastisch begleitende publizistische Bewegung) weiterhin unverdrossen ihre Reformprojekte; kann man in all dem Disparaten und manchmal auch Wunderlichen überhaupt Gemeinsamkeiten erkennen, dann vielleicht diese beiden: Versuch, die so lückenhafte und unscharfe Reichsverfassung handhabbarer zu machen, zu glätten; und sie um einige Kernanliegen der Aufklärung anzureichern, damit dem Zeitgeist attraktiver zu machen. Eifrig sammelte man Verbesserungsvorschläge, die es auf einem Fürstenbundskongress (den die Satzung gar nicht vorsah) zu diskutieren und anschließend mit sicherer Mehrheit dem Reichstag vorzulegen gelte. So wünschten manche einen verbindlichen Kommentar der Reichsgrundgesetze; andere eine neue, am

Fürstenbundskongress ausgearbeitete Wahlkapitulation; oder eine Reform der Strafprozessordnung des Reiches, die immer noch auf der *Constitutio Criminalis Carolina* von 1532 basierte; auch eine gemeinsame Zivil- und Kriminalgesetzgebung oder aber die Aufhebung der Leibeigenschaft und die Verkündigung der Gewerbefreiheit von Reichs wegen wurden vorgeschlagen.

Vorschläge für eine Reichsreform verpuffen   Es waren disparate Vorstöße, hinter denen letztlich nur einzelne engagierte Minister an einzelnen kleineren Residenzen standen, war nicht etwa eine homogene Verfassungsbewegung. Und die meisten Vorschläge waren unter den gegebenen Umständen keinesfalls zu verwirklichen – weil man das Reich *gegen* den Kaiser nur auf revolutionärem Wege verändern konnte; weil die Kurfürstentroika im Bündnis die kurfürstliche Präeminenz sehr, die kleineren Fürstenbundsmitglieder hingegen ziemlich wenig ernst genommen hat; und weil sich ein Zuviel an Reichskompetenzen nicht mit jener *teutschen libertät* vertrug, die sogar die meisten kleinen Regenten des Reiches lautstark vor sich hertrugen und die den großen mittlerweile fast wie „Souveränität" klang. Leopold Friedrich Franz von Anhalt-Dessau (1758–1817), einer der Motoren der Bewegung, propagierte sogar allen Ernstes ein alle drei Jahre zu veranstaltendes Treffen der Fürsten mit frei gewählten Volksrepräsentanten – sehr avantgardistisch, sehr unrealistisch. Es waren recht unterschiedliche Therapien, die dem maladen Reichskörper verschrieben wurden, und die Rezepte stießen bei der dominierenden Kurfürstentroika auf wenig Gegenliebe, auf gar keine bei Preußen. Preußen wollte das Reich nicht reformieren, sondern gegen die Hofburg formieren. Die kleine Großmacht brach nach Friedrichs Tod nicht zusammen, und als 1788 ein preußisch-englisches Bündnis zu Stande kam, beendete das mit Berlins europäischer Isolation auch Berlins Interesse am Fürstenbund. Er wurde nicht förmlich aufgelöst, sondern durch das demonstrative preußische Desinteresse einfach obsolet.

d) Ist das Reich am Ende?

Die Geschichte des Fürstenbundes illustriert Möglichkeiten und Grenzen der preußischen Reichspolitik. Einerseits war es Friedrich zuletzt gelungen, eine attraktivere Rolle als die des ewigen Querulanten zu ergattern. Ausgerechnet er, der die Spielregeln des Reiches so gering schätzte, spielte sie nun gegen den Regelverstoß des Kaisers aus. Das war reputierlicher als die zunächst verfolgte rein destruktive Blockadepolitik. Angeblich, um die so unsensible Dynamik Josephs zu kompensieren, gerierte sich ausgerechnet Friedrich als Hüter des Status quo – somit Erwartungen erfüllend, die sich eigentlich an den Kaiser richteten. Und so gelang Friedrich mit dem Fürstenbund auch ein gewisses Ausgreifen über die ursprünglichen (geografischen, konfessionellen) Bastionen Preußens hinaus: Einige süddeutsche Reichsterritorien schlossen sich an, der Erzbischof von Mainz trat bei. Freilich, die *Germania sacra* folgte nicht nach, der Fürstenbund konnte die seit Jahrzehnten zwischen Nord und Süd, zwischen Evangelisch und Katholisch klaffenden Gräben nicht zuschütten; und an jenen kleinen Residenzen, die auf Verfassungsreformen gehofft hatten, wuchs bald die Enttäuschung. Von Berlin als taktische Variable in der Dauerrivalität mit der Hofburg missbraucht, vermochte der Fürstenbund dem ausgezehrten Reichsverband keine neuen Zukunftsperspektiven zu eröffnen. Wie wäre es mit diesem Reich weitergegangen, wenn es in den 1790er-Jahren nicht unter den Druck der überlegenen französischen Heere geraten, schließlich Opfer der Weltmachtfantasien eines größenwahnsinnigen Usurpators geworden wäre? Hat Napoleon nur stranguliert, was ohnehin kaum mehr geatmet hat? Wie viele der besonders spannenden Fragen lässt sich auch diese nicht mit wissenschaftlicher Stringenz beantworten.

Die 'innere' Reichsauflösung vor dem äußeren Vollzug der Napoleonzeit
– mehrere Reichsstände sind bedenklich mächtig geworden
  – sie spielen respektable Rollen auf der Bühne des *Theatrum Europaeum* und lassen sich von „Kaiser und Reich" nur noch ungern etwas sagen
– Preußen und Österreich sind *zu* mächtig geworden
  – sie gelten als europäische Großmächte, handeln nach den (dem Reichssystem inkompatiblen) Maßstäben des europäischen Mächtekonzerts
  – dem 'Restreich' eröffnen sich zwei gleichermaßen unerfreuliche Perspektiven:
    * Rivalität der beiden Großen * die beiden Großen arrangieren sich
                                                  auf Kosten des 'Restreichs'
      – quälende Blockade   – dieses droht Verteilungsmasse zu werden
        der Reichspolitik   („polnische Lösung")
        ▼   ▼
der Reichspatriotismus auch der Kleinen erlahmt („Reichsmüdigkeit")

VIII. Das Reich um 1800

1795 Friede von Basel
1797 Friede von Campo Formio
1801 Friede von Lunéville
1803 Reichsdeputationshauptschluss (RDH)
1806 Ende des Alten Reiches

Am Beginn des 19. Jahrhunderts waren der inneren Auflösung des im öster-
reichisch-preußischen Dualismus polarisierten Reichsverbandes schon
erste Weichenstellungen hin zur äußeren Umgestaltung gefolgt; Mitteleuropa war auf dem Weg zum Staatenbund.

1. Der Erste Koalitionskrieg und die Reichsverfassung

Dabei hatten die beiden deutschen Großmächte in der 1. Koalition gegen
Frankreich zu einem prekären Zweckbündnis zusammengefunden. Reichspatriotismus war indes nicht die Triebfeder, und Kriegsziel keinesfalls der
Schutz von Reichsrechten; es ging um hochadelige Standessolidarität gegen die revolutionären Volksmassen, ging mehr noch um territorialen Ge-
winn – denn man würde sich sein als kurze Polizeiaktion gedachtes militärisches Engagement hinterher vom derart geretteten Franzosenkönig natürlich bezahlen lassen. Österreich hoffte auf leichte Beute und Preußen
gönnte der anderen Großmacht nicht, dass sie diese alleine dem vermeintlich geschwächten Frankreich entriss. So eröffnete der vorübergehende
Schulterschluss der Großen jenem Reich, das längst „mehr durch Erinne-
rungen als durch Erwartungen zusammengehalten" wurde (Helmut Neuhaus), keine Chance mehr auf seine Sanierung. Im Gegenteil, er machte
die länger schon latente Furcht vor einer „polnischen Lösung", also der
Aufteilung auch des Reiches zwischen Preußen und Österreich virulent.
Handelten die beiden Großen ohnehin längst nach eigener Staatsräson,
ohne sentimentale Rücksichten aufs altehrwürdige Reichssystem, wurde
der traditionell ausgeprägte Reichspatriotismus der Kleineren in einer Epoche voller Kriege und Umwälzungen vollends dadurch zermürbt, dass sie
außer vor Napoleon ständig vor den beiden deutschen Großmächten auf
der Hut sein mussten. Im Augenblick größter Gefahr, konfrontiert mit enthusiastisch kämpfenden revolutionären Volksheeren und Napoleons
Machthunger, präsentierte sich das Reich in miserabler Form, schlecht
regiert vom wohl unfähigsten aller neuzeitlichen Kaiser (Franz I., 1792–
1806) und ohne innere Widerstandskraft. Es wurde im anhebenden
19. Jahrhundert unter Wert geschlagen.
   Die Furcht vor der „polnischen Lösung" war nicht gänzlich unbegrün-
det. Österreich wollte aus dem Ersten **Koalitionskrieg** um alles in der Welt

vergrößert hervorgehen, auf Kosten Frankreichs oder aber, wenn das nicht ging, eben des Reiches – Bayern war, wieder einmal, als Annexionsgebiet vorgesehen. Die Hofburg verspielte dadurch alle Chancen, die Reichsstände mit patriotischem Elan um sich zu scharen. Eigentlich war es ja eine wahrhaft kaiserliche Aufgabe, die Westgrenzen des Reiches gegen einen auswärtigen Aggressor zu verteidigen – die Zweifrontsituation des späten 17. Jahrhunderts, als das Reich fast permanent von Türken und Franzosen bedrängt worden war, hatte damals den Wiederaufstieg des Kaisertums, der Reichsidee, des Reichspatriotismus nach dem Tiefpunkt von 1648 enorm begünstigt. Aber in Wien wurde nicht mehr wirklich Reichspolitik betrieben, sondern (schlechte) österreichische Großmachtpolitik. Das Reich war nur Kräftereservoir, das es je und je zur Durchsetzung spezifisch österreichischer Staatsziele anzuzapfen galt. Der lange Jahre maßgebliche Außenpolitiker in Wien, Johann Amadeus von Thugut (1736–1818), konstatierte schon 1793 in einer Denkschrift: „Das Reich muss sich … alles gefallen lassen", was Wien und Berlin „über die Erhaltung des ganzen bestimmen werden und könnte allenfalls hierzu gezwungen werden". Gleichzeitig schwadronierten die Offiziere der preußischen Rheinarmee von Säkularisationen, man werde sich zur Deckung der Kriegskosten an den geistlichen Gebieten schadlos halten. Kurz, das überkommene Reichssystem stand schon 1793 für beide Großmächte zur Disposition. Jene Rechts- und Friedensordnung, deren heiligster Zweck die Bewahrung des Bestehenden war, hatte gegen die Dynamik der Großmachtpolitik keine Chance mehr.

Koalitionskriege

E

Immer wieder schlossen sich verschiedene europäische Mächte gegen den Expansionsdruck des revolutionären, dann des bonapartistischen Frankreich zusammen, zu mehr oder weniger vielgliedrigen „Koalitionen". Diese konnten den Aufstieg Frankreichs zur europäischen Hegemonialmacht indes nicht wirksam abbremsen, Paris ging aus allen Koalitionskriegen gestärkt hervor.

1792–97	Erster Koalitionskrieg; Friedensschlüsse von Basel und Campo Formio
1799–1802	Zweiter Koalitionskrieg; Friedensschlüsse von Lunéville und Amiens
1805	Dritter Koalitionskrieg; Friede von Pressburg
1806/07	Vierter Koalitionskrieg; Friede von Tilsit
1809	Fünfter Koalitionskrieg; Friede von Schönbrunn

Im Jahr 1795 wurde der erste Schritt vom Räsonnieren hin zur tatsächlichen Zerschlagung des herkömmlichen Reichssystems getan. Enttäuscht über das Ausbleiben rascher Erfolge an der Westfront und konfrontiert mit polnischem Widerstand gegen die Zweite Teilung, entschied man sich in Berlin für die Priorität der Ostfront. Eigenmächtig stahl sich Preußen aus dem Reichskrieg gegen Frankreich davon, durch den Sonderfrieden von Basel.

Alle Hauptbestimmungen der Basler Verträge vom 5. April und vom 17. Mai 1795 waren für die deutsche Geschichte höchst folgenreich. Nicht nur Preußen schied aus einem Krieg aus, den der Reichstag im März 1793 zum „allgemeinen Reichskrieg" erklärt hatte, dieser Krieg sollte ferner für alle zu Ende sein, die entweder binnen dreier Monate preußische Friedensvermittlung anriefen oder aber nördlich einer Demarkationslinie lagen, die von Münster über Kleve hin zum Main verlief. Das half Preußen, das Ge-

Baseler Verträge

sicht zu wahren – man hatte ja doch nicht nur für sich selbst verhandelt, gerierte sich auch als Wortführer und Protektor der nördlichen Reichshälfte. Es klingen alte, aus den 1770er und 1780er-Jahren bekannte Motive an: der Preußenkönig als 'Gegenkaiser', Preußen als Schutzmacht der nördlichen Reichshälfte – Berlin zog, jedenfalls kurzfristig gesehen, manchen Vorteil daraus, konnte sich von der Westfront ohne großen Imageverlust zurückziehen. Den Schaden hatten Kaiser und Reichsidee.

Die Basler Verträge sahen ferner vor, dass die französischen Besatzungstruppen bis zu einem Friedensschluss des ganzen Reichsverbands mit Frankreich in den linksrheinischen preußischen Gebieten stehen blieben; falls der künftige Reichsfrieden die definitive Abtretung dieser Gebiete bringen werde, werde Preußen dafür rechtsrheinisch entschädigt. Es war eine brisante Kombination: Einmal signalisierte Berlin, wenn es sich Kompensationen in Aussicht stellen ließ, dass unbedingter Widerstand gegen eine endgültige Gebietsabtretung an Frankreich nicht zu erwarten sein würde; dann musste man, was der Preußenkönig bekäme, einem anderen wegnehmen; schließlich räumte die Entschädigungsklausel Frankreich indirekt Einfluss auf die rechtsrheinische Landkarte ein. Woher die Entschädigungsmasse kommen würde, präjudizierten im August 1796 die zu Unrecht wenig bekannten Berliner Verträge. Der geheime von ihnen benannte die präsumtiven Kompensationen Preußens: Teile des Hochstifts Münster, das kurkölnische Recklinghausen. Auch Hessen müsse entschädigt werden, so besagter Vertrag, und zwar durch Säkularisationen. Die Säkularisation der Hochstifte Bamberg und Würzburg sollte drittens mithelfen, nach der Gründung der Batavischen Republik das Haus Oranien zu entschädigen. Im geheimen Berliner Vertrag wurde erstmals explizit festgehalten, was anders ohnehin nicht praktikabel war: dass Säkularisationen jene zu verteilende Masse erbringen sollten, die das unvermeidliche Entschädigungsgeschäft erst in Gang bringen konnte. Dass im großen Maßstab säkularisiert würde, stand schon sieben Jahre vor dem RDH fest. Die „territoriale Revolution" (Volker Press) von 1803 wurzelt im Frieden von Basel.

Obwohl vom Reichstag immer wieder um die Aufnahme von Friedensverhandlungen mit Frankreich gebeten, ließ sich Thugut zwei Jahre lang nicht vom Kriegskurs abbringen. Der Süden des Reiches wurde regelrecht an die Seite Österreichs gezwungen, das seine wenig kriegslustigen Verbündeten fast wie besiegte Feinde behandelte. Unfreiwillig half die Hofburg mit ihrem süddeutschen Schreckensregime dem preußischen Plan einer bewaffneten Neutralität für ganz Norddeutschland. Gewiss, in Basel hatte Frankreich erklärt, sich mit Norddeutschland nicht mehr im Krieg zu befinden; ob sich die norddeutschen Reichsstände geschlossen ihrerseits aus dem Reichskrieg gegen Frankreich ausklinkten, war eine andere Frage. Sie taten's – am 5. Juli 1796 durfte Thugut die offizielle Mitteilung der norddeutschen Neutralität zur Kenntnis nehmen. Militärisch war das Reich durch die Basler Demarkationslinie in zwei Hälften geteilt. Nur militärisch? Zwei Konvente in Hildesheim (1796 bzw. 1797) hatten fast das Antlitz norddeutscher Reichstage, und am ersten Hildesheimer Konvent erklärten sich die Teilnehmer bereit, die wesentlich aus preußischen Kontingenten gebildete norddeutsche Beobachtungsarmee zum Schutze der Neutralität

Berliner Verträge

zu unterhalten. Die eigentlich der Reichsarmee geschuldeten Beiträge flossen nach Berlin. Norddeutschland scharte sich um Preußen, den Süden hielt Österreich unter seiner Knute, für ein „Drittes Deutschland", reichspolitische Initiativen ohne oder gegen die beiden Großen gab es keinen Spielraum mehr. Weil Norddeutschland bis 1806 in seiner Neutralität verharren, Süddeutschland aber Schauplatz fast permanenter Kriegshandlungen sein würde, war das Reich seit 1795 keine Schicksalsgemeinschaft mehr. Die Reichsidee verflüchtigte sich zur Chimäre.

Über die Schuldfrage lässt sich trefflich streiten. Preußen hat sich auf eigene Faust aus einem Reichskrieg verabschiedet und mit der Basler Demarkationslinie eine Grenzscheide zwischen Nord und Süd durch Mitteleuropa gezogen. Aber Wien plante im Frühjahr 1795 durchaus Ähnliches, nur hat die preußische Diplomatie schneller gearbeitet – Österreich kämpfte nolens volens weiter, weil es nicht als Preußen nachhinkender, also für Frankreich weniger wertvoller Partner aus dem Krieg herauskommen wollte. Und einen Frieden fürs ganze Reich hätte man damals von Frankreich nur um den Preis der linksrheinischen Gebiete bekommen können – sodass das Reich ohnehin nicht in seiner herkömmlichen Gestalt zu halten war. Ist nun also Frankreich Schuld am Ruin des Alten Reiches, ist es Preußen, ist es die Hofburg?

Sind es die mittleren Reichsstände? Als sich der Krieg 1796 für die Koalition ungünstig gestaltete, waren sowohl Württemberg als auch Baden zum Separatfrieden bereit: Abtretung der linksrheinischen Besitzungen, dafür in geheimen Zusatzklauseln die Zusage, durch Säkularisationen rechtsrheinisch entschädigt zu werden. Beide Verträge wurden in jenem August 1796 abgeschlossen, in den auch die Berliner Verträge fallen – wir dürfen also festhalten, dass seit dem August 1796 die 1795 schon anvisierten und dann 1803 im RDH tatsächlich verfügten Säkularisationen vorprogrammiert waren. Auch andere Reichsglieder (Bayern, Sachsen, der Schwäbische, der Fränkische Kreis) verhandelten mit Frankreich über Waffenstillstand oder Neutralität. In der Stunde der Not galten die Pflichten dem Reichsganzen gegenüber wenig – weil das ganze Reich offenbar nicht mehr viel galt. Dass sich das Kriegsglück noch einmal wendete, die süddeutschen Separatfrieden widerrufen wurden, verhalf nur zu einer Atempause.

Im Jahr darauf schloss Habsburg seinen Separatfrieden mit dem siegreichen Frankreich. Es trat im Vertrag von Campo Formio definitiv (nicht wie Preußen in Basel nur vorläufig) verschiedene Besitzungen an Frankreich ab; darunter waren Reichsgebiete (so insbesondere die österreichischen Niederlande), außerdem sollte der seitherige Großherzog von Toskana im Breisgau, also mitten im Reich entschädigt werden. Als Ausgleich für die Verluste der Hofburg waren das Erzstift Salzburg und die rechts des Inn gelegenen Teile Bayerns vorgesehen – Reichsgebiet. Die Hofburg gab aber nicht nur habsburgisch regierte Reichsgebiete preis; sie verpflichtete sich, natürlich geheim, bei jenem anstehenden Kongress, der nach Preußen und Österreich endlich auch dem Reich Frieden bringen sollte, für eine Abtretung des gesamten linksrheinischen Reichsteils (außer den preußischen Gebieten am Niederrhein – Wien missgönnte Berlin etwaige Entschädigungen) einzutreten. Die betroffenen Reichsstände würden in Übereinkunft

Vertrag von Campo Formio

155

mit Frankreich rechtsrheinisch entschädigt. Der Kaiser gab also – wiewohl in einer anderen Rolle, als König von Ungarn und Böhmen – erstens Teile des Reiches ans Ausland preis, zweitens erteilte der oberste Friedenswahrer und Rechtshüter seinen Segen dazu, dass wegen der vorzunehmenden „Entschädigungen" zahlreiche andere Reichsstände geschädigt werden mussten. Er akzeptierte drittens, weil die Entschädigungsmasse nur aus der *Germania Sacra* herfließen konnte und weil er selbst Salzburg bekommen sollte, das Prinzip der Säkularisation, gab also mit den geistlichen Fürsten die traditionell besonders kaisertreue Klientel der Hofburg preis. Und er räumte Frankreich, das beim Entschädigungsgeschäft mitreden sollte, viertens Einfluss auf die Neugestaltung des Reiches ein. Da man den Habsburger Franz nicht einfach vom Reichsoberhaupt Franz abziehen konnte, hatte sich das Kaisertum neun Jahre vor der Niederlegung der Krone selbst irreparabel demontiert.

Rastatt   Der lang schon ins Auge gefasste Kongress, der dem ganzen Reich den Frieden mit Paris bringen sollte, begann Ende 1797. Wiewohl Frankreich die linksrheinischen Reichsgebiete nicht nur längst okkupiert, sondern auch (etwa durch die Einbeziehung in die französische Departementsorganisation) mit ihrer administrativen Einverleibung begonnen hatte, war jene „Reichsfriedensdeputation", mit der die französischen Gesandten in Rastatt verhandelten, vom Reichstag darauf instruiert worden, auf der „**Reichsintegrität**" zu bestehen. Diesen Topos hatte auch das kaiserliche Kommissionsdekret bemüht, das die Reichsdeputation aufforderte, am 1. Dezember in Rastatt Friedensverhandlungen aufzunehmen – angesichts der Vereinbarungen von Campo Formio ein zynisches Spiel mit den Hoffnungen der kleineren Reichsstände. Noch während die österreichische Delegation in Rastatt von Reichsintegrität faselte und am gleichen Ort vereinbarte sie vertraglich mit Frankreich, dass sich dieses Mainz nehmen dürfe, notfalls auch militärisch. Die Franzosen besetzten die Stadt denn auch rasch mit Truppenmacht, einige andere militärische Demonstrationen am Rhein sollten die Reichsdeputation vollends mürbe machen – und haben gewirkt.

E   **Reichsintegrität**
„Wir treten Frankreich kein Reichsgebiet ab" – dieser Vorsatz gerann zum Topos von der Reichsintegrität. Ein Jahrzehnt lang überaus häufig beschworen, wurde sie rechtsverbindlich im Lunéviller Frieden von 1801 preisgegeben; tatsächlich war sie schon seit 1795/96 (Friedensschluss von Basel, Friedensverträge vom Spätsommer 1796) illusionär. Die von der Preisgabe der Reichsintegrität angestoßene Umstrukturierung des Reichsverbandes (1803) beschleunigte dessen Ende (1806).

Am 11. März 1798 willigte die Reichsdeputation prinzipiell in die Abtretung des linken Rheinufers ein, am 4. April akzeptierte sie, dass säkularisiert werde – allerdings mit Ausnahme der drei geistlichen Kurfürstentümer. Damit waren die Grundsatzentscheidungen schon gefallen. Das Drama mutierte zum Possenspiel, ein missgünstiges Gezerre um dieses Dorf und den Oberlauf jenes Baches hub an, das Gefeilsche mit den Franzosen flankierte innerdeutscher Länderschacher. Schließlich verkam der Kongress zur Maskerade, um die beiderseitigen Kriegsvorbereitungen zu bemänteln, ja, man führte noch Gespensterdebatten, als anderswo schon die Kanonen sprachen – der Zweite Koalitionskrieg begann. Bevor der Vertreter des Kaisers Rastatt verließ, erklärte er alle bisherigen Beschlüsse durch kaiserliches Veto für unwirksam. Der Kongress endete also ohne rechtskräftiges Resultat.

2. Der Zweite Koalitionskrieg und die Reichsverfassung

Erst 1801, im Frieden von Lunéville, wurde die französische Annexion der linksrheinischen Reichsgebiete völkerrechtlich legalisiert. Franz II. stimmte dem Vertrag, anders als vier Jahre zuvor (Campo Formio), nun auch namens des Reiches, also in seiner Eigenschaft als Reichsoberhaupt zu, der anschließend konsultierte Reichstag willigte ein. Mit der französischen Rheingrenze hat der Vertrag auch die Entschädigung der davon betroffenen weltlichen Reichsstände verbindlich vorgeschrieben, ohne schon die territorialen Einzelheiten zu regeln. Die Durchführung der in Lunéville prinzipiell beschlossenen, aber noch nicht detaillierten Entschädigung war zusätzlichen Vereinbarungen der Vertragsparteien vorbehalten; angesichts der gegebenen Machtverhältnisse war absehbar, dass die somit gewährleistete Mitsprache Frankreichs bei der Umgestaltung des Reichsverbands tatsächlich weitgehende Entscheidung heißen würde. Diese Umgestaltung konnte sich nicht darauf beschränken, Grenzen neu zu zirkeln und Territorien von der Landkarte zu streichen, sie musste auf kartografisch nicht darstellbare Sachverhalte durchschlagen: auf die Verfassung des Reiches wie auf sein informelles Kräftespiel. So würde sich ja die Zusammensetzung des Reichstags radikal verändern, standen mit den geistlichen Fürsten und den Reichsstädten die traditionellen Klientelen des Reichsoberhaupts zur Disposition. War nicht mit der „Status-quo-Ideologie" (Heinz Duchhardt) der ganze Reichszweck preisgegeben worden?

3. Der Reichsdeputationshauptschluss

Basel (Preußen), Campo Formio (Österreich), Lunéville (Reich): alle diese Friedensschlüsse hatten Entschädigungen angekündigt oder verlangt. Die Einzelheiten rechtsverbindlich regeln musste ein Reichsgesetz; viel zu spät, nämlich als anderswo, zumal in Paris, die Weichen längst gestellt waren, nahm eine Reichsdeputation die Arbeit daran auf. Uneinigkeit zwischen den beiden deutschen Großmächten und nicht weniger zwischen jenen Kleineren, die um die Wette in Paris antichambrierten, schließlich die eklatante Unfähigkeit des Kaisers und seines diplomatischen Stabs: alle diese Faktoren trugen dazu bei, dass der ausländische Einfluss noch größer war und dass die alte Reichsstruktur noch mehr deformiert wurde, als das die machtpolitischen Gegebenheiten und der Vertrag von Lunéville ohnehin unabdingbar machten. Die Deputation nahm am insofern maßgeblichen französisch-russischen Entschädigungsplan vom 3. Juni 1802 nur noch marginale Korrekturen vor. Am 24. März 1803 akzeptierte der Reichstag den RDH einstimmig.

Mediatisierung   Um den zu verteilenden Kuchen erst einmal zu schaffen, hatte man zwei Backmittel gefunden, die Mediatisierung hießen und Säkularisation. „Mediatisieren" meint „mittelbar machen": die Reichsunmittelbarkeit eines Territoriums wird aufgehoben, es wird einem größeren benachbarten Territorium einverleibt. Mediatisiert wurden alle Reichsstädte außer den Hansestädten Bremen, Hamburg und Lübeck sowie den süddeutschen Handelsmetropolen Frankfurt, Augsburg und Nürnberg. Daneben sah der RDH Säkularisationen vor: Er hob selbst die Hochstifte sowie die reichsunmittelbaren Klöster auf und erlaubte es außerdem den weltlichen Landesherren, auch die reichsmittelbaren Klöster, sonstige fromme Einrichtungen in ihren Territorien in Besitz zu nehmen.

E | **Die Friedensschlüsse der Jahre 1795–1801 machen eine Umstrukturierung des Reichsverbands notwendig:**

Basel	<u>Preußen</u> verzichtet *vorläufig* auf <u>seine</u> linksrheinischen Besitzungen …	… und wird im Falle der endgültigen Abtretung entschädigt
C. F.	<u>Österreich</u> verzichtet *definitiv* auf <u>seine</u> linksrheinischen Besitzungen	
Rastatt	die Reichsstände akzeptieren *prinzipiell* die Abtretung aller linksrheinischen <u>Reichs</u>territorien	… dafür wird rechtsrheinisch entschädigt
Lunéville	das <u>Reich</u> verzichtet *rechtsverbindlich* auf seine linksrheinischen Gebiete	

Herrschaftssäkularisation – Vermögenssäkularisation   Säkularisation, Verweltlichung: der Ausdruck bezeichnet zwei sehr verschiedene Vorgänge, die nur gemeinsam haben, dass sie beide die herkömmliche *Germania Sacra* zerstörten. Die Unterscheidung zwischen „Herrschaftssäkularisation" und „Vermögenssäkularisation" hilft, den auf den ersten Blick komplizierten Sachverhalt zu entwirren. Herrschaftssäkularisation: das meint die Aufhebung der landesherrlichen Gewalt eines geistlichen Reichsfürsten, die Einverleibung des bislang von ihm regierten Gebietes in ein benachbartes Erbfürstentum (auf dessen Regenten auch die Reichstagsstimme überging). Wie Mediatisierungen sollten Herrschaftssäkularisationen Entschädigungsmasse erbringen. Daneben eröffnete der RDH allen (also nicht etwa nur den linksrheinisch geschädigten) Landesherren die Möglichkeit, eine Vermögenssäkularisation durchzuführen: das ohnehin schon reichsmittelbare Kirchengut in den Besitz des Territoriums zu überführen, in dem es sich eben befand, dessen Landesherrn es politisch schon immer unterstanden hatte. Herrschaftssäkularisation lässt sich in Geschichtsatlanten nachzeichnen: Territorien verschwinden von der Landkarte. Vermögenssäkularisation ist ein innerterritorialer vermögensrechtlicher Vorgang; die katholischen Landesherren holten ganz legal nach, was ihnen die evangelischen Standesgenossen im Reformationszeitalter vorgemacht, damals freilich nicht „Säkularisation", sondern beispielsweise „Sequestration" genannt hatten – Klöster, ihre Ländereien, sonstige fromme Einrichtungen fielen der landesherrlichen Kasse anheim.

Einschneidend waren beide Vorgänge: für die Kirche selbst, für viele Orte (die, beispielsweise, von der kleinen fürstbischöflichen Residenzstadt zum unbedeutenden Provinznest in hauptstadtferner Randlage absanken), für viele Landstriche abseits der Metropolen – sie verloren mit den Klöstern wichtige kulturelle und ökonomische Subzentren, Bücher und Kunstschätze wanderten in die Kapitale, die nun, bei eklatant vergrößerten territorialen Einheiten, weit weg sein konnte. Die Kehrseite der Zentralisierung war zumal an den neuen Peripherien Provinzialisierung. Die Säkularisation trug zur Schaffung tragfähiger politischer Großstrukturen in der Mitte Europas bei, schuf damit Voraussetzungen für weiträumige Wirtschaftspolitik und ein allseitiges Anwachsen staatlicher Zugriffsmöglichkeiten (etwa auf dem Gebiet des Wohlfahrtswesens). Andererseits waren die kulturellen Folgen der Vermögenssäkularisation vielfach katastrophal – aufklärerischem Utilitarismus ('Nützlichkeitsdenken') war schon der Gedanke eines „Denkmalschutzes" absurd, unrentierliche Schwärmerei. Viele Zeitgenossen, die es sich nach einem weit verbreiteten Urteil „unter dem Krummstab" hatten gemütlich einrichten können, sahen sich jäh dem erbarmungslosen Zugriff eines auf Effizienz und kalte Rationalität zugeschnittenen Staatsapparates ausgesetzt.

Folgen der Säkularisation

Auf die Verfassung des Reiches schlug die Herrschaftssäkularisation direkter und massiver durch als die innerterritoriale Vermögenssäkularisation. Mit der Aufhebung nahezu aller geistlichen Territorien veränderte sich die Zusammensetzung des Reichstags einschneidend, der bislang katholisch dominierte Fürstenrat war nun mehrheitlich evangelisch. Zwei von drei geistlichen Kuren existierten nicht mehr, auch der Erzkanzler des Reiches verlor sein bisheriges Territorium, das Erzstift Mainz, doch bekam er ein neues Kurfürstentum Aschaffenburg-Regensburg. Neben ihm gab es nur noch zwei weitere geistliche Reichsfürsten: den Hoch- und Deutschmeister sowie den Großprior des Malteserordens. Insgesamt kostetet der RDH 110 rechtsrheinische Reichsstände die Existenz.

Der RDH war nicht nur für die drei Jahre von Belang, in denen das Reich noch existiert hat, er prägte die Verfassungsstruktur Mitteleuropas dauerhaft. Indem er jene „territoriale Revolution" der Jahre 1803–1815 einleitete, die aus einer unübersehbaren Fülle kleiner und ganz kleiner Territorien eine überschaubare Gruppe von Mittelstaaten formte, schuf er die Grundlagen für den Deutschen Bund und darüber hinaus für den deutschen Föderalismus bis heute. Auch, dass die Staaten des Deutschen Bundes konfessionell gemischt waren, nicht, wie die Reichsterritorien vor 1803, vollständig oder nahezu geschlossen einem Bekenntnis anhingen, hat mit dem RDH zu tun.

Langfristig wirksame Weichenstellungen

Er führte für den konfessionellen und vermögensrechtlichen Besitzstand ein neues Stichdatum ein – als Normaljahr für den aufrechtzuerhaltenden Status quo galt jetzt nicht mehr 1624, sondern 1803. Erneut, wie schon 1555 (*ius reformandi*) und 1648 (Normaljahr 1624), war auch nun so folgenreich wie das regulative Prinzip für die Verteilung der Besitzstände im mehrkonfessionellen Reichsverband die partielle Durchlöcherung dieses Prinzips. Dass die vermögensrechtliche Status-quo-Garantie 1803 so durchlöchert wurde, dass sie faktisch nur noch die Vermögen der örtlichen

Pfarrkirchen schützen konnte, während die Vermögen der Bischofsstühle, Domkapitel, Klöster dem Zugriff der Landesherren ausgeliefert wurden, setzte die schon skizzierte Vermögenssäkularisation in Gang. Die Normaljahrsbestimmung war aber auch für den Bekenntnisstand der deutschen Territorien folgenreich: Gebiete, die an einen andersgläubigen Herrscher fielen (die Umwälzungen der „territorialen Revolution" brachten das häufig mit sich), durften ihren angestammten Glauben behalten. Eine strikte konfessionelle Status-quo-Garantie unterlaufend, gestattete der RDH dem Landesherrn darüber hinaus die Duldung bisher nicht zugelassener Bekenntnisse – was viele in den Folgejahren unter Berufung auf ihre jetzt beanspruchte „Souveränität" zur Gewährung der Parität für alle „Hauptkonfessionen" ausbauten. In der Terminologie des Alten Reiches gesagt, kam es in den Jahren nach 1803 allenthalben zur Einrichtung von (häufig paritätisch ausgestalteten) „Simultaneen"; doch würde das 19. Jahrhundert diesen Sachverhalt anders ausdrücken und beispielsweise von „Kultusfreiheit" sprechen.

Hauptgewinner   Nach offizieller Lesart wurde säkularisiert und mediatisiert, um bestimmte Reichsfürsten zu „entschädigen". Das nachplappernd, säßen wir einem Euphemismus Napoleons und der deutschen Krisengewinnler auf. Das Wort suggeriert ja, dass da einer einen erlittenen Schaden wettgemacht bekommt. Manche Fürsten bekamen aber viel mehr, als sie verloren hatten. So jener Berliner, der sich früh aus dem Ersten Koalitionskrieg davongestohlen und im Zweiten neutral verhalten hatte. Auch das Kurfürstentum Bayern profitierte, weil es für jene weit abgelegenen rheinpfälzischen und niederrheinischen Landstriche, die erst seit 1777 von München aus regiert worden waren, Altbayern anliegende schwäbische und fränkische Gebiete bekam: bisherige Hochstifte und Reichsabteien durch Herrschaftssäkularisation, mehrere Reichsstädte durch deren Mediatisierung. Hauptgewinner aber waren Baden und Württemberg. Der badische Markgraf bekam mehr als neunmal so viele neue Untertanen als er linksrheinisch verloren hatte, der Württemberger gut sechsmal so viele. Natürlich ist der Schlüssel zur Frage nach dem Warum angesichts der damaligen Machtverhältnisse in Paris zu suchen – wichtigstes Verteilungskriterium war die Gunst Frankreichs.

Was also konnte sich Napoleon davon versprechen, dass er die größeren unter den süddeutschen Territorien weiter vergrößerte, besonders aber solche, die an oder nahe bei der neuen französischen Staatsgrenze lagen? Offenbar wollte er Pufferstaaten schaffen, einen Gürtel von Satelliten zwischen Frankreich und Habsburg legen, oder, militärisch formuliert: ein Glacis. Aus Pariser Sicht hatte man Mittelstaaten gezirkelt, die groß genug waren, um ihre traditionelle *libertät* bis zur Widerspenstigkeit dem Kaiserhof gegenüber zu steigern, und doch nicht groß genug, um für Frankreich gefährlich zu werden – jenes Frankreich, dem sie ohnehin ihre Vergrößerung verdankten. Aus Wiener Sicht war die Bilanz negativer: der alte Rivale Preußen weiter vergrößert; mit den geistlichen Territorien und den Reichsstädten traditionelle Klientelen des Kaiserhofs perdu, verloren damit jede zuverlässige Unterstützung am Reichstag. In seiner 1803 festgesetzten Form war das politische System kaum mehr steuerbar, zumal von einem habsburgischen, deshalb katholischen Kaiser.

Warum wurden die Probleme des Reiches auf dem Rücken der *Germania Sacra* gelöst? Es gibt zwei einfache und nahe liegende Antworten. Erstens: Die deutsche Adelskirche war ein Spezifikum der Reichsverfassung, so fest in ihr verankert, dass sie in die Krise geraten musste, wenn die überkommene Reichsverfassung in die Krise geriet. Zweitens: Die geistlichen Fürsten waren in Frankreich wenig gelitten, antiklerikaler Affekte der Revolutionäre wegen wie auch aus tagespolitischen Gründen (beispielsweise waren einige fürstbischöfliche Residenzen Sammelbecken der antirevolutionären Propaganda der Emigranten gewesen). Das traditionell zentralistische Frankreich war antimunizipal, das neuerdings revolutionäre Frankreich antiklerikal, da kann nicht überraschen, dass eine nach französischen Vorgaben abgewickelte 'Flurbereinigung' auf Kosten der Reichsstädte und der geistlichen Territorien ging. Zumal man damit dem Kaiser seine Klientelen raubte, dem Reichsganzen jenen Kitt, der es jahrhundertelang zusammengehalten hatte – zurück blieben mittlere, allein staatsfähige Gebilde, denen an Kaiser und Reich wenig lag, von ihrer Staatsräson her wenig liegen musste. Das Auseinanderfallen in einen lockeren Staatenbund war à la longue fast vorprogrammiert, was Frankreich nur recht sein konnte.

Aber die *Germania Sacra* war eben auch angreifbar, der Zeitgeist wehte ihr länger schon ins Gesicht. Dem aufklärerischen Utilitarismus wurden Mönche anstößig, da sie einen rein ökonomisch definierten Landesreichtum nicht mehrten, die Zeit unnütz vertändelten. Eines von zwei Feindbildern, die die Aufklärungsbewegung zusammenhielten, zeigte den Kleriker, er verschuldete jenen „Aberglauben", jene „Schwärmerei", die auszurotten war – die „Obskuranten", an denen sich die Aufklärer zu profilieren suchten, waren Geistliche. Das andere Feindbild war das Leitbild der vorangehenden Epoche, der des höfischen Absolutismus gewesen: der „Höfling"; beides aber, Kleriker wie Höflinge, verortete man in der Residenz eines Fürstbischofs. Die deutsche Verfassungsspezialität der Fürstbistümer war jenen Aufklärern, deren Rationalismus der ganze verschnörkelte Reichsbau nicht frommen wollte, besonders suspekt.

Vom Zeitgeist nicht geschätzt, daher angreifbar geworden, gerieten die geistlichen Territorien ins Fadenkreuz scheeler Blicke sowohl des evangelischen Adels als auch der katholischen Reichsfürsten. Ersterer gönnte Letzteren nicht die vielen lukrativen Versorgungsstellen; Letztere meinten sich die Kirche, ihre charismatischen wie materiellen Ressourcen, ebenso rückhaltlos dienstbar machen zu müssen, wie es die evangelischen Standeskollegen schon im Reformationszeitalter vorgemacht hatten – diese besäßen seither einen Wettbewerbsvorteil. Der Allzuständigkeitswahn der absolutistischen Ideologie machte auch vor Glauben und Kirche nicht Halt, der aufklärerische Mainstream rieb sich an „finsteren" Klerikern: so fand der Aufgeklärte Absolutismus gleich zwei Vorwände, um sich an der *Germania Sacra* zu vergreifen. Dass vor allem sie die Entschädigungsmasse von 1803 abgab, hatte neben aktuellen Anlässen weit zurückreichende Hintergründe.

Hauptopfer
Germania Sacra

4. Der Dritte Koalitionskrieg und die Reichsverfassung

Die Deformation des Reiches schritt rasch voran. Napoleon honorierte, dass sich Bayern, Baden, dann auch Württemberg im Dritten Koalitionskrieg auf seine Seite und gegen das Reichsoberhaupt stellten. Im Dezember 1805 lockerte der Friede von Pressburg die Bande, die Napoleons Verbündete noch beim Reich hielten, weiter. So wuchsen ihre Gebiete erneut an, auf Kosten verschiedener kleinerer weltlicher Reichsstände (die nun, wie schon 1803 die Reichsstädte, mediatisiert wurden), auch auf Kosten der territorial fast aus dem Reich verdrängten Kaiserdynastie. Sodann machte Napoleon die von ihm zu Königen (Bayern, Württemberg) beziehungsweise zum Großherzog (Baden) beförderten Verbündeten etwas ver-

Souveränität schnörkelt zu Souveränen – es stehe ihnen die Souveränität über ihre Territorien in der Weise zu, wie sie Preußenkönig und Hofburg (man müsste ergänzen: schon länger faktisch) über ihre zum Reich gehörenden Länder ausübten. Indem der Friedensvertrag Österreich ausdrücklich verbot, der Entfaltung besagter Souveränitätsrechte der Napoleon-Verbündeten Hindernisse in den Weg zu legen, segnete er indirekt den „Rittersturm" vom Herbst 1803 ab. Verschiedene Reichsfürsten hatten schon vor Kriegsausbruch die von ihren Territorien eingeschlossenen oder an sie grenzenden ritterschaftlichen Gebiete okkupiert: Raubzüge, die illustrieren, was Reichsrecht und Gesetz noch galten. Die Hofburg, die den Rittersturm für illegal erklärt hatte (freilich vor allem, weil sie anderen keine Vergrößerung gönnte, wohl auch hoffte, sich unter dem Vorwand der Reichsexekution Südbayerns bemächtigen zu können), hatte angesichts der „Souveränität" von Napoleons Verbündeten innerhalb der von diesen beanspruchten, vom Korsen abgesegneten Grenzen keine Handhabe mehr, sich der geschluckten ritterschaftlichen Enklaven anzunehmen. Die Souveränitätserklärung von 1805 war ein schwerer Schlag für den Reichsgedanken, denn ein „Souverän" musste sich Kaiser und Reich nicht mehr fügen, ja, er *durfte* sich, so er auf seine Souveränität hielt, gar nichts mehr vorschreiben lassen. Handelten die von Napoleon Begünstigten tatsächlich als Souveräne (und dazu waren sie entschlossen), war das ein unerklärter Austritt aus dem Reichsverband – wie in den letzten Jahrzehnten schon sukzessive die beiden deutschen Großmächte, so waren nun auch Bayern, Württemberg und Baden von Reichsterritorien zu Staaten geworden.

5. Die finalen Schläge im Sommer 1806

Napoleon wollte die Mitte Europas offensichtlich auf sich hin umpolen, übrigens flankierten diesen Prozess ganz alteuropäisch dynastische Verbindungen mit deutschen Herrscherhäusern. Die Gründung eines Staatenbundes unter seinem Protektorat sollte die in den letzten Jahren geschaffenen Abhängigkeitsverhältnisse formalisieren und bündeln. Im Juli 1806 sagten sich vier Kurfürsten und zwölf Fürsten, indem sie die Rheinbundakte signierten, vom Reich los – dem unerklärten Reichsaustritt einiger (1805) folgte der ausdrückliche vieler Territorien auf dem Fuße. Von Reichsgliedern zu deklamatorisch souveränen Staaten aufgestiegen, der Fesselung durch Reichsrecht und Reichslehenswesen ledig, trug ihnen die von Napoleon gewünschte und gedeckte Sezession vom Reich tatsächlich eine drückende Abhängigkeit von der neuen europäischen Hegemonialmacht Frankreich ein.

Jene kleinen Reichsstände, die aus strukturellen Gründen reichstreu, da nicht staatsfähig waren, eliminiert; eliminiert jene geistlichen, die sich traditionell am Kaiser orientierten; drei wichtige Territorien, die von Reichsgliedern zu Staaten werden wollten, für souverän erklärt; dann treten gleich 16 aus dem Reichsverband aus: dieser zerfiel unaufhaltsam, womit das Römische Kaisertum wankte. Schon im August 1804 hatte Franz I. auf die Proklamation Napoleons zum Kaiser der Franzosen mit der Verkündung eines Kaisertums Österreich reagiert – ein Verstoß gegen das Reichsrecht wie die damals alternativ erwogene Idee eines Römischen Erbkaisertums einer gewesen wäre; dass man Letztere rasch wieder verwarf, sich mehr von einem österreichischen Erbkaisertum versprach, krönte spektakulär einen lange Zeit gleichsam schleichenden Rückzug Habsburgs aus dem Reich und signalisiert auch, dass sich die Hofburg bereits damals auf die Möglichkeit eines baldigen Erlöschens des Reiches eingestellt hatte. Im Sommer 1806 aber lag dieses vollends für jedermann erkennbar in der Agonie, der in Ultimatum und Kriegsdrohung gipfelnde diplomatische Druck Frankreichs beschleunigte nur noch die Preisgabe des Römischen Kaisertums durch Habsburg. Am 6. August legte Franz II. die Kaiserkrone nieder, erklärte er die Reichsstände ihrer verfassungsmäßigen Pflichten ledig. Dass der Habsburger nicht einfach abdankte, sondern das Römische Kaisertum, ja, das Reich für erloschen erklärte, war an sich, juristisch beurteilt, prekär; doch hat sich an diesem Kompetenzproblem fast niemand mehr gestoßen.

Chronologie des Untergangs:

Herbst 1803	„Rittersturm": Reichsfürsten okkupieren ohne juristische Handhabe die reichsritterschaftlichen Gebiete
11. August 1804	Franz nimmt den Titel eines erblichen Kaisers von Österreich an, ohne dass die Reichsstände auch nur befragt worden wären
Herbst 1805	Bayern, Baden und Württemberg unterstützen die Fremdmacht Frankreich im Dritten Koalitionskrieg gegen das Reichsoberhaupt
15. Dezember 1805	Schönbrunner Vertrag: auch Preußen stellt sich auf Napoleons Seite und darf dafür das Kurfürstentum Hannover annektieren
26. Dezember 1805	Pressburger Vertrag: Österreich wird territorial weiter aus dem Reich hinausgedrängt; weitere Mediatisierungen; die Regenten von Bayern, Württemberg und Baden werden für souverän erklärt
12. Juli 1806	16 Reichsfürsten schließen sich zum Rheinbund unter Napoleons Protektorat zusammen; Artikel I der Rheinbundakte erklärt, die Bundesmitglieder hätten für immer aufgehört, Teil des Reiches zu sein

| 1. August 1806 | die 16 Rheinbundstaaten teilen dem Reichstag ihre Trennung vom Reich mit; Frankreich erklärt, die Reichsverfassung nicht mehr anzuerkennen, leugnet also die Existenz des verbleibenden Restreichs |
| 6. August 1806 | Franz II. legt die Römische Kaiserkrone nieder |

Schon immer nur bedingt verteidigungsbereit, war das Reich um 1800 aus politischen Gründen auseinander gebrochen. Dem Zweifrontendruck des späten 17. Jahrhunderts hatte es getrotzt, ja, damals waren Kaisertum und Reichspatriotismus in der Bewährung erstarkt; dem expansiven Elan des revolutionierten Frankreich erlag das Reich hingegen fast wehrlos – weil längst innerlich ausgehöhlt. Seit Jahrzehnten schon trieben Preußen und Österreich ohne Rücksicht auf die Spielregeln des Rechtsschutzverbands Reich expansive Großmachtpolitik, sie gaben damit das schlechte Beispiel ab für Mittelterritorien wie Bayern oder Württemberg, die nun ebenfalls von Reichsgliedern zu Staaten werden wollten. Den traditionell besonders reichstreuen Kleinen aber wurde, indem sie zuerst zu Klientelen der beiden rivalisierenden Großen und dann zur Verteilungsmasse herabgewürdigt wurden, ihr Reichspatriotismus regelrecht ausgetrieben. Am 6. August hat niemand ernsthaft die Kompetenzfrage aufgeworfen, weil der politische Wille zur Fortführung des Reiches fehlte.

E   **Die Reichsoberhäupter der Frühen Neuzeit**

1493–1519	Maximilian I.
1519–1556	Karl V.
1556–1564	Ferdinand I.
1564–1576	Maximilian II.
1576–1612	Rudolf II.
1612–1619	Matthias
1619–1637	Ferdinand II.
1637–1657	Ferdinand III.
1658–1705	Leopold I.
1705–1711	Joseph I.
1711–1740	Karl VI.
1742–1745	Karl VII.
1745–1765	Franz I.
1765–1790	Joseph II.
1790–1792	Leopold II.
1792–1806	Franz II.

IX. Rückblick: die beiden großen Themen und einige Grundmuster der Reichspolitik

Die frühneuzeitliche Reichsgeschichte rankte sich um zwei große Themen, den Zwiespalt der Konfessionen und das Ringen zwischen einem eher zentralistischen und einem forciert *libertären* (heutzutage würde man wohl formulieren: föderalistischen) Reichsverständnis. Sie war deshalb von einer auf den ersten Blick verwirrenden Zweifrontsituation geprägt.

Mal war die eine Frontlinie besonders umkämpft, drohte das Reich konfessionell polarisiert zu werden, mal war das andere Thema vordringlich, weil die Formel „Kaiser und Reich" antithetisch wurde; mal verliefen die konfessionelle Frontlinie und die hierarchische parallel, mal überkreuzten sie sich. Um ein Beispiel herauszugreifen: Dass der Kaiser in den späten 1620er-Jahren, gestützt auf katholische Waffenerfolge, sehr selbstherrlich zu agieren begann, provozierte 1630 den Widerstand aller, gerade auch der katholischen Kurfürsten. Den konfessionell motivierten Schulterschluss katholische Reichsstände-katholischer Kaiser löste ein reichsständischer im Zeichen der *teutschen libertät* ab – ehe der Siegeslauf des Protestanten Gustav Adolf wieder die katholische Solidarität in den Vordergrund rückte. Motor der Opposition gegen ein selbstherrliches kaiserliches Regime war 1630 Bayern, und auch das ist bezeichnend: die Regenten des größten nicht Habsburg zugehörenden katholischen Reichsterritoriums waren traditionell Grenzgänger zwischen konfessionell motivierter Solidarität mit der Hofburg und libertär motivierter Distanz. Gut achtzig Jahre zuvor hatten sich die katholischen Reichsstände keinesfalls bemüßigt gesehen, dagegen einzuschreiten, dass Karl V. mit seinem Krieg gegen die Schmalkaldener der ganzen evangelischen Bewegung einen schweren Stoß versetzte; doch als deutlich wurde, dass das Reichsoberhaupt seinen militärischen Sieg nicht nur für einen konfessionspolitischen, sondern auch für einen verfassungspolitischen Triumph nutzen, seine Position im Reichsgefüge stärken wollte (Kaiserlicher Bund), provozierte das eine überkonfessionelle reichsständische Abwehrfront, verblassten religiös begründete Sympathien vor dem alle Reichsstände einenden Ziel der Libertät. Aus dem Neben- und Gegeneinander der beiden skizzierten Frontlinien, der konfessionellen und der hierarchischen, ergaben sich Verwerfungen, die den in Reichsgeschichte wenig bewanderten Beobachter zunächst irritieren. Hat man das Grundmuster einmal durchschaut, fällt es nicht allzu schwer, das Gewirr der Haupt- und Staatsaktionen nach den beiden maßgeblichen Themen zu sortieren.

Beide Hauptthemen der Reichsgeschichte haben ihre je eigene Konjunkturkurve. Eine ruinöse konfessionelle Polarisierung drohte dem Reichsverband schon seit der Frühzeit der Reformation, besonders brisant aber war diese Gefahr zwischen den 1580er und den 1630er-Jahren. Nach 1648 sank der konfessionspolitische Gehalt der Reichsgeschichte deutlich ab, aber nicht so weit, wie die Forschung lange Zeit hat glauben wollen. Über der strittigen Interpretation des Ersten Religionsfriedens von 1555 entleerte sich die gemeinsame Schnittmenge zweier divergierender Ansichten von Reich, Recht und Gesetz; ein neutraler Boden der Verständigung, eine Basis, auf die sich alle stellen konnten, kurz, der notwendige Grundkonsens war nicht mehr vorhanden. Aber auch die Lücken und Unschärfen des Zweiten Religionsfriedens von 1648 sollten die Reichspolitik zumal des 18. Jahrhunderts belasten, die *Principia Evangelicorum* waren für die vom Reichssystem strukturell bevorzugte katholische Seite verfassungswidrig.

Die *teutsche libertät* war mal mehr, mal weniger gefährdet. Der offene Charakter der Reichsverfassung mit ihren Überlappungen und Lücken eröffnete machtbewussten Kaisern manche Chancen – indem sie beispielsweise, wenn sich die Reichsstände mangels Konsenses selbst blockierten, eine kaiserliche Entscheidungskompetenz (Geistlicher Vorbehalt) oder aber ein angebliches Kaiserrecht der authentischen Gesetzesinterpretation (Restitutionsedikt) behaupteten und durchsetzten. Um Missverständnissen vorzubauen (und das Drei-Ebenen-Modell des Einleitungskapitels wieder aufzugreifen): Es lag wohl keinem neuzeitlichen Kaiser daran, die unmittelbare Regierungsgewalt über alle Bewohner Mitteleuropas zu gewinnen, selbst die Machtbewusstesten unter ihnen suchten gar nicht vorrangig direkte Zugriffsmöglichkeiten auf 'Ebene 3' zulasten der 'zweiten Ebene', es ging um die Kompetenzverteilung *innerhalb* der 'ersten Ebene', ging um die Stärke des Reichsoberhaupts den Reichsorganen gegenüber und in ihnen. Anders formuliert: Es ging um eine eventuelle Zentralisierung der *Reich*spolitik, nicht um die Abschaffung der vielen *Landes*politiken innerhalb des Reichsverbands.

Ein aggressiver kaiserlicher Zentralismus (im beschriebenen Sinne!) drohte besonders unter Karl V., dann wieder unter dem zweiten und dem dritten Ferdinand. Auch Leopold I. brachte die kaiserliche Konjunkturkurve auf einen Scheitelpunkt, doch machte es gerade seine große Regierungskunst aus, das im Einvernehmen mit den meisten Reichsständen zu erreichen. Im 18. Jahrhundert drohte die Balance zwischen zentralistischer Vereinnahmung und föderalistischer Vereinzelung nicht mehr auf Kosten der *libertät*, sondern auf Kosten der Reichsspitze zu kippen – weil das kaiserliche Amt im Rollenensemble seiner Inhaber nachrangig wurde und weil verschiedene auch ohne schützendes Reichsdach lebensfähige Territorien ihre *libertät* fast zur „Staatssouveränität" ausbauen wollten. Das Eigengewicht einiger Quader im Reichsgebäude drohte die Statik des Ganzen zu sprengen. Unter Karl VI. begann die kaiserliche Konjunkturkurve abzusinken, den Crash verschuldete der preußisch-österreichische Dualismus.

Dieser (und also die seit 1740 dominante Grundstruktur) ist ins zuletzt entwickelte Modell noch nicht eingefügt. Auf dass dieses nicht gar zu simpel dastehe, gilt es dem konfessionspolitischen Dauerthema noch zwei Nuancen anzufügen, dem hierarchischen eine – wobei alle drei Ergänzungen deutlich machen werden, wie sehr in der politischen Praxis beide Hauptthemen der Reichsgeschichte ineinander spielten.

Der konfessionelle Dissens wurde nacheinander (erstens) um einen evidenter werdenden Unterschied zwischen Mächtigen und Schutzbedürftigen und dann (zweitens) den zwischen „fritzischen" und nicht gegen Wien mobilisierbaren Territorien angereichert wie verformt. Erstens: Obwohl der

Glaubenszwiespalt im Reich seit den 1630er-Jahren, vollends nach 1648 etwas an Brisanz eingebüßt hatte, war die Allianz Kaiser-katholische Reichsstände doch seit dem späten 17. Jahrhundert aufs Ganze gesehen stetiger als zuvor. Das liegt daran, dass in Europa ein neues politisches Denken aufkam, das eher als auf Tradition und Recht auf die aktuelle Macht abhob, wie sie aus *manpower* und ökonomischen Ressourcen resultierte. Es war ein Denken, das am Ende den ganzen Reichsverband, einen Rechtsschutzverband, aushöhlen würde, zunächst aber einmal dazu führte, dass sich diejenigen ängstlich um den Kaiser als ihren gegebenen Schutzherrn scharten, deren eigene Ressourcen sich im europäischen Maßstab kläglich ausmachten. Das waren selten nur Protestanten: Das *Corpus Evangelicorum* entwickelte sich zur Kampfzelle der Regenten jener staatsfähigen Territorien, denen das Reich vom Schutzverband zur Fessel geworden war, die sie lockern wollten. Umgekehrt vereinte das *Corpus Catholicorum* viele Kleine, die auf Schutz und Schirm des Kaisers angewiesen und ihm deshalb politisch botmäßig waren. Seit 1740 erfuhr der überkommene konfessionspolitische Dualismus seine zweite Verfremdung, sodass er nun beim ersten Hinschauen gar nicht mehr erkennbar ist. Offenkundig drohte zwischen 1740 und 1790 nicht mehr der althergebrachte Glaubensdissens, sondern der von Friedrich II. virulent gemachte preußisch-österreichische Dualismus das Reich zu zerreißen. Doch weil sich vor allem evangelische Reichsstände „fritzisch" gaben, Preußen kaum Einbrüche ins Milieu der katholischen Mindermächtigen gelangen, lebte der Widerstreit der Konfessionen doch auch in der (das Reich überdauernden, bis 1866 währenden) Rivalität der beiden Großen um die Hegemonie über die Mitte Europas weiter.

Zum anderen, dem hierarchischen Kampfplatz ist ebenfalls eine Ergänzung notwendig: Das Ringen um die Komeptenzverteilung im Reichsverband wurde nicht nur zwischen „Kaiser und Reich" ausgetragen, auch zwischen verschiedenen reichsständischen Gruppen. Besonders konfliktträchtig, für die Stabilität des politischen Systems gefährlich war in der zweiten Hälfte der Frühen Neuzeit der systemimmanent nicht honorierbare Machtzuwachs der (zumeist evangelischen) großen altfürstlichen Häuser. Rieben sich diese im 18. Jahrhundert, nachdem die Bollwerke der kurfürstlichen Präeminenz geschleift waren, an einer aus ihrer Warte unseligen Allianz zwischen Kaiserhof, Katholischen und Mindermächtigen, hatte sie zuvor vor allem die Leitfunktion des (mehrheitlich katholischen) Kurkollegs gestört – sodass zumal zwischen den 1630er und den 1680er-Jahren in der Mischverfassung des Reiches neben dem Ausmaß der monarchischen das der oligarchischen Züge umstritten war. Auch der Kampf der Kurfürsten für die üppige Ausgestaltung, später die notdürftige Aufrechterhaltung ihrer Präeminenz im Reichssystem ist ein zentrales Thema der Geschichte des Alten Reiches, eines jener durchgehenden Muster, ohne deren Kenntnis sich das aufgeregte Hin und Her der vielen Haupt- und Staatsaktionen zum unentwirrbaren Knäuel verschlingt.

Auswahlbibliographie

Quellensammlungen

Buschmann, Arno (Hrsg.): Kaiser und Reich. Verfassungsgeschichte des Heiligen Römischen Reiches Deutscher Nation vom Beginn des 12. Jahrhunderts bis zum Jahre 1806 in Dokumenten, 2 Bände, Baden-Baden ²1994. *Die allerwichtigsten Dokumente im vollen Wortlaut.*

Hofmann, Hanns Hubert (Hrsg.): Quellen zum Verfassungsorganismus des Heiligen Römischen Reiches deutscher Nation 1495–1806, Darmstadt 1976. *Auswahl wichtiger Dokumente, die umfangreichen von ihnen in Auszügen.*

Literatur, die die Funktionsweise des politischen Systems des Reiches zu verstehen hilft

Verfassungsgeschichten

Es existieren unzählige Rechts- und Verfassungsgeschichten, die auch das Reich behandeln. Die folgende Auswahl nennt diejenige von den älteren Darstellungen, die am wenigsten zu veralten scheint, und zwei ausgezeichnete neuere; kann die Monographie von Oestreich ohne große Vorkenntnisse gewinnbringend benützt werden, ist der Text von Willoweit ziemlich, der von Duchhardt sehr anspruchsvoll.

Duchhardt, Heinz: Deutsche Verfassungsgeschichte 1495–1806, Stuttgart 1991.

Oestreich, Gerhard: Verfassungsgeschichte vom Ende des Mittelalters bis zum Ende des alten Reiches, Stuttgart 1974 u. ö.

Willoweit, Dietmar: Deutsche Verfassungsgeschichte. Vom Frankenreich bis zur Wiedervereinigung Deutschlands, München 1990 u. ö.

Die Verfassung des Reiches

Eine sehr präzise und verständliche Darstellung der Reichsverfassung bietet Helmut Neuhaus. Auch das informative Büchlein von Peter Claus Hartmann stellt insbesondere die rechtlichen Grundlagen des Reiches und seine verschiedenen Institutionen vor, gibt ferner Hinweise auf die sozialen und konfessionellen Strukturen des Reichsverbands.

Hartmann, Peter Claus: Das Heilige Römische Reich deutscher Nation in der Neuzeit 1486–1806, Stuttgart 2005.

Neuhaus, Helmut: Das Reich in der frühen Neuzeit, München 1997 u. ö.

Politische Ereignisgeschichte

Haben die fünf bislang empfohlenen Darstellungen, im Gegensatz zum vorliegenden Versuch einer politischen Strukturgeschichte, vor allem die rechtlichen Normen im Visier, sind die drei folgenden Bücher im besten Sinne ereignisgeschichtlich ausgerichtet. Jedes ist auf seine Art vorzüglich. Auf Grundstrukturen und Spielregeln des Reichsverbands fällt trotz der chronologischen Erzählweise mehr als nur Streulicht, die dabei aufscheinenden Reichskonzepte sind verschieden: Spricht Schmidts ausführliche Darstellung vom „Reichsstaat" als dem Gehäuse der „deutschen Nation", betont Stollberg-Rilingers knapper Abriss den altertümlichen Charakter des Reiches als eines aristokratischen Personenverbandes. Beide Reichsauffassungen waren der Frühen Neuzeit gewiss nicht fremd, doch liegt die ganze Wahrheit nach Auffassung des vorliegenden Studienbuchs hier einmal in der Mitte: Es war eben ein Charakteristikum der Frühen Neuzeit, dass das ‚ganz andere', Befremdliche und das fast schon Moderne, scheinbar Vertraute engstens ineinander verschränkt waren, so auch im Reichsverband. Der prächtig ausgestattete Band von Herbers und Neuhaus stellt neben politischen Schlüsselereignissen auch die wichtigsten Schauplätze der Reichsgeschichte vor.

Herbers, Klaus/Helmut Neuhaus: Das Heilige Römische Reich. Schauplätze einer tausendjährigen Geschichte (843–1806), Köln/Weimar/Wien 2005.

Schmidt, Georg: Geschichte des Alten Reiches. Staat und Nation in der Frühen Neuzeit 1495–1806, München 1999.

Stollberg-Rilinger, Barbara: Das Heilige Römische Reich Deutscher Nation. Vom Ende des Mittelalters bis 1806, München 2006.

Die besonderen Charakteristika der vormodernen deutschen Geschichte

Der zuerst genannte Beitrag gibt einen Überblick über die mehr als tausendjährige Tradition dezentraler politischer Organisation in Mitteleuropa – das frühneuzeitliche Reich fügt sich dem als Etappe eines föderalistischen Weges ein. Der ausführliche Essay über vormoderne Verräumlichungspraktiken zeigt dasselbe von der wahrnehmungsgeschichtlichen Seite her: die für vormoderne Menschen maßgeblichen Identitätsanker waren keine „nationalen".

Gotthard, Axel: Einleitung. In: Werner Künzel/Werner Rellecke (Hrsg.): Geschichte der deutschen Länder. Entwicklungen und Traditionen vom Mittelalter bis zur Gegenwart, Münster 2005 u. ö., S. 7–33.

Gotthard, Axel: In der Ferne. Die Wahrnehmung des Raums in der Vormoderne, Frankfurt/New York 2007.

Interessante Aufsätze zum Reich

Kürzer geht's nicht: Eine äußerst geraffte Skizze der mittelalterlichen wie neuzeitlichen Reichsgeschichte auf dem Stand der Forschung bietet Maximilian Lanzinner. Essayistisch gehaltene und vielfach anregende Aperçus zu zahlreichen Facetten des Alten Reiches versammelt das „Lesebuch Altes Reich", das freilich keine systematische Hinführung sein will (nicht für die allererste Lektüre!). Einen Überblick über die verschiedenen Etappen der Reichsgeschichte aus spezifisch österreichischer Perspektive bietet der Sammelband „Sacrum Imperium". Der Aufsatz von Volker Press ist forschungsgeschichtlich aufschlussreich – die seinerzeit ungemein befruchtende Auflistung heute großteils gefüllter Forschungslücken, abgearbeiteter Desiderate macht schlagend die Fortschritte deutlich, die eine Generation intensiver Erforschung des Alten Reiches erbracht haben. Der von Matthias Schnettger vorgelegte Sammelband thematisiert ebenfalls ältere Sichtweisen auf das Reich, ferner (in den Beiträgen von Asch, Burgdorf, Burkhardt, Schilling, Schmidt und Stollberg-Rilinger) aktuelle Forschungskontroversen; Letztere kreisen vor allem um die Frage, ob es der Sache angemessener und/oder breitenwirksamer ist, die Aktualität des Reiches als Friedens- und Freiheitsgarant herauszustreichen oder aber zu betonen, wie sehr sich dieses politische System von einem modernen Staat unterscheidet.

Brauneder, Wilhelm/Lothar Höbelt (Hrsg.): Sacrum Imperium. Das Reich und Österreich 996–1806, Wien/München/Berlin 1996.

Lanzinner, Maximilian: Das Heilige Römische Reich Deutscher Nation. In: Michael Henker u. a. (Hrsg.), Bavaria, Germania, Europa – Geschichte auf Bayerisch. Katalogbuch zur Landesausstellung ... 18. Mai bis 29. Oktober 2000, Regensburg 2000, S. 21–33.

Press, Volker: Das Römisch-deutsche Reich – ein politisches System in verfassungs- und sozialgeschichtlicher Fragestellung. In: Grete Klingenstein/Heinrich Lutz (Hrsg.), Spezialforschung und „Gesamtgeschichte", München 1981, S. 221–242.

Schnettger, Matthias (Hrsg.): Imperium Romanum – Irregulare Corpus – Teutscher Reichs-Staat. Das Alte Reich im Verständnis der Zeitgenossen und der Historiographie, Mainz 2002.

Wendehorst, Stephan/Siegrid Westphal (Hrsg.): Lesebuch Altes Reich, München 2006.

Einzelne Politiksegmente

Die verschiedenen Segmente des Politikbetriebs im Reich sind sehr unterschiedlich gut erforscht. Existiert zum Kaiseramt keine einzige umfassende Analyse, ist die Reichsjustiz, und ganz besonders die Arbeit des Reichskammergerichts, bestens ausgeleuchtet (bei immer weiteren Fortschritten, doch im Detail; hier wird man in allen ausführlichen Rechtsgeschichten gut bedient). Entscheidend vorangekommen sind wir in letzter Zeit auf drei Gebieten: Reichstag, Kurkolleg, Kreise. Lassen sich für jene Kreisverfassung, die bei einer ersten Annäherung ans Reich zur Verzweiflung treiben kann, neuerdings sogar verständliche Zusammenfassungen des Forschungsstandes empfehlen, existieren zu Kurkolleg und Kurfürstentag sowie zum Reichstag inzwischen immerhin erste Pionierarbeiten, die mehr wollen als ‚nur' eine bestimmte Einzeltagung zu untersuchen.

Burkhardt, Johannes: Verfassungsprofil und Leistungsbilanz des Immerwährenden Reichstags. Zur Evaluierung einer frühmodernen Institution. In: Heinz Duchhardt/Matthias Schnettger (Hrsg.), Reichsständische Libertät und habsburgisches Kaisertum, Mainz 1999, S. 151–183.

Gotthard, Axel: Säulen des Reiches. Die Kurfürsten im frühneuzeitlichen Reichsverband, 2 Bände, Husum 1999.

Hartmann, Peter Claus: Rolle, Funktion und Bedeutung der Reichskreise im Heiligen Römischen Reich deutscher Nation. In: Wolfgang Wüst (Hrsg.), Reichskreis und Territorium: Die Herrschaft über der Herrschaft? Supraterritoriale Tendenzen in Politik, Kultur, Wirtschaft und Gesellschaft. Ein Vergleich süddeutscher Reichskreise, Stuttgart 2000, S. 27–37.

Lanzinner, Maximilian/Arno Strohmeyer (Hrsg.): Der Reichstag 1486–1613. Kommunikation – Wahrnehmung – Öffentlichkeiten, Göttingen 2006.

Neuhaus, Helmut: Reichsständische Repräsentationsformen im 16. Jahrhundert. Reichstag – Reichskreistag – Reichsdeputationstag, Berlin 1982.

Scheurmann, Ingrid (Hrsg.): Frieden durch Recht. Das Reichskammergericht von 1495 bis 1806, Mainz 1994.

Schindling, Anton/Walter Ziegler (Hrsg.): Die Kaiser der Neuzeit 1519–1918. Heiliges Römisches Reich, Österreich, Deutschland, München 1990.

Schindling, Anton: Die Anfänge des Immerwährenden Reichstags zu Regensburg. Ständevertretung und Staatskunst nach dem Westfälischen Frieden, Mainz 1991.

Literatur zu einzelnen Kapiteln

II. Das Reich um 1500

Angermeier, Heinz: Die Reichsreform 1410–1555, München 1984. *Als einzige Gesamtdarstellung der Reichsreform unersetzlich.*
Krieger, Karl-Friedrich: König, Reich und Reichsreform im Spätmittelalter, München 1992. *Guter, problemorientierter Überblick.*
Prietzel, Malte: Das Heilige Römische Reich im Spätmittelalter, Darmstadt 2004. *Auf Verständlichkeit bedachte, betont einfache Hinführung.*
Schubert, Ernst: Einführung in die deutsche Geschichte im Spätmittelalter. Zweite, aktualisierte Auflage Darmstadt 1998. *Vorzügliches etwas anspruchsvolleres Handbuch, das verfassungsgeschichtliche Fragestellungen mitbedenkt.*

III. Das Reich um 1550

Burkhardt, Johannes: Das Reformationsjahrhundert. Deutsche Geschichte zwischen Medienrevolution und Institutionenbildung 1517–1617, Stuttgart 2002. *Packend geschriebene Darstellung, die das 16. Jahrhundert unter aktuellen, insbesondere mediengeschichtlichen Fragestellungen beleuchtet, freilich Grundwissen voraussetzt.*
Fuchs, Walther Peter: Das Zeitalter der Reformation, Stuttgart 1973 u. ö. *Einfach geschriebene, zuverlässige Hinführung zu Daten und Fakten.*
Gotthard, Axel: „Wenn du wärest in deiner tauff ersoffen". Reich und Reformation bis zum Augsburger Religionsfrieden 1555. In: Brockhaus-Redaktion (Hrsg.), Die Weltgeschichte, Bd. 3, Leipzig/Mannheim 1998, S. 480–491; jetzt auch in: Die ZEIT. Welt- und Kulturgeschichte, Bd. 8, Hamburg 2006, S. 184–203. *Zur Erstinformation, knappe Hinführung zu Daten und Fakten.*
Gotthard, Axel: Der Augsburger Religionsfrieden, Münster 2004, Ndr. Münster 2006. *Erste umfassende Darstellung aus der Hand eines Historikers. Sie stellt den Religionsfrieden nicht nur in den Rahmen der europäischen Ideen- und Mentalitätsgeschichte, analysiert auch seine Auswirkungen auf die Reichsgeschichte.*
Mörke, Olaf: Die Reformation. Voraussetzungen und Durchsetzung, München 2005. *Umfassende Analyse der Forschungsgeschichte und aktueller Forschungskontroversen für Fortgeschrittene.*
Rabe, Horst: Reich und Glaubensspaltung. Deutschland 1500–1600, München 1989. *Noch immer sehr empfehlenswerte ausführliche Gesamtdarstellung.*
Schnabel-Schüle, Helga: Die Reformation 1495–1555. Politik mit Theologie und Religion, Stuttgart

2006. *Jüngste der ausführlicheren ereignisgeschichtlichen Darstellungen der Epoche, setzt keine großen Vorkenntnisse voraus.*
Schulze, Winfried: Deutsche Geschichte im 16. Jahrhundert. 1500–1618, Frankfurt 1987. *Vielfach anregende Ergänzung für den, der schon über Grundwissen verfügt.*

IV. Das Reich um 1600

Gotthard, Axel: Erneuerung des Alten. Katholische Reform und Kampf der Konfessionen im Reich. In: Brockhaus-Redaktion (Hrsg.), Die Weltgeschichte, Bd. 3, Leipzig/Mannheim 1998, S. 509–517; jetzt auch in: Die ZEIT. Welt- und Kulturgeschichte, Bd. 8, Hamburg 2006, S. 327–341. *Zur Erstinformation, knappe Hinführung zu Daten und Fakten.*
Gotthard, Axel: Der deutsche Konfessionskrieg seit 1619 – ein Resultat gestörter politischer Kommunikation. In: Historisches Jahrbuch 122 (2002), S. 141–172. *Analysiert die schleichende Polarisierung des Reichsverbands in den Jahrzehnten vor dem Kriegsausbruch, die verfassungspolitischen Konzepte auf beiden Seiten und die jeweiligen Feindbilder.*
Heckel, Martin: Deutschland im konfessionellen Zeitalter, Göttingen 1983 u. ö. *Problemorientierter, systematisch angelegter Zugriff auf die Epoche, mit viel Gespür für verfassungsgeschichtliche Fragen. Für die Erstinformation ist der Text allerdings ungeeignet.*
Lanzinner, Maximilian: Konfessionelles Zeitalter 1555–1618. In: Rolf Häfele (Red.), Gebhardt Handbuch der deutschen Geschichte, Bd. 10. Zehnte, völlig neu bearbeitete Auflage, Stuttgart 2001, S. 3–203. *Ausgezeichneter Überblick auf dem neuesten Forschungsstand.*
Ritter, Moriz: Deutsche Geschichte im Zeitalter der Gegenreformation und des Dreißigjährigen Krieges (1555–1648), 3 Bände, Stuttgart 1889/ Stuttgart 1894/Stuttgart–Berlin 1908. *Ein großer Wurf – bis etwa 1630 exzellente, ihrer Zeit um Generationen vorauseilende Reichsgeschichte; sie mutet heute derart modern an, dass man ihr attestieren darf, zeitlos gültig zu sein.*
Schilling, Heinz: Aufbruch und Krise. Deutschland 1517–1648, Berlin 1988. *Glänzend formulierte Gesamtdarstellung, deren besondere Stärken im Konfessionellen Zeitalter liegen.*
Weiß, Dieter J.: Katholische Reform und Gegenreformation, Darmstadt 2005. *Auch für Anfänger verständliche Hinführung zu den theologischen und kirchengeschichtlichen Grundlagen.*

V. Das Reich um 1650

Dickmann, Fritz: Der Westfälische Frieden, Münster 1959. *Der Klassiker, glänzend geschrieben, im Faktischen immer noch kaum überholt, wohl kurioserweise in den expliziten Wertungen, in denen die unhaltbaren alten Verdammungsurteile nachhallen.*

Duchhardt, Heinz: Der Westfälische Friede. Ein Schlüsseldokument der neueren Geschichte, in: Karl Georg Kaster/Gerd Steinwascher (Hrsg.), „… zu einem stets währenden Gedächtnis". Die Friedenssäle in Münster und Osnabrück und ihre Gesandtenporträts, Bramsche 1998, S. 11–38. *Alle wichtigen Aspekte im kompetenten Überblick.*

Frisch, Michael: Das Restitutionsedikt Kaiser Ferdinands II. vom 6. März 1629. Eine rechtsgeschichtliche Untersuchung, Tübingen 1993. *Gründliche Studie von der juristischen Seite her.*

Kampmann, Christoph: Europa und das Reich im Dreißigjährigen Krieg. Geschichte eines europäischen Konflikts, Stuttgart 2008. *Jüngste Gesamtdarstellung des Kriegsgeschehens, die allerdings (das äußerst kompetent) vor allem die europäischen unter verschiedenen wichtigen Rahmenbedingungen hervorkehrt.*

Kohler, Alfred: Kontinuität oder Diskontinuität im frühneuzeitlichen Kaisertum: Ferdinand II. In: Heinz Duchhardt/Matthias Schnettger (Hrsg.), Reichsständische Libertät und habsburgisches Kaisertum, Mainz 1999, S. 107–117. *Letzte Bestandsaufnahme zum nach wie vor ungelösten Problem eines etwaigen ferdinandeischen Zentralismus.*

Repgen, Konrad: Dreißigjähriger Krieg. Zuletzt in: ders., Dreißigjähriger Krieg und Westfälischer Friede. Studien und Quellen, Paderborn u. a. 1998, S. 291–318. *Hinführung zu Daten und Fakten (mit einem Schwerpunkt auf der weniger bekannten zweiten Kriegshälfte).*

Repgen, Konrad: Die Hauptprobleme der Westfälischen Friedensverhandlungen von 1648 und ihre Lösungen. In: Zeitschrift für bayerische Landesgeschichte 62 (1999), S. 399–438. *Alle wichtigen Aspekte im kompetenten Überblick.*

Schindling, Anton: Der Westfälische Frieden und die deutsche Konfessionsfrage. In: Manfred Spieker (Hrsg.), Friedenssicherung, Bd. 3, Münster 1989, S. 19–36. *Alle wichtigen Aspekte im kompetenten Überblick.*

Schmidt, Georg: Der Westfälische Frieden – eine neue Ordnung für das Alte Reich? In: Reinhard Mußgnug (Hrsg.), Wendemarken in der deutschen Verfassungsgeschichte, Berlin 1993, S. 45–83. *Anregender Aufsatz, der aber nicht zur Erstinformation geeignet ist.*

VI. Das Reich um 1700

Aretin, Karl Otmar Freiherr von: Das Alte Reich 1648–1806, Bände 1 und 2, Stuttgart 1993 bzw. 1997. *Ausführliche ereignisgeschichtlich orientierte, auch verfassungsgeschichtlich interessierte Gesamtdarstellung.*

Braubach, Max: Vom Westfälischen Frieden bis zur Französischen Revolution, Stuttgart 1974 u. ö. *Zuverlässige, einfache Hinführung zu Daten und Fakten, auch fürs nachfolgende Kapitel.*

Erdmannsdörfer, Bernhard: Deutsche Geschichte vom Westfälischen Frieden bis zum Regierungsantritt Friedrich des Großen 1648–1740, Bd. 1, Berlin 1892. *Bis vor fünfzehn Jahren die einschlägige Gesamtdarstellung eines völlig vernachlässigten Zeitraums! Man wird sie angesichts der jüngsten, von Press angestoßenen, dann vor allem durch von Aretin vorangetriebenen Fortschritte der Forschung jetzt nur noch als Materialsammlung benützen.*

Feine, Hans Erich: Zur Verfassungsentwicklung des Heiligen Römischen Reiches seit dem Westfälischen Frieden. In: Zeitschrift für Rechtsgeschichte. Germ. Abt. 52 (1932), S. 65–133. *Seinerzeit kaum gewürdigte Pionierleistung – die meisten Passagen sind noch immer sehr lesenswert!*

Gotthard, Axel: Johann Philipp, Lothar Franz und das Reich. In: Peter Claus Hartmann (Hrsg.), Die Mainzer Kurfürsten des Hauses Schönborn als Reichserzkanzler und Landesherren, Mainz 2002, S. 17–63. *Die zentralen Probleme der Reichspolitik im Jahrhundert nach dem Westfälischen Frieden, fokussiert im Brennspiegel des Erzkanzlertums.*

Press, Volker: Die kaiserliche Stellung im Reich zwischen 1648 und 1740 – Versuch einer Neubewertung. In: Georg Schmidt (Hrsg.), Stände und Gesellschaft im Alten Reich, Stuttgart 1989, S. 51–80. *An Feine anknüpfende, nun folgenreiche Umbewertung von Kaisertum und Reichsidee nach 1648.*

VII. Das Reich um 1750

Aretin, Karl Otmar Freiherr von: Das Alte Reich 1648–1806, Bd. 3, Stuttgart 1997. *Das derzeit maßgebliche ausführliche Standardwerk.*

Gotthard, Axel: „Preußens deutsche Sendung". In: Helmut Altrichter u. a. (Hrsg.), Mythen in der Geschichte, Freiburg 2004, S. 321–369. *Konfrontiert die teleologischen Geschichtskonstruktionen der kleindeutschen Historiographie mit dem modernen Forschungsstand zur deutschen Geschichte seit 1648.*

Haug-Moritz, Gabriele: Kaisertum und Parität. Reichspolitik und Konfessionen nach dem Westfälischen

Frieden. In: Zeitschrift für historische Forschung 19 (1992), S. 445–482. *Anregender Aufsatz zu einigen zentralen Problemen des Reiches in seiner Spätphase – wenn man sich schon etwas auskennt!*

Klueting, Harm: Das Reich und Österreich 1648–1740, Münster u. a. 1999. *Bündige Hinführung zu den zentralen reichspolitischen Problemen; ihrer sehr frühen Datierung der beginnenden Abwendung Habsburgs vom Reich folgt das vorliegende Studienbuch nicht.*

Neuhaus, Helmut: Hie österreichisch – hier fritzisch. Die Wende der 1740er Jahre in der Geschichte des Alten Reiches. In: ders. (Hrsg.), Aufbruch aus dem Ancien régime. Beiträge zur Geschichte des 18. Jahrhunderts, Köln/Weimar/Wien 1993, S. 57–77. *Gut geschriebene Zusammenfassung.*

Press, Volker: Friedrich der Große als Reichspolitiker. In: Heinz Duchhardt (Hrsg.), Friedrich der Große, Franken und das Reich, Köln/Wien 1986, S. 25–56. *Der Aufsatz macht deutlich, dass Friedrich das Reich nicht einfach missachtet, vielmehr als Bühne für seinen Machtkampf mit Habsburg missbraucht hat.*

Schäfer, Christoph: Das Simultaneum. Ein staatskirchenrechtliches, politisches und theologisches Problem des Alten Reiches, Frankfurt u. a. 1995. *Die Studie mit der scheinbar sehr speziellen Thematik macht die erst in den letzten Jahren ins Blickfeld geratene, auf akzeptablem Niveau nirgends resümierte Rekonfessionalisierung der Reichspolitik verständlicher.*

VIII. Das Reich um 1800

Aretin, Karl Otmar Freiherr von: Vom Deutschen Reich zum Deutschen Bund, Göttingen 1980 u. ö. *Anspruchsvolle Zusammenfassung für den, der schon etwas Bescheid weiß.*

Burgdorf, Wolfgang: Ein Weltbild verliert seine Welt. Der Untergang des Alten Reiches und die Generation 1806, München 2006. *Wie nahmen die Zeitgenossen den Untergang des Alten Reiches wahr?*

Fehrenbach, Elisabeth: Vom Ancien Régime zum Wiener Kongress, München/Wien 1981 u. ö. *Eigentlich eine europäische Geschichte, aber eine ausgezeichnete; die Passagen zum Reich sind als kompakte Hinführung geeignet.*

Gotthard, Axel: Die Mediatisierung der Reichsstädte und der Reichsritter, demnächst in einem dem Reichsdeputationshauptschluss gewidmeten Sonderband von „Der Staat". *Analyse des Vorgangs der „Mediatisierung".*

Huber, Ernst Rudolf: Deutsche Verfassungsgeschichte seit 1789, Bd. 1. Zweite Auflage, Stuttgart 1967. *Die für den Deutschen Bund fulminante ausführliche Verfassungsgeschichte ist für die Schlussphase des Alten Reiches immerhin lesenswert.*

Mazohl-Wallnig, Brigitte: Zeitenwende 1806. Das Heilige Römische Reich und die Geburt des modernen Europa, Wien/Köln/Weimar 2006. *Gelungener ausführlicher Überblick.*

Müller, Winfried: Die Säkularisation im links- und rechtsrheinischen Deutschland 1802/1803. In: Erwin Gatz (Hrsg.), Die Kirchenfinanzen, Freiburg 2000, S. 49–81. *Die Erträge der überbordenden Säkularisationsforschung im problemorientierten Überblick.*

Neuhaus, Helmut: Das Ende des Alten Reiches. In: ders./Helmut Altrichter (Hrsg.), Das Ende von Großreichen, Erlangen/Jena 1996, S. 185–209. *Gelungene knappe Zusammenfassung.*

Press, Volker: Der Untergang des Heiligen Römischen Reiches deutscher Nation. In: Eberhard Müller (Hrsg.), „... aus der anmuthigen Gelehrsamkeit". Tübinger Studien zum 18. Jahrhundert. Dietrich Geyer zum 60. Geburtstag, Tübingen 1988, S. 81–97. *Gelungene knappe Zusammenfassung.*

Raumer, Kurt von: Deutschland um 1800 – Krise und Neugestaltung. In: Leo Just (Hrsg.), Handbuch der Deutschen Geschichte, Bd. 3.1 a, Wiesbaden 1980, S. 1–430. *Glänzend geschriebene, noch immer lesenswerte ausführliche Darstellung, allerdings liegen ihre Stärken vor allem im geistesgeschichtlichen Bereich.*

Sachregister

Nicht aufgenommen wurden „Reich" und einige damit beginnende, ständig vorkommende Komposita wie Reichspolitik, Reichssystem oder Reichsstände.